U1021492

汉语水平步步高

句型与句式

主　编　陆庆和　黄　兴

编写者　陆庆和　樊　燕

苏州大学出版社
Suzhou University Press

图书在版编目(CIP)数据

汉语水平步步高. 句型与句式 / 陆庆和，黄兴主编. 苏州：苏州大学出版社，2009.6
ISBN 978-7-81137-244-1

Ⅰ. 汉… Ⅱ. ①陆…②黄… Ⅲ. ①汉语-句型-对外汉语教学-教学参考资料②汉语-句法-对外汉语教学-教学参考资料 Ⅳ. H195.4

中国版本图书馆 CIP 数据核字(2009)第 096054 号

汉语水平步步高
句型与句式
陆庆和 黄 兴 主编
责任编辑 史创新

苏 州 大 学 出 版 社 出 版 发 行
(地址:苏州市干将东路 200 号 邮编:215021)
南京市溧水秦源印务有限公司印装
(地址:南京市溧水县开发区溧淳路 邮编:211200)

开本 787×1092 1/16 印张 18 字数 446 千
2009 年 6 月第 1 版 2009 年 6 月第 1 次印刷
ISBN 978-7-81137-244-1 定价:33.00 元

苏州大学版图书若有印装错误，本社负责调换
苏州大学出版社营销部 电话:0512-67258835
苏州大学出版社网址 http://www.sudapress.com

编者的话

当前，随着我国国际地位的提升，学习汉语的外国人越来越多。形势喜人也逼人。这一形势向从事对外汉语教学的教师提出了新的挑战——如何让外国人更快更好地学习和掌握汉语的语法与词汇知识。

长期处于教学第一线的教师们不难发现这样的事实：汉语的句法和词法方面的知识，特别是其中的重点与难点，都不是教一两次就能让外国学生掌握的，有的难点，教师反复强调多次，一些学生还是会出现这样或那样的问题。

于是，很多教师都希望能有这样一套讲练结合的参考书：将汉语的句法与词法知识系统化、细化，将其中的内容，特别是对学生来说较难掌握的部分按照由浅入深、由易到难的原则，有计划、分层次、螺旋式地复现，不仅如此，还应针对汉语中的难点与重点，让学生反复进行操练，让学生在练习中不断提升自己。

另外，外国学生在学习汉语的过程中，经常会提出这样一些问题："我吃饭了"和"我把饭吃了"有什么不同？"我不习惯"和"我还没习惯"有什么不同？"想不起来"和"想不出来"有什么不同？"漂亮"和"美丽"有什么不同？"时间"和"时候""时光"有什么不同？"省得""免得"和"以免"是否用法完全一样？简言之，随着学习的深入，外国学生对意义和形式相似或相关的句式、结构、词语的区别越来越关注。这些确实是汉语学习的重点和难点。他们期待着教师能把这类疑团一个个辨析清楚，但是，有的问题并不是一下子能够讲清楚的，或者很难讲清楚。对很多刚刚踏上这一教学岗位的年轻教师来说，更是如此。本丛书的主编曾以考官的身份参加过几次出国汉语教师及志愿者的选拔考试工作，发现很多综合素质很好的年轻教师对这类辨析问题的回答很不尽如人意。

《汉语水平步步高》就是为了满足广大对外汉语教师的上述需要，同时也是为了满足那些已有一定汉语基础、有较高自学能力的汉语学习者的需要而编写的讲解与练习相结合的大型汉语学习丛书。该丛书由三十位作者参与，从策划、编写、修改到定稿，历经三年。编写者大多是苏州大学长期从事对外汉语教学的教师，也有对外汉语教学方向的一些研究生。在编写过程中，我们一方面参考了目前已有的对对外汉语教学有直接指导意义的专著及论文;另一方面,书中的不少分析与说明,都是编者们自己通过对语料的调查分析得出的,对已有的研究成果作了必要的补充,有些结论是编者们的新发现。

《汉语水平步步高》分八册:《句型与句式》《名词与形容词》《动词　助动词》《副词》《介词　代词》《助词》《句子成分》《关联词语　量词》。

上述八个分册的内容参考基础、初中级《中国汉语水平考试大纲》和《高等学校外国留学生汉语教学大纲》(长期进修)几个大纲加以编排,换句话说,这几个大纲中有关句型与句式、语法成分、短语(主要是动补短语)、常用实词或虚词中的重点难点等内容,这八册基本上都涵盖了。这些内容是根据难易程度的不同和水平的高低加以编排的。第一单元的讲练内容一般都是针对初级较低水平的学生的,凡是学过250个学时(45分钟一学时)汉语的学生可以先通过学习这一部分内容复习所学的知识(句式或词汇的),打好基础。第二单元的内容一般是针对初级中水平较高的学生的,同时也往往是该学习阶段的重点和难点。学生如果学习并掌握了第二单元的内容,就可由初级水平向中级水平迈进。第三单元和第四单元所讲的内容,是中级偏高到高级的水平,因此例句与练习都有一定的难度。

有些较难学习的语法点或词语,一般会在几个单元中反复出现,多次练习,为的是让学生在不同层次的上下文中多次理解与把握它们,使他们学得更加扎实和深入。

本丛书每一册前面都阐述该册总的内容,句式或词类的语法功能和特点,编写的体例与使用方法。希望读者们能够认真阅读这一部分的内容,以便更好地使用它们。

本丛书是编者们在承担繁重的教学任务的同时经过长期的艰苦努力编写而成的,有许多分析也是前人未做过的,因而出现疏漏与错误在所难免。不足之处,请专家与学者多提宝贵意见。

本丛书能够编写完成,首先要感谢华东师范大学国际汉语教师研修基地执行副主任张建民教授对本书编写指导思想的充分肯定、鼓励与指导。本丛书的顺利出版,离不开苏州大学海外教育学院黄兴院长的积极参与与鼓励,离不开苏州大学出版社高敏社长的大力支持与帮助,在此一并对他们致以诚挚的谢意。

目录

· 第三单元 ·

· 第四单元 ·

总 说

一、本册的主要内容

本册是围绕汉语单句的基础句型与句式编写的说明和练习。这些句型与句式是在参考了基础、初中级《中国汉语水平考试大纲》和《高等学校外国留学生汉语教学大纲》(长期进修)之后,根据难易程度的次序加以编排的。第一单元的句型属于初级较低水平,凡是学过250个学时(45分钟一学时)汉语的学生可以先通过学习这一部分内容复习所学的句型知识,打好基础。第二单元的句型和句式则属于初级水平中的重点和难点。读者如果学习并掌握了这些汉语的基本句型或句式,在汉语句法方面,可由初级水平向中级水平迈进。

本册一至四单元是前后相接的。从内容到形式都按照由易到难、循序渐进、重点与难点分层次讲练、螺旋式推进的原则安排。有些句型如连动句、比较句、兼语句、把字句、被字句、反问句等,在不同的单元中多次出现。句子的形式由简单的单句到复杂的套句。句子表达的意义亦由简单到复杂。为了让读者真正能够学以致用,学会用各类句型或句式组织话语进行表达,练习的设计不仅有单句形式的练习,而且还逐步加大在复句和语段中进行句型或句式练习的比例。此外,还有在形式上与 HSK 试题相似的仿真试题,为的是便于读者进行模拟自测。

二、汉语单句的特点与学习方法

1. 汉语是以"主语 + 谓语 + 宾语"结构为主的语言,但也有将受事宾语放在句首作主语或话题的形式,如"钱丢了""书他拿走了"。还有用"把"将宾语提到动词谓语前的"把"字句,如"把书打开"。因此,从结构上讲,汉语的句型是比较复杂的。

2. 单句是汉语表达的基础,因此,句子的基本结构和意义应该是记忆的重点。在记忆句型时,最好做到:牢记一些典型例句,从结构上掌握构成句型句式的基本成分,特别是不可缺少或不可多加的成分。

3. 做到第二点之后,还应注意了解某个句型或句式的用法——在什么时候、什么场合用比较好。当要表达某一具体意义时,可能会有几种句型可供选择,一般来说,不同结构的句型在意义与用法上总是有差异的。能否根据不同的语境选择较为恰当的句型或句式,也是衡量汉语水平高低的一个标准。

为了便于学习者理解某些单句句型或句式的使用语境,我们在讲解或练习中,都注意提供一些超单句的形式(把所学的句型或句式放在有前后句的语境中),在有些课后"练一练"中,还有语段方面的练习。请读者在阅读和练习中注意认真思考、分析和体会。

三、本册的体例与使用方法

本册的内容分"试一试""讲一讲""练一练"等。希望读者能按照目前的顺序来做练习。

"试一试"是让读者在没有看"讲一讲"内容前先测一测自己对某种句型或句式有多少了解,是否能根据前面已学的句型大概推测出与之相关的新的句型或句式的用法。希望读者尽量能先做“试一试”中的习题，这样可以带着问题来学习新的内容，因为这部分练习的答案都可以在“讲一讲”中找到。先练后讲可以加深认识，增强记忆。

“讲一讲”对每一个句型或句式的基本结构和意义都作了简要的介绍，并通过具体的例句加以说明。在“提示”部分，我们尽量将某个句型重要的组成成分、应特别加以注意的使用条件以及同其他近义句型的用法的差异告诉读者。这些都是编者在多年教学中指导学生学习这方面内容时较为有效的讲授要点。希望读者能反复阅读、理解这些“提示”部分，并且最好能通过记住“讲一讲”中的例句来掌握它们的结构特点。对说明中特别指出的错句也不要放过，尽量记住改正的句子，因为这类错句往往是学习汉语的外国人比较容易出现的。

在认真理解了“讲一讲”内容的基础上，再开始做“练一练”中的习题。如果做练习时还有不明白的，可以再看一下“讲一讲”的说明。“练一练”中的 HSK 仿真题是在形式上模仿 HSK 出的，为的是使读者将来参加 HSK 考试时，可以比较适应。但要真正掌握汉语的句型或句式，还是要把重点放在对基本句型与句式结构、意义和用法的记忆上。

每一单元后都有单元练习，读者可通过这一部分了解自己对这一单元知识掌握的情况。如果成绩不够理想，希望再复习一下前面的内容。当本单元的内容掌握得比较好时，再开始下一单元的学习与练习。

根据从易到难的原则，我们把有些句式按照结构和用法的难易度，分层次地在四个单元中反复出现，因此后面的内容与前面是有密切联系的，如果读者记不清前一单元与之相关的内容的话，最好能根据后一单元的说明再复习一下前面的内容。

句型与句式的构成，往往还和汉语的实词、虚词以及成分等相关语言知识有关系。所以，如要彻底弄清楚句型与句式，还要去查阅一下与本册内容相关的其他分册的内容。

需要指出的是，由于每一单元代表不同汉语水平的句型，因而，句型中使用的词语的难度也相应一步步加深了，词汇方面的内容请读者加强自学。

四、预备知识

汉语单句是汉语语法的基础。在学习本册内容时，首先要记住下面的术语：

主语(subject)	谓语(predicate)	宾语(object)
状语(adverbial)	定语(attribute)	补语(complement)
名词(noun)	动词(verb)	形容词(adjective)
副词(adverb)	代词(pronoun)	

·第一单元·

第一课　“是”字句(1)

讲一讲

用动词“是”联系主语与名词的句子叫“是”字句。多用于表示类属。

基本结构:

肯定句:主语(名词或代词)+是+宾语(名词)

我是英国人。(国籍)

王小姐是这个饭店的服务员。(身份)

否定句:主语+不是+宾语

我妈妈不是老师。(职业)

疑问句:主语+是+宾语+吗

你是英国人吗?

正反疑问句:主语+是不是+宾语

你是不是英国人?

提示

(1) 这类“是”字句的“是”一定要有。“是”后应是名词和名词短语。下面的句子是错的:

＊我外国留学生。

＊他我朋友。

(2) 正反疑问句句尾不能加“吗”(以下所有句型、句式的正反疑问句都是如此)。下面的句子是错的:

＊她是不是外国人吗?

练一练

一、用“是”字句回答下面的问题。

1. 你是哪国人?

2. 他是留学生吗？

3. 你的姐姐是不是医生？

4. 你太太是英国人吗？

5. 她的男朋友是不是大学生？

二、从下面的词语中选词并模仿例子造句。

医生　护士　研究生　老师　公司职员　学生　公务员　教授　经理　韩国人

日本人　美国人　加拿大人　德国人　法国人

例：她是医生，她不是护士。

她是不是医生？

1.

2.

3.

4.

5.

三、用给定的词语模仿例子写一段话。

例：大卫　经理　日本人　小学生

大卫是我的朋友，他是一家美国公司的经理。她的太太是日本人，他们的孩子是小学生。

李明　山本　大卫　金香玉　太太　夫人　丈夫　孩子

老板　老师　医生　护士　公务员　公司职员　研究生　大学生　中学生

韩国人　日本人　法国人　加拿大人　美国人　德国人　英国人

1.

2.

3.

4.

参考答案

一、1. 我是美国人/法国人/日本人/韩国人……

2. 他是留学生。或：他不是留学生。

3. 我的姐姐不是医生,是护士。
4. 我太太不是英国人,是美国人。
5. 她的男朋友是大学生。或:她的男朋友不是大学生。

二、1. 他是研究生,他不是老师。
他是不是研究生?
2. 我是公务员,我不是教授。
你是不是公务员?
3. 他不是经理,他是职员。
他是不是经理?
4. 她不是日本人,她是韩国人。
她是不是日本人?
5. 我不是德国人,我是法国人。
你是不是德国人?

三、1. 李明是我的朋友,他是一家公司的老板,他的太太是法国人,他们的孩子是研究生。
2. 山本是一名大学的老师,他的太太是加拿大人,他们的孩子是中学生。
3. 大卫是一名公务员,他的夫人是美国人,他们的孩子是大学生。
4. 金香玉是一名护士,她的丈夫是韩国人,是公司职员,他们的孩子是小学生。

第二课 “有”字句(1)、“在”字句和“是”字句(2)

“有”字句(1)

讲一讲

动词“有”作谓语的句子叫“有”字句。“有”字句最常见的用法是表示存在。

基本结构：

肯定句：表示处所、方位或时间的词语 + 有 + 存在的人或事物

瓶子里有一些水。

今天有雨。

桌子上有两本书。

教室南边有一个食堂。

否定句：表示处所、方位或时间的词语 + 没有 + 存在的人或事物

教室的旁边没有树。

明天下午没有课。

正反疑问句：表示处所、方位或时间的词语 + 有没有 + 存在的人或事物

这里有没有银行？

楼上有没有休息室？

提示

(1) 在表示某处存在某物的肯定句中，“有”的名词宾语大多要带形容词或数量词定语。用“有”的存在句中，存在的事物可以有几个。如：

我家的东边有一个小商店。

邮局的前面有一个操场，还有几棵树。

教室里有很多学生。

如果几个“有”字句表示并列的存在或者提醒听话人注意有特别的存在时(对听话人来说是新情况)，“有”的宾语可以不带定语。如：

房间里有书桌，有床，有椅子，但是，没有电视机。

轻一点，屋里有病人。

冰箱里有面包，饿了可以吃。

(2) 否定句和疑问句中，宾语前不要加数量词[第三课“有”字句(2)也一样]。下面的句子

是错的：

＊学校有一个食堂吗？

改：学校有食堂吗？

(3) 表示处所、方位或时间的词语要放在“有”的前面。下面的句子是错的：

＊一瓶啤酒桌子上有。

改：桌子上有一瓶啤酒。

(4) “有”后面不能再带“动词＋宾语”的短语。下面的句子是错的：

＊今天下午没有上课。

改：今天下午没有课。

(5) “有”的正反疑问句句末不能加“吗”。下面的句子是错的：

＊桌子上有没有汉语词典吗？

练一练

一、用“有”或“没有”回答下面的问题。

1. 现在外面有风吗？

2. 学校的旁边有没有医院？

3. 你们学校有没有外国留学生？

4. 他家有小狗吗？

5. 你的房间里有电话吗？

二、用“有”字句说明下面图中的存在物。

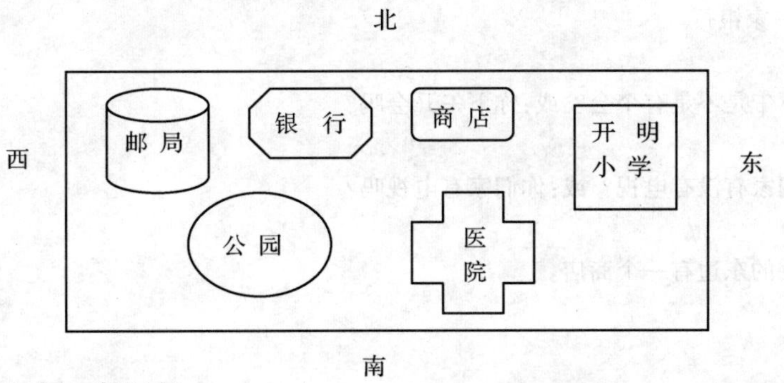

例：邮局的旁边有一家银行。

三、判断对错，在正确的句子后面打√，错的后面打×。

1. 杯子旁边有牛奶。(　　)
2. 你下午有开会吗？(　　)
3. 书包里没有书。(　　)
4. 你们家有没有电视吗？(　　)
5. 学校的东边有一个图书馆。(　　)
6. 一个商店学校的东边有。(　　)
7. 饭店里有服务员。(　　)
8. 你有钱没有？(　　)

参考答案

一、1. 现在外面有风。或：现在外面没有风。
2. 学校的旁边有一家医院。或：学校的旁边没有医院。
3. 我们学校有外国留学生。或：我们学校没有外国留学生。
4. 他家有两只小狗。或：他家没有小狗。
5. 我的房间里有一部电话。或：我的房间里没有电话。

二、邮局的东边有一家银行。
邮局和银行的南边有一个公园。
公园的东边有一家医院。
医院的北边有一个商店。
商店的东边有一个小学。
小学的西边有一个商店。
商店的南边有一家医院。
商店的旁边有一家银行。

三、1. √
2. ×　改：你下午是不是有个会？或：你下午开会吗？
3. √
4. ×　改：你们家有没有电视？或：你们家有电视吗？
5. √
6. ×　改：学校的东边有一个商店。
7. √
8. √

“在”字句

讲一讲

动词“在”作谓语的句子叫“在”字句。“在”字句一般表示已知的人或事物的存在。

基本结构：

肯定句：存在的人或事物（已知的）+在+表示处所或方位的名词或短语

张明在他哥哥的右边。

上海在中国的东边。

否定句：存在的人或事物（已知的）+不+在+表示处所或方位的名词或短语

我们不在房间里。

自行车不在门口。

正反疑问句：存在的人或事物（已知的）+在不在+表示处所或方位的名词或短语

你的照片在不在钱包里？

提示

表示存在的“有”字句与“在”字句的区别

(1) 结构不同。在两个句式中，表示存在的人或事物和表示处所、方位或时间的词语位置正好相反：

表示处所、方位或时间的词语+有+存在的人或事物（未知的、不确定的）

存在的人或事物（已知的、确定的）+在+表示处所或方位的名词或短语

(2)“有”字句和“在”字句除了语序正好相反外，还有意义上的区别：“有”字句的存在的人或事物是未知的、不确定的，而“在”字句的存在的事物是已知的、确定的，因此，如果将“有”字句改写成“在”字句，存在的人或事物前的定语应从不确定的改为确定的。如：

我的书包里有一本本子。　改写：那本本子在我书包里。

改写：本子在我书包里。

练一练

一、把下面的句子改写成“在”字句。

例：教室和食堂中间有一个邮局。

改写：邮局在教室和食堂中间。

1. 上海和苏州的中间有一个飞机场。

2. 我们家的前面有一条马路。

3. 我的左边是玛丽。

4. 桌子上是小王的信。

5. 玛丽的书包里有一本词典。

6. 前面有一个年轻人。

7. 她的手里有一把花。

8. 树下面有一辆红色的自行车。

二、选择填空。

1. 汉语课本______书包里。(在、有)
2. 杯子里______一点儿牛奶。(在、有)
3. 我的床上______很多书。(在、有)
4. 那盘磁带______汽车里。(在、有)
5. 墙上______一张画。(在、是、有)
6. 我爸爸的画______墙上。(在、有)

三、判断对错,在正确的句子后面打√,错的后面打×。

1. 我是大学生,我妹妹也大学生。(　　)
2. 他家没有狗。(　　)
3. 请问,这个学校的图书馆哪儿?(　　)
4. 我的书包里不在词典。(　　)
5. 三班的教室在二楼。(　　)
6. 我有三个好朋友,他们都是中国人。(　　)
7. 我有一本汉语书,你有没有吗?(　　)
8. 那个花瓶桌子上有。(　　)
9. 火车站前面有很多商店。(　　)
10. 你的自行车在哪儿?(　　)

参考答案

一、1. 飞机场在上海和苏州的中间。
2. 那条马路在我们家的前面。
3. 玛丽在我的左边。
4. 小王的信在桌子上。
5. 那本词典在玛丽的书包里。
6. 那个年轻人在前面。
7. 那把花在她手里。
8. 那辆红色的自行车在树下面。

二、1. 在 2. 有 3. 有 4. 在 5. 有 6. 在

三、1. × 改:我是大学生,我妹妹也是大学生。

2. √

3. × 改:请问,这个学校的图书馆在哪儿?

4. × 改:我的书包里没有词典。或:我的词典不在书包里。

5. √

6. √

7. × 改:我有一本汉语书,你有没有?

8. × 改:那个花瓶在桌子上。

9. √

10. √

"是"字句(2)

讲一讲

当我们要说明某处存在着某个已知、确定的事物或人时,我们一般用"是"字句。这是表示存在的"是"字句。

基本结构:

肯定句:表示处所、方位的词语+是+存在的人或事物(已知的、确定的)

卫生间的旁边是厨房。

一楼是教室,二楼是办公室,三楼是电脑房。

我的右边是小王,左边是小李。

否定句:表示处所、方位的词语+不是+存在的人或事物

一楼不是教室,是办公室。

正反疑问句:表示处所、方位的词语+是不是+存在的人或事物

办公室的旁边是不是教室?

二楼是不是办公室?

你的左边是不是小李?

这类"是"字句的"是"后是存在的人或事物,是已知的、确定的、唯一的。

商店的旁边是饭店。

我的左边是小刘。

这类表示存在的"是"字句中的"是"不能少。下面的句子是错的:

*邮局的旁边银行。

改:邮局的旁边是银行。

存在的人或事物不能放在"是"的前面。下面的句子是错的:

*教室是资料室的旁边。

改1:教室在资料室的旁边。

改2:资料室的旁边是教室。

提示

表示存在的"在"字句、"有"字句和"是"字句的区别

从结构上看,"在"字句、"有"字句和"是"字句是有区别的:

存在的人或事物(确定的)+在+表示处所或方位的词语

表示处所或方位的词语+有+定语+存在的人或事物(不定的、不是唯一的)

表示处所或方位的词语+是+存在的人或事物(确定的、唯一的)

从上面三个句型结构看,"在"字句中表示"存在的人或事物"放在句首,与"有"字句和"是"字句的语序正相反。

从三个句型所表示的意义看,"在"字句表示的是已知、确定的人或事物在哪儿或在哪个方位。"有"字句表示在某个地方有什么,存在的人或事物一般是不定的、未知的,可以不是唯一的。"是"字句表示某个地方是什么,存在的人或事物一般是已知的、唯一的或说话人强调是唯一的。如:

公园里有一个女人。("女人"是不确定的)

那个女人在公园里。("那个女人"是确定的)

院子里有花又有草。("草"不是唯一的)

院子里都是草。("草"是说话人强调的唯一的事物)

句型与句式

练一练

一、回答下面的问题,并用这些句子连成一篇小短文。

1. 你家的北边是什么?
2. 南边是什么地方?
3. 西边是什么?
4. 东边是什么?
5. 生活方便吗?

我家的北边是商店,____

____

二、模仿下面的例子写一段话。

我家有四个房间。南边是我爸爸妈妈的房间和我的房间,书房在我的房间的旁边。卫生间在东边,北边是厨房。我家不大,可是很舒服。

____

____

三、用"是""有""在"填空。

1. 我的书房里(　　)两个书架。南边书架上都(　　)英文书。北边书架上全(quán)(　　)中文书。桌子(　　)两个书架中间。

2. 我们教室的东边(　　)一个操场。操场的南边(　　)图书馆。食堂(　　)图书馆的旁边。

四、HSK 仿真题:在下面 ABCD 中选择唯一正确的填入空中。

1. 王平:我的词典呢?

李丽：________________。

A. 你的词典桌上有。

B. 我的书包里不在你的词典。

C. 你的词典不在我这儿。

D. 你的词典在我的书包。

2. ________________，很多地方有活动，孩子们都很高兴。

A. 今天是在韩国儿童节

B. 今天在韩国是儿童节

C. 今天在韩国儿童节

D. 今天是韩国的儿童节

参考答案

一、我家的北边是商店，南边是一条街，西边是一个学校，东边是一家医院，生活很方便。

二、我家有六个房间。南边是我爸爸妈妈的房间和书房，我的房间在他们的北边。卫生间在我房间的东边，西边是厨房。客厅在中间。我家很大，也很舒服。

三、1. 我的书房里有两个书架。南边书架上都是英文书。北边书架上全是中文书。桌子在两个书架中间。

2. 我们教室的东边有一个操场。操场的南边是图书馆。食堂在图书馆的旁边。

四、1. C 2. D

第三课 “有”字句(2)

讲一讲

“有”字句除了表示存在外,还可以表示领有。

基本结构:

肯定句:名词/代词+有+数量词+名词

一年有三百六十五天。

这个学校有七百名学生。

大卫有一个弟弟和一个妹妹。

否定句:名词/代词+没有+名词

她没有哥哥。

正反疑问句:名词/代词+有没有+名词

你有没有汉语词典?

肯定句中,主语和宾语的关系常见的有三种:

1. 主语和宾语是领有关系。宾语一般是比较具体的人或事物,常带数量词作定语。如:

我爸爸有两个手机。

王太太有很多衣服。

我有三个姐姐。

玛丽有三个辅导老师。

2. 主语和宾语是包含、拥有的关系。宾语一般是比较具体的事物,常带数量词作定语。如:

这本书有104页。

他家有四个房间。

3. 主语和宾语是具有关系。宾语一般比较抽象,用于表示人本身所具有的能力、兴趣等。“有”常受程度副词修饰。如:

哥哥很有能力。

我对中国文化很有兴趣。(详见第三单元第七课)

提示

如果强调领有、持有或存在的人或事物为零时,一般用下面的强调句式(详见第二单元第二课):

一+量词+名词+(也、都)+没有

他家只有他一个孩子,他一个兄弟姐妹也没有。

教室里一个人都没有。

我忘了带钱包了，身上一分钱也没有。

练一练

一、下面是一些表示文具的词，查一查词典，分别在表中“有”和“没有”下填上你有的和没有的东西。

地图　小刀　铅笔　圆珠笔　信纸　本子　尺子　文具盒（wénjùhé）　橡皮（xiàngpí）　胶水（jiāoshuǐ）　文件夹（wénjiànjiā）　剪刀（jiǎndāo）　订书机（dìngshūjī）　电子词典　修正笔（xiūzhèngbǐ）　修正液（xiūzhèngyè）

如：我有一把小刀。我没有地图。

有	没有

二、模仿例子介绍家庭。

例：我家有六口人，奶奶、爸爸、妈妈、弟弟、妹妹和我。我爸爸没有哥哥姐姐。我妈妈有两个弟弟，一个姐姐。我爸爸有很多朋友，我也有很多朋友。我的好朋友是一只小狗。

我的家

三、把下面的句子改成正反疑问句，并用“没有”和“一（量词）+也/都+没有”回答。

例：我有一个哥哥。
　　你有没有哥哥？
　　我没有哥哥。
　　我一个哥哥也没有。

1．我有一辆汽车。

2．李丽有两家公司。

3．小林有三个孩子。

4．那个人有手表。

5. 大卫有钱。

四、用“有”字句回答下面的问题。

1. 一年有多少天？
2. 一年有多少个月？
3. 一个月有多少天？
4. 一个星期有几天？
5. 一天有多少个小时？
6. 你家有几口人？
7. 你家有几个房间？
8. 你有几本辞典？

参考答案

一、我有一把小刀。
我有很多铅笔。
我还有两支圆珠笔，一个文具盒。
我有五本本子，一块橡皮。
我有一把尺子和一瓶胶水。
我有三个文件夹。
我有一个订书机。
我有一瓶修正液。
我没有地图。
我没有信纸。
我没有剪刀。
我没有修正笔。
我没有电子辞典。

二、我家有七口人，爷爷、奶奶、爸爸、妈妈、姐姐、哥哥和我。我爸爸有姐姐，没有哥哥。我妈妈有两个哥哥，一个妹妹。我爸爸有很多朋友，我也有很多朋友。我家还有一只小狗和一只猫。

三、1. 你有没有汽车？
我没有汽车。我一辆汽车也没有。
2. 李丽有没有公司？
李丽没有公司。李丽一家公司也没有。
3. 小林有没有孩子？
小林没有孩子。小林一个孩子也没有。
4. 那个人有没有手表？
那人没有手表。那人一块手表也没有。
5. 大卫有没有钱？
大卫没有钱。大卫一分钱也没有。

四、1. 一年有 365 天。
2. 一年有 12 个月。
3. 一个月有 30 天。
4. 一个星期有 7 天。
5. 一天有 24 个小时。
6. 我家有 7 口人。
7. 我家有 6 个房间。
8. 我有两本辞典。

第11课 形容词谓语句和"是"字句(3)

形容词谓语句

讲一讲

形容词做谓语的句子叫形容词谓语句。

基本结构:

肯定句:主语 + 程度副词 + 形容词

这里的春天很舒服。

青岛的海边非常漂亮。

他的脸很红。

否定句:主语 + 不 + 形容词

他女朋友的个子不高。

这个菜不好吃。

正反疑问句:主语 + 形容词 + 不 + 形容词

他的脸红不红?

这里的春天舒服不舒服?

提示

(1) 作为单句的形容词谓语前一般要有"很"等程度副词修饰。如:

外面很冷。

老师的书特别多。

大卫非常认真。

汉字有点儿难。

这里不太干净。

下面的句子是错的:

*今天的口语课难。

改:今天的口语课很难。

只有在对比句中,形容词才可以单独做谓语。如:

今天不热,昨天热。

这件衣服贵,那件衣服便宜。

(2) 形容词谓语句不用加“是”。下面的句子是错的：

＊苏州的天气有时候是好。

改：苏州的天气有时候很好。

练一练

一、下面每一对形容词都是反义的，选择合适的形容词填空。

好、坏(huài)　大、小　多、少　高、低　高、矮　长、短　快、慢　新、旧(jiù)

容易、难　贵、便宜　干净、脏(zāng)　轻、重　年轻、老　胖、瘦　高兴、生气

1. 今天天气非常________，昨天的天气不太________。
2. 我哥哥个子________，我妹妹个子________。
3. 那个商店很________，东西很________，牛奶很________，面包比较________。
4. 爷爷的身体非常________，走路还很________。奶奶的身体不太________，有点儿________，走路比较________。
5. 汉语的发音很________，汉字书写也不太________。
6. 老师说我的发音很________，我非常________。
7. 我的自行车比较________，李丽的车比较________。
8. 这个教室很________，也很________。那个教室很________，有点儿________。

二、模仿下例各写一段话，参考例中的形容词和(　　)中所给的形容词，注意使用横线画出的副词。

例1：这个饭店的菜特别好吃，啤酒也很好喝，有的菜有点儿辣。

[酸(suān)　甜(tián)　苦(kǔ)　辣(là)　咸(xián)]

例2：故乡的冬天特别冷，温度很低。夏天不太热，温度不高，20多度，很舒服。春天不太暖和，秋天比较凉快。

例3：这个电影特别有意思，演员很漂亮，风景也很美，电影的音乐也非常好听。

例4：老张现在很忙，很累，工作非常辛苦(xīnkǔ)。小李不太忙，比较轻松(qīngsōng)。

[空(kòng)　舒服]

例5：我们的老师很年轻，个子不太高，工作非常认真，人特别和气，对我们也很热情，就是有点儿瘦(shòu)。

[老　高　胖(pàng)　冷淡(dàn)　严肃(yánsù)　严厉(yánlì)]

例6：上海真大，人特别多，汽车也特别多。上海的楼房很多，也很高，上海的南京路非常热闹，夜景(yèjǐng)特别漂亮。上海的交通不太方便，上下班坐公共汽车比较挤(jǐ)。

(小　少　安静　干净)

三、HSK 仿真题:从下面 ABCD 中选择唯一正确的填入空中。

1. 今天很舒服,______。

A. 因为很凉快的气候

B. 因为很凉快

C. 因为气候很凉快的

D. 因为是凉快

2. 我的汉语不好,所以我______。

A. 在公司很少说汉语

B. 在公司说汉语很少

C. 说汉语在公司很少

D. 在公司说汉语少

3. 最近感冒、发烧的人很多,______。

A. 昨天和今天在教室没有多学生来

B. 昨天和今天在教室没有很多学生来

C. 昨天和今天教室没有很多学生来

D. 昨天和今天来上课的学生不多

参考答案

一、1. 今天天气非常好,昨天的天气不太好。

2. 我哥哥个子高,我妹妹个子矮。

3. 那个商店很大,东西很多,牛奶很便宜,面包比较贵。

4. 爷爷的身体非常好,走路还很快。奶奶的身体不太好,有点儿胖,走路比较慢。

5. 汉语的发音很难,汉字书写也不太容易。

6. 老师说我的发音很好,我非常高兴。

7. 我的自行车比较新,李丽的车比较旧。

8. 这个教室很大,也很干净。那个教室很小,有点儿脏。

二、1. 这个饭店的菜有的特别好吃,有的不太好吃,有点儿咸。啤酒很好喝,饮料比较甜。

2. 上海的冬天不太冷,温度不太低。夏天很热,温度很高,三十七八度,很不舒服。春天比较暖和,秋天比较凉快。

3. 这个电影不太有意思,演员也不漂亮,风景比较美,电影的音乐很好听。

4. 老张现在不太忙,比较空,工作很轻松,很舒服。小李非常忙,比较辛苦。

5. 我们的老师不太老,个子很高,有点儿胖,特别严肃,工作非常认真,对我们很严厉。

6. 苏州不太大,很干净。苏州人比较多,汽车也很多。苏州的楼房有的很高,有的不太高。苏州的园林非常漂亮。苏州的交通比较方便,上下班的时候,坐公共汽车也比较挤。苏州白天比较热闹,晚上很安静。我觉得苏州真好。

三、1. B 2. A 3. D

“是”字句(3)

讲一讲

本课讲“是＋的字短语”这一句式。

基本结构：

“的”字短语主要有以下几种：

形容词＋的：

红(色)的　黄的　长的　大的

名词＋的：

棉(mián)的　男的　北京的

动词或动词短语＋的：

吃的　喝的　开车的　卖水果的

代词＋的：

我的　他的　大家的

主谓结构＋的：

我买的　他说的　小王写的

肯定句：主语＋是＋“的”字短语

他的鞋是黑的。[颜色(yánsè)，白、红、黄、蓝、绿等]

这件衣服是真丝(sī)的。[面料(liào)，棉(mián)、皮、呢(ní)等]

那张床是木头的。[材料(cáiliào)，玻璃、金、银、铁(tiě)等]

这种饮料是酸的。[味道(wèidào)，甜、咸、苦、辣等]

我们的口语老师是女的。[男、老、少(shào)等]

啤酒是冰的，茶也是凉的。[热、温等]

我买的衣服是法国的。

这些书是我的，不是玛丽的。

他父亲是开车的。

这件衣服是我刚买的。

否定句：主语＋不是＋“的”字短语

正反问句：主语＋是不是＋“的”字短语

提示

这类句中“的”字短语有区别人或事物的作用，“的”不能少。下面的句子都是错的：

＊他的眼睛是蓝色。

改：他的眼睛是蓝的/蓝色的。

＊她的头发是黄，眼睛是黑。

改：她的头发是黄的，眼睛是黑的。

练一练

一、选用下面中所给的词组成"的"字短语填空。

1. 吃　用　穿　喝　玩　看

这些是____________:运动衣、袜子、帽子、鞋

这些是____________:铅笔、橡皮、本子、杯子

这些是____________:鸡蛋、肉、饺子、面包

这些是____________:DVD、杂志、画报、小说

这些是____________:足球、网球、乒乓球、围棋、象棋

这些是____________:牛奶、可乐、咖啡、茶、雪碧

2. 红　蓝　绿　白　黄　长　短　方　圆　大　小　布　皮　棉　呢　真丝　木头
金　银　铁　我　你　他　她　爸爸　姐姐　弟弟　哥哥　酸　甜

运动衣是________。袜子是________。帽子是________。鞋是________。

桌子是________。裤子是______。本子是________。杯子是________。

足球是______。啤酒是________。醋是________。糖是________。

二、把下面的句子转换成"的"字短语。

例:我穿了一件新衣服。

　我的衣服是新的。

1. 我买了一件红运动衣。

2. 她买了一个皮包。

3. 他妈妈开着一辆新汽车。

4. 南面的操场大,北面的操场小。

5. 这是块法国巧克力。

6. 我们的老师是男老师。

7. 他丈夫在理发店工作。

三、模仿例子,用"的"字短语回答下面的问题。

例:你的头发是什么颜色的?

　我的头发是黄的。

1. 她男朋友是干什么的?

2. 你买的面包是圆的、方的还是长的?

3. 你妹妹的头发是长的还是短的？是直的还是卷(juǎn)的？

4. 这种饮料是甜(tián)的还是酸(suān)的？

5. 那个菜是辣的还是不辣的？

6. 你喝的咖啡是甜的还是苦(kǔ)的？

7. 他穿的毛衣是厚(hòu)的还是薄(báo)的？

8. 她买的衬衫是棉的还是真丝的？

9. 你要什么样的啤酒？是冰的还是不冰的？

10. 那人是卖水果的还是买水果的？

参考答案

一、1. 这些是穿的:运动衣、袜子、帽子、鞋
这些是用的:铅笔、橡皮、本子、杯子
这些是吃的:鸡蛋、肉、饺子、面包
这些是看的:DVD、杂志、画报、小说
这些是玩的:足球、网球、乒乓球、围棋、象棋
这些是喝的:牛奶、可乐、咖啡、茶、雪碧

2. 运动衣是红的/我的。袜子是黄的/长的/短的/他的。帽子是黑的/爸爸的。
鞋是布的/皮的/她的/白的。桌子是方的/圆的/黄色的/你的。
裤子是蓝的/长的/短的/弟弟的。本子是你的。杯子是姐姐的/玻璃的。
足球是圆的/哥哥的/皮的。啤酒是青岛的/冰的。醋是酸的。糖是甜的。

二、1. 我的运动衣是红的。
2. 她买的包是皮的。
3. 他妈妈开的汽车是新的。
4. 南面的操场是大的,北面的是小的。
5. 这块巧克力是法国的。
6. 我们的老师是男的。
7. 他丈夫是理发的。

三、1. 她男朋友是开车的。
2. 我买的面包是圆的。
3. 我妹妹的头发是长的,卷的。
4. 这种饮料是酸的。
5. 那个菜是辣的。
6. 我喝的咖啡是甜的。
7. 他穿的毛衣是厚的。
8. 她买的衬衫是真丝的。
9. 我要冰的。
10. 那人是卖水果的。

第五课 动词谓语句

讲一讲

由动词做谓语的句子叫动词谓语句。

基本结构：

肯定句：主语＋动词＋（宾语）

我今天走。（动词是不及物动词，下同）

他们下星期天结婚。

爸爸喝白酒。（动词是及物动词，下同）

她学汉语。

否定句：主语＋不＋动词＋（宾语）

主语＋没＋动词＋（宾语）

我妈妈不工作。

小王不买衣服。

哥哥没感冒。

爷爷没戴帽子。

正反疑问句：主语＋动词＋不＋动词＋（宾语）

主语＋动词＋没＋动词＋（宾语）

我们现在出发不出发？

咱们看不看电影？

比赛时他跑没跑？

你带没带钱？

提示

(1) 动词谓语句有很多种，这里讲的是一般的动词谓语句。

(2) 用动词造句时，必须注意有的动词可以带宾语(叫及物动词)，有的动词不能带宾语(叫不及物动词)。这两类动词的用法详见《动词　助动词》分册。

(3) 汉语动词谓语句有两种否定形式，一种是用“不”否定，另一种是用“没”否定。用“不”否定的主要有两类：

① 否定没有时间限制的、经常性、习惯性动作或非动作性动词，如：“我不喜欢运动。”“他不知道今天开会。”

② 对实行动作的主观愿望的否定，如："我今天有事，不去上课。"（不打算去上课）

用"没"一般是对某个时点前动作的否定，也有两类：

① 最常见的是对说话前动作或过去某个时段内一次性动作的否定。如：

大卫今天没来，昨天也没来。

② 对将来某个时点前动作的否定。如：

你星期天早上八点去找他，他一定没起床。

（关于"不"和"没"的区别，详见《副词》分册）

（4）动词或动宾短语单独做谓语的情况并不多，在实际使用中，常常需要带表示时间和地点的状语，或带表示动作次数的补语等。这些成分的位置应特别注意。

① 表示动作发生的时间的状语有两个位置，特别强调时间，时间词放在主语前；不特别强调，时间词语就放在主语后，地点状语的前面。如：

我晚上六点跟你在咖啡馆见面。

晚上六点我跟你在咖啡馆见面。

② 表示动作发生或进行的场所的地点状语最常见的是放在动词谓语前。如：

她每天在操场跑步。

他在屋里睡觉。

下面的句子都是错的：

*她每天跑步在操场。

*他睡觉在屋里。

只有特别强调某个地点时，地点状语才放在主语前，特别是在地点上作对比时。如：

在教室里大家不要抽烟。

在公司里，爸爸很少开玩笑；但在家里，他很喜欢开玩笑。

当像"放、挂、走、坐、站、住"等动作完成后，与动词有关的人或事物移动到或较长时间固定或存留在某处时，这类处所词才放在谓语动词后作补语。如：

那幅画挂在墙上。

他走到我的面前。

老师坐在椅子上。大卫站在黑板前。

李丽小时候住在北京。

（"在＋处所词"有三个位置，用法和表示的意义有区别，详见《介词　代词》分册）

③ 表示时间范围的词一般放在主语之后，而那些表示动作持续的时间或次数的数量词语则要放在谓语动词的后面。即使有宾语，也是这样。如：

玛丽一星期去一次图书馆。（"一星期"是动作发生的时间范围）

我今天要工作十个小时。（"十个小时"是动作持续的时间）

每个星期六他给爸爸妈妈打一次电话。

如果谓语动词是离合词，这类数量词就要放在它们中间。如：

下星期要考两次试。

他俩每星期跳一次舞。

我很累，想睡一会儿觉。

下面的句子都是错的：

*下星期要考试两次。

*他俩每星期一次跳舞。

初级阶段常见的离合词有“考试、散步、上课、下课、跳舞、滑冰、结婚、离婚、起床、睡觉、洗澡、游泳、照相、见面、滑雪、生病、生气等”。

(关于和谓语动词有关的状语和补语的语序详见《助词》与《句子成分》分册)

练一练

一、从下列四个框中各选择一个词或短语，组成一句语序正确的动词谓语句。

爷爷、玛丽、李丽、张明
大卫、爸爸、孩子们、姐姐
马克、他朋友、她、我

散步、锻炼、洗澡、上课
考试、睡觉、游泳、坐、玩
看电视、住、留学、站、看书

2005 年、每天早上
昨天下午、每个星期六上午
现在、刚才、90 年代
前天晚上九点、一个小时前

在房间里、在草地上
在操场上、学校门口
在公园里、在上海
在教室、在商店里
在游泳池里、在浴室
在图书馆、在中国

二、HSK 仿真题：将下面句后(　　)中的词语放在唯一合适的地方。

1. 马克每星期 A 去 B 游泳池 C 游 D 泳。(两三次)
2. A 李老师中午 B 很少 C 吃饭 D，她常常带饭。(在学校食堂)
3. 我很累，想回 A 家 B 睡 C 觉 D。(一会儿)
4. 大卫喜欢运动，A 爬 B 一次 C 山 D。(一个月)
5. A 他明天 B 要跟 C 朋友 D 见面。(在公园)
6. A 爷爷每天早上 B 打 C 一个小时太极拳 D。(在院子里)

三、组词成句。

1. 在　我们　上　下午　101 教室　汉语　课
2. 两　他们　个　考　试　一次　月
3. 一次　在　王平　跟　咖啡馆　都　见　面　朋友　每星期
4. 一会儿　去　咱们　公园　晚上　散　步　吧

参考答案

一、1. 爷爷每天早上在公园里散步。/每天早上爷爷在公园里散步。

2. 玛丽每天早上在操场上锻炼。/每天早上玛丽在操场上锻炼。

3. 张明现在在浴室洗澡。/现在张明在浴室洗澡。

4. 她每天早上都在教室里上课。/每天早上她都在教室里上课。

5. 马克刚才在教室里考试。/刚才马克在教室里考试。

6. 一个小时前我在房间里睡觉。/我一个小时前在房间里睡觉。

7. 姐姐昨天下午在游泳池里游泳。/昨天下午姐姐在游泳池里游泳。

8. 李丽现在坐在教室里。/现在李丽坐在教室里。

9. 前天晚上九点玛丽在房间里看电视。/玛丽前天晚上九点在房间里看电视。

10. 他朋友昨天下午在商店里买东西。/昨天下午他朋友在商店里买东西。

11. 现在孩子们在草地上玩。/孩子们现在在草地上玩。

12. 2005年大卫在中国留学。/大卫2005年在中国留学。

13. 我爸爸90年代住在上海。/90年代我爸爸住在上海。

14. 刚才马克站在学校门口。/马克刚才站在学校门口。

15. 每个星期六上午我在图书馆看书。/我每个星期六上午在图书馆看书。

二、1. D 2. C 3. C 4. A 5. D 6. B

三、1. 我们下午在101教室上汉语课。

2. 他们两个月考一次试。

3. 每星期王平都跟朋友在咖啡馆见一次面。

王平每星期都跟朋友在咖啡馆见一次面。

4. 咱们晚上去公园散一会儿步吧。

第六课 连动句(1)

讲一讲

由两个或两个以上的动词或动词短语做谓语，前后共同说明一个主语的句子叫连动句。

本课先学两类连动句：

一是第一个动词为“来”“去”的连动句。

基本结构：

肯定句：主语＋来/去＋(处所词)＋动词＋(宾语)

我们去教室上课。

下星期我爸爸妈妈来中国旅游。

他去银行换钱。

我是法国人，来(中国)学汉语。

否定句：主语＋不＋来/去＋(处所词)＋动词＋(宾语)

主语＋没＋来/去＋(处所词)＋动词＋(宾语)

他们不去上海买东西，去南京买(东西)。

小李昨晚没来(我家)吃饭。

一般疑问句：句尾＋吗

老师去看电影吗？

正反疑问句：主语＋来/去＋不＋来/去＋(处所词)＋动词＋(宾语)

主语＋来/去＋没＋来/去＋(处所词)＋动词＋(宾语)

你去不去打网球？

他来没来上课？(或：他来上课没有？)

提示

(1) 这种连动句的第一个动词“来”“去”表示动作的趋向。后一动词或动词短语表示前一动作的目的。“来…… ＋动词……”是说话人在所在之处做某事。“去…… ＋动词……”是离开说话人所在之处，去别处做某事。

(2)“来/去＋处所词”一般要放在表示动作目的的动词或短语的前面，这两类动词或短语的位置一般不能互换。

(3) 否定式有两种，一个用否定副词“不”，另一个是“没”。用“不”表示说话时以及说话后的一段时间，主观上不打算“来/去……做某事”。用“没”，客观说明到说话时或某个时点之前，“来/去……做某事”的动作没有发生(详见上)。

(4) 当根据具体的语境知道“来”“去”的趋向或目的地时，“来”“去”的宾语可以省略。

(5) 如果句中的状语(助动词、形容词、副词等)是说明整个连动谓语的，一般应该放在“来”“去”的前面。时间名词作的状语也可以放在主语的前面。如：

听说小李住院了，咱们快去医院看看他吧。

你能马上来车站接我吗？

下午我去图书馆借书。(或：我下午去图书馆借书。)

二是第一个动词是表示动作方式的连动句。

基本结构：

肯定句：主语 + 动词或动词短语 1 + 动词 2 或动词短语 2

我要坐飞机回国。

弟弟能用左手写字。

她总是笑着给我们上课。

他常开着窗户睡觉。

否定句：主语 + 不 + 动词或动词短语 1 + 动词 2 或动词短语 2

他不坐飞机去旅行。

我不开着窗户睡觉。

一般疑问句：句尾 + 吗

你爸爸开车上班吗？

老王常躺着看书吗？

正反疑问句：主语 + 是不是 + (状语) + 动词或动词短语 1 + 动词 2 或动词短语 2

你爸爸是不是开车上班？

老王是不是常躺着看书？

提示

(1) “动词或动词短语 1”常是动词 2 所表示的动作所采用的方式。有时动词 1 后面常带“着”来说明动词 2 所表示动作时伴随的方式。

(2) 在连动句中，表示动作方式的动词或动词短语一般应放在另一动词或短语的前面。

(3) 对连动句中动词或动词短语 1(即表示后一动作的方式)提问时，一般用“怎么”；对动词 2 提问时用“干什么”。

没有杯子怎么喝茶？——用碗也可以喝啊。

自行车坏了怎么回家呢？——只好坐车回家了。

他闭着眼睛在干什么？——他闭着眼睛在想问题。

孩子背着书包去干什么？——孩子背着书包去上学。

当对动词或动词短语 1 中所使用的工具提问，一般用“什么”。如：

你用什么写字？——我用钢笔写字。

当对动词或动词短语 1 中所使用的原料提问，一般用“什么”。如：

用什么做蛋糕？——用鸡蛋、奶油、面粉等做蛋糕。

(4) 动词短语 1 是表示动作方式的连动句，它的正反疑问句形式用“是不是”，和动词短语 1 是“来”“去”的连动句正反疑问句形式并不相同(见上)。

（5）如果句中的状语（助动词、形容词、副词等）是说明整个连动谓语的，一般也应该放在第一个动词的前面（详见肯定式中的四个例句中加下划线词语）。

练一练

一、HSK 仿真题：把（　　）里的词语放到唯一合适的地方。

1. A 中国人 B 常常 C 吃饭 D。（用筷子）
2. A 下个星期 B 我自己 C 开车 D。（去上海）
3. A 我 B 和我的美国朋友 C 聊天 D。（用汉语）
4. A 大卫 B 要 C 学习汉语 D。（去中国）
5. 今天 A 你们 B 干 C 什么 D？（来我这儿）
6. A 玛丽 B 喜欢 C 听着音乐 D。（做作业）
7. A 我们 B 开着 C 空调 D。（上课）
8. A 那个 B 年轻人 C 一把花儿 D 跳舞。（拿着）
9. A 刚才 B 大卫 C 向我 D 点点头。（笑着）
10. A 玛丽常常 B 开着 C 窗户 D。（睡觉）

二、从下面动词短语中选择合适的两个动词短语组成连动句，并模仿例子改成正反疑问句。

例 1：我们去博物馆参观。

　　你们去不去博物馆参观？

例 2：老师笑着和我们谈话。

　　老师是不是笑着和你们谈话？

去书店　去咖啡店　来中国　去国外　来图书馆　用圆珠笔　用汉语

笑着　听着音乐　站着　走着　开车　骑车　坐飞机　聊天　旅游

见朋友　看电视　买词典　借书　学习汉语　打招呼　上班　写字

三、用“怎么、什么”等针对下面句子画线部分提问。

1. 我家离学校很近。我每天<u>走着</u>上学。

第一单元

2. 姐姐用电脑写论文。

3. 暑假他们要骑自行车去旅行。

4. 玛丽来医院检查身体。

5. 小李用开水泡(pào)方便面。

6. 大卫用手机发短信。

7. 他常常用伊妹儿(E-mail 的汉语说法)跟朋友联系(liánxì)。

四、用连动句回答下面的问题。

1. 咱们要是买不到飞机票,怎么去北京?

2. 你妈妈去超市干什么?

3. 你喜欢躺着看小说还是坐着看小说?

4. 大卫来中国干什么?

5. 太晚了,没有公共汽车了,怎么回家呢?

参考答案

一、1. C　2. D　3. B或C　4. C　5. B　6. D　7. D　8. C　9. C　10. D

二、他去咖啡店见朋友。　　他去不去咖啡店见朋友?

小李笑着跟我打招呼。　　小李是不是笑着跟你打招呼?

她听着音乐开车。　　她是不是听着音乐开车?

大卫去书店买词典。　　大卫去不去书店买词典?

玛丽来图书馆借书。　　玛丽来不来图书馆借书?

我们去国外旅游。　　你们去不去国外旅游?

马克来中国学习汉语。　　马克来不来中国学习汉语?

我们坐飞机去旅游。　　你们是不是坐飞机去旅游?

爸爸开车上班。　　爸爸是不是开车上班?

她用圆珠笔写字。　　她是不是用圆珠笔写字?

他们俩站着聊天。　　他们俩是不是站着聊天?

我们用汉语聊天。　　你们是不是用汉语聊天?

三、1. 你每天怎么上学?

2. 姐姐用什么写论文?

3. 暑假他们怎么去旅行？
4. 玛丽来医院做什么？
5. 小李用开水做什么？
6. 大卫用什么发短信？
7. 他常常怎么跟朋友联系？

四、1. 买不到飞机票，坐火车去北京。
2. 我妈妈去超市买东西。
3. 我喜欢坐着看小说。
4. 大卫来中国学汉语。
5. 打的(dī)回家吧。或：坐出租车回家吧。

第一单元

第七课 兼语句(1)

讲一讲

汉语中有由两个"主语＋谓语动词＋宾语"合成的句子。第一个动词的宾语同时又是第二个动词的主语,这身兼两个成分的词语叫兼语,这类句子叫兼语句。这类兼语句通常是由直接的祈使句改写而成的。如:

朋友对玛丽说:"你来我家玩吧。"

老师对我们说:"现在做练习。"

他对女儿说:"你学中文吧。"

改写成陈述句,就是兼语句:

朋友请玛丽去他家玩。

老师叫我们做练习。

他让女儿学中文。

基本结构:

肯定句:主语＋请(叫、让)＋兼语＋动词＋宾语

否定句:主语＋不＋请(叫、让)＋兼语＋动词＋宾语

主语＋没＋请(叫、让)＋兼语＋动词＋宾语

我不请你喝白酒。

老李不叫儿子看这种电影。

他不让我们进去。

老师没叫你去办公室。

她没请我参加她的生日晚会。

提示

(1) 用于这一结构的"兼语"一般是人,本课学的经常带兼语的动词是"请""叫""让",这几个动词都具有使令意义。"请"比较客气,"叫""让"命令的语气比较强。

(2) 兼语句的否定式有两种,用"不"表示现在、将来或一贯的否定,主要用于否定主语的主观意志,即表示主语(动作者)有意不"请""叫""让"等;用"没"表示在说话前"请""叫""让"的动作未发生,只是一种客观的说明。

(3) 如果句中的状语是修饰"请""叫""让"的,应放在这类动词的前面。如果是修饰兼语后谓语的,则放在后一谓语的前面。如:

明天的联欢会,应该请我们的老师也参加。

外面这么冷，快让他们进来吧。
你叫大卫快起来，上课来不及了。

练一练

一、用"请""让""叫"把下面的内容改写成兼语句。

1. 大家都说："你做班长吧。"

2. 小王对我说："你明天早上给我打电话。"

3. 他对外国朋友说："到我家里来吃晚饭吧。"

4. 妈妈说："你自己洗衣服吧。"

5. 田中对服务员说："请给我打扫一下房间。"

6. 她对我说："打开窗户，好吗？"

二、组词成句。

1. 去　星期一　早上　叫　你　王老师　办公室　早一点儿

2. 让　听写　她　学生　生词

3. 买　小李　他　请　给　他　飞机票

4. 我　在　学校　门口　叫　朋友　等　我

5. 请　明天　玛丽　大家　吃饭　要

三、用(　　)内的否定词把下面的兼语句改写成否定句。

1. 哥哥请朋友喝酒。(没)

2. 老师叫大家看外面。(不)

3. 妈妈让孩子玩电子游戏。(没)

4. 他叫我们大声念课文。(不)

5. 玛丽让小李去她家。(不)

四、HSK 仿真题：从下面 ABCD 中选择唯一正确的填入空中。

1. 学校八点上课，______。
A. 我每天去学校七点半
B. 每天我去学校七点半
C. 我每天七点半去学校
D. 我去学校每天七点半

2. ______，今年他已经工作了。
A. 他去年学习还在中国的大学
B. 去年还他在中国的大学留学
C. 他去年还留学在中国的大学
D. 去年他还在中国的大学留学

3. 大卫刚才打电话来，你不在，______。
A. 他打电话让你马上回来以后
B. 他让你回来以后马上就给他打电话
C. 你马上回来让他打电话以后
D. 以后你回来马上打电话给他

4. 老师说的话玛丽没有听懂，______。
A. 她叫老师说一遍
B. 她说一遍再请老师
C. 她再请老师说一遍
D. 她请老师再说一遍

5. 一个人玩儿没意思，______。
A. 你跟我一起去北京玩吧
B. 你跟我去一起玩儿北京吧
C. 你一起去跟我北京玩儿吧
D. 我去跟你一起玩北京吧

参考答案

一、1. 大家让我做班长。 2. 小王叫我明天早上给他打电话。
3. 他请外国朋友到他家里去吃晚饭。 4. 妈妈让我自己洗衣服。
5. 田中叫服务员打扫一下他的房间。 6. 她让我打开窗户。或：她叫我把窗户打开。

二、1. 王老师叫你星期一早上早一点儿去办公室。 2. 她让学生听写生词。
3. 他请小李给他买飞机票。 4. 我叫朋友在学校门口等我。
5. 明天玛丽要请大家吃饭。

三、1. 哥哥没请朋友喝酒。 2. 老师不叫大家看外面。
3. 妈妈没让孩子玩电子游戏。 4. 他不叫我们大声念课文。
5. 玛丽不让小李去她家。

四、1. C 2. D 3. B 4. D 5. A

第八课 比较句(1)

用“比”的比较句(1)

讲一讲

汉语表示比较的句型，最常用的是“比”字句。

基本结构1：

A(名/代词)+比B(名/代词)+形容词

表示前一项A在程度上胜过后一项B。如：

他比我高。

姐姐比妹妹漂亮。

“比”字句的否定式不是在形容词前加“不”，而是用“没有”替换“比”(详见本课“用‘没有’的比较句”)。下面的句子都是错的。

*这篇课文比那篇课文不难。

*小李比小张不认真。

这种“比”字句的形容词前不能用表示程度的副词“真”“非常”“很”“有点儿”等。下面的句子都是错的。

*北京比上海很冷。

*这个公园比那个公园有点儿大。

如果要强调比项A在程度上超过被比项B时，可在形容词前面加“还”“更”。如：

手机比电话更方便。

这朵花比那朵(花)还红。

弟弟比哥哥还高。

“更”用于“比”字句，既用于同类人或事物之间的比较，也常用于表示同一人或同类事物与以前的情况相比，程度有了进一步的发展。

基本结构2：

A(名/代词)+比+过去的某个时点+(更)+形容词+了

表示相同的人或事物A在程度上胜过A过去某个时段的状态。如：

他学习比以前更努力了。

她比小时候更漂亮了。

因为是表示发展变化，形容词谓语后一般要加“了”。“还”一般不用于这一类“比”字句。

“比”字句中用“更”，只是一种客观情况的介绍。用“还”，则带有强调、夸张的语气，或者是说明比较结果超出一般的常规，或者是超出了说话人或听话人的预想，句末可用夸张意味的语气词“呢”。（比较句中“更”和“还”的区别详见《副词》分册）

基本结构3：

A（名/代词）+比B（名/代词）+形容词+一点儿/一些

A（名/代词）+比B（名/代词）+形容词+得多/多了

比较前项A与后项B在程度上的大小。程度差别比较小时用“一点儿”“一些”，程度差别很大时用“得多”“多了”。如：

我家比他家大一点儿。

中国比我们国家大一些。

这个公园比那个公园大多了。

她比我年轻得多。

基本结构4：

A（名/代词）+比+过去的某个时点+形容词+多了

他的身体比以前好多了。

大卫认识的汉字比刚来中国时多多了。

“得多”则不能用于同一人或事物在不同时段的比较。下面的句子是错的：

＊他的身体比以前好得多。

＊这个公园比以前漂亮得多。

练一练

一、把下面的句子改写成“比”字句。

1. 第一次考试容易，第二次考试难。

2. 哥哥身高1.80米，弟弟身高1.75米。

3. 北京冬天最低温度十几度，长春冬天最低温度二十几度。

4. 长江全长6300公里，黄河全长5464公里。

5. 爷爷身体很好，奶奶身体不太好。

二、选择“还”“更”“一点儿”“一些”“得多”“多了”填空。

1. 小明很胖，小明的弟弟比小明（　　）胖。

2. 我的成绩是88分，她的成绩是86分，我的成绩比她的高（　　）。

3. 这里夏天最高温度是37度，东京的最高温度是31度，这里的夏天比东京的夏天热（　　）。

4. 他去年65公斤，今年60公斤，他今年比去年瘦（　　）。

5. 她比那个电影明星(　　)漂亮。

6. 汽车比自行车快(　　)。

7. 老师表扬大卫以后,他比以前(　　)努力了。

三、用所给的形容词、括号里的词语和"比"完成句子。

年轻　便宜　新鲜　凉快　方便　漂亮　流利　瘦

1. 这里公共汽车、出租车很多,交通__________________。(还)

2. 这个商店的东西__________________。(得多)

3. 外面很热,屋里开着空调,__________________。(多了)

4. 看起来姐姐__________________。(还)

5. 这里变化真大,______十年前__________________。(多了)

6. 他本来就很瘦,生病以后,__________________。(更)

7. 山上到处都是树,空气__________________。(多了)

8. 我每天和中国人聊天,口语__________________。(一点儿)

四、HSK 仿真题:从下面 ABCD 中选择唯一正确的填入空中。

1. 玛丽喜欢运动,我不喜欢运动,______。

A. 她的身体比我有点儿好

B. 她的身体比我好得多

C. 我的身体比她的身体不好

D. 我的身体比她的身体有点儿不好

2. ______,咱们进屋说话吧。

A. 房间里比外面暖和

B. 房间里比外面很暖和

C. 外面不比房间里面暖和

D. 外面比房间里面不暖和

3. 有工作,别找小王,让老王去做,因为______。

A. 老王工作比小王多努力

B. 老王比小王工作多努力

C. 老王工作比小王努力多了

D. 小王工作不比老王努力

4. 我觉得______,咱们还是吃饺子吧。

A. 面条比饺子好吃

B. 饺子比面条更好吃

C. 面条比饺子不好吃

D. 饺子比面条很好吃

参考答案

一、1. 第一次考试比第二次考试容易。或:第二次考试比第一次考试难。

2. 哥哥比弟弟高。

3. 长春的冬天比北京温度低。或:长春冬天比北京冷。

4. 长江比黄河长。
5. 爷爷身体比奶奶好。

二、1. 小明很胖,小明的弟弟比小明更/还胖。
2. 我的成绩是88分,她的成绩是86分,我的成绩比她的高一点儿。
3. 这里夏天最高温度是37度,东京的最高温度是31度,这里的夏天比东京的夏天热得多。
4. 他去年65公斤,今年60公斤,他今年比去年瘦多了。
5. 她比那个电影明星还漂亮。
6. 汽车比自行车快得多。
7. 老师表扬大卫以后,他比以前更努力了。

三、1. 这里公共汽车、出租车很多,交通比大城市还方便。
2. 这个商店的东西比那个商店的东西便宜得多。
3. 外面很热,屋里开着空调,比外面凉快多了。
4. 看起来姐姐比妹妹还年轻。
5. 这里变化真大,比十年前漂亮多了。
6. 他本来就很瘦,生病以后,比以前更瘦了。
7. 山上到处都是树,空气比城里新鲜多了。
8. 我每天和中国人聊天,口语比以前流利一点儿了。

四、1. B 2. A 3. C 4. B

用"没有"的比较句(1)和用"有"的比较句

讲一讲

一、用"没有"的比较句(1)

基本结构1:

A(名/代词)+没有B(名/代词)+形容词

表示前一项在程度上低于后一项。如:

我家没有他家大。

汽车没有火车快。

这个房间没有那个房间干净。

用"没有"的比较句,从意义上看,可以看作是"比"字句的否定。当要表示与"比"字句相反的意义时,不是在"比"后的形容词前加"不",而应用"没有"句。如:

肯定意义:她比你漂亮。

否定意义:她没有你漂亮。

前面35页提到的两个错句应改为:

*这篇课文比那篇课文不难。

改:这篇课文没有那篇课文难。

*小李比小张不认真。

改:小李没有小张认真。

再如:

*你的汉字写得比他不好。

改:你的汉字没有他写得好。

*这个酒比那个酒不厉害。

改:这种酒没有那种酒厉害。

如果保持句子的基本意义不变,把"比"字句改写成"没有"句,除了"比"换成"没有"外,比较的两项的位置要进行调换。如:

玛丽比我认真。→我没有玛丽认真。

如果要进一步强调性状的程度,则要在形容词前面加上"这么"或"那么"。当所强调的情况从实际距离或从心理距离看离说话人比较近,用近指代词"这么";当所强调的情况从实际距离或从心理距离看离说话人比较远,用远指代词"那么"。如:

我没有他那么努力。

(用"那么"表示说话人物理距离或心理距离离"他"比较远)

小李没有小王那么聪明(cōngming)。(同上)

她姐姐没有她这么热情。

(用"这么"表示说话人物理距离或心理距离离"我"比较近)

基本结构2:

A(名/代词)+没有+过去的某个时点+形容词+了

表示相同的人或事物A在程度上低于A过去某个时段的状态。如:

妹妹没有小时候那么可爱了。

教室没有以前那么干净了。

马克没有以前努力了。

这类句子一般表示跟以前相比出现的变化,所以形容词后的"了"不可少。

如果要强调形容词谓语,前面常带指示代词"那么"。

因为"没有"表示的是A在程度上低于B,所以"没有"句中的形容词谓语后不能带"一点儿、一些、得多、多了"和数量短语等。下面的句子都是错的:

*这次考试没有上次考试难一点。

改:这次考试没有上次考试难。

*夏天南方没有北方凉快得多。

改:夏天南方没有北方凉快。

*这件衣服没有那件衣服贵十元。

改:这件衣服没有那件衣服贵。

二、用"有"的比较句

基本结构:

A(名/代词)+有+B(名/代词)+那么+形容词

表示A在程度上和B很接近。如:

我儿子有你这么高。

今年来参观的学生有去年那么多。

疑问句形式是在句尾加"吗"。如:

你们家的房子有他们家的房子大吗?

你的鞋有她的鞋那么新吗?

提示

用“没有”和用“有”的比较句的差别

从形式上看，这类用“有”的比较句可以看成是用“没有”的比较句的相对形式，但用法上很不一样。

用“有”的比较句，一般是在强调以“有”前后的人与事物在具体数量方面几乎没有什么差别时用，所以一般只用于可以用数量说明的、具体量高方面的比较，即只可用在像“长、宽、高、深、大、多”等表示量高类的少数形容词前。一般不能用于像“短、矮、窄、低、浅、小、少”这样量低类形容词前，除了“新”之外，像“旧、酸、甜、苦、辣、年轻、努力、认真、热情、聪明”等无法用数量来说明的、带主观评价的形容词，一般也不用于这类用“有”的比较句。但同样表示比较的“没有”的后面却可以带各类形容词。因此，用“有”的比较句比用“没有”的比较句的使用频率要低得多。像“冷、热、凉快、暖和”等形容词，最常见的是用于“没有”句中，或以“有+形容词”的形式出现在疑问句中。

练一练

一、仿照例句，把下列“比”字句改成“没有”句，基本意义不变。

例：我弟弟比我高。

我没有我弟弟高。

1. 小王比老李胖。

2. 大卫比玛丽年轻。

3. 我妈妈比张平的妈妈漂亮。

4. 韩国菜比日本菜辣。

5. 小猫比小狗可爱。

6. 今年二班的人比去年二班的人多五个。

7. 我故乡的风景比这儿的风景美丽。

8. 我觉得苹果汁比酸奶好喝得多。

9. 大卫比玛丽聪明。

10. 小林比马克认真。

二、用"有"比较句完成下面的句子。

1. 李平身高 1.75 米，张明也________________。
2. 我们班有 20 个学生，他们班学生也________________。
3. 大卫今年 23 岁，玛丽跟大卫是同班同学，年龄也应该________________。
4. 小张每月的工资 4000 块，我儿子的工资也________________。

三、用"有"或"没有"回答问题。

1. 这里的冬天有北京的冬天那么冷吗？

2. 小林的口语成绩有马克的高吗？

3. 三号运动员有五号那么高吗？

4. 你的衣服有她的多吗？

5. 大卫的汽车有玛丽的汽车那么贵吗？

四、用"这么"或"那么"填空。

1. 他的电子词典没有你的________贵。
2. 我女儿的自行车没有她女儿的________新。
3. 有人觉得四川菜没有韩国菜________辣。
4. 这次买的苹果没有上次买的________好吃。
5. 现在是冬天，白天没有夏天________长。
6. 我们家没有他们家________大。

五、HSK 仿真题：找出下面每段话中有错误的一部分。

1. 我现在在苏州留学，苏州比上海不大，人也没有上海多，我喜欢苏州。
   A　　　B　　　C　　　D

2. 小林去黄山玩过，也去花山玩过，他觉得黄山的风景比花山真好，实在太美了。
   A　　　B　　　C　　　D

参考答案

一、1. 老李没有小王胖。
2. 玛丽没有大卫年轻。
3. 张平的妈妈没有我妈妈漂亮。
4. 日本菜没有韩国菜辣。
5. 小狗没有小猫可爱。
6. 去年二班的人没有今年(这么)多。
7. 这儿的风景没有我故乡的风景美丽。
8. 我觉得酸奶没有苹果汁好喝。

9. 玛丽没有大卫(那么)聪明。
10. 马克没有小林(那么)认真。

二、1. 李平身高 1.75 米,张明也有李平这么(或:那么)高。
2. 我们班有 20 个学生,他们班学生也有我们班这么多。
3. 大卫今年 23 岁,玛丽跟大卫是同班同学,年龄也应该有大卫这么大吧。
4. 小张每月的工资 4000 块,我儿子的工资也有小张这么多。

三、1. 这里的冬天没有北京的冬天那么冷。
2. 小林的口语成绩没有马克那么高。
3. 三号运动员有(没有)五号那么高。
4. 我的衣服有(没有)她那么多。
5. 大卫的汽车没有玛丽的汽车那么贵。

四、1. 他的电子词典没有你的这么贵。
2. 我女儿的自行车没有她女儿的那么新。
3. 有人觉得四川菜没有韩国菜那么辣。
4. 这次买的苹果没有上次买的那么好吃。
5. 现在是冬天,白天没有夏天那么长。
6. 我们家没有他们家那么大。

五、1. B　应为“苏州没有上海大”。
2. C　应为“他觉得黄山的风景比花山好得多”。

用“跟……一样”的比较句(1)

讲一讲

基本结构 1:

A(名/代词) + 跟 B(名/代词) + 一样

表示 A 和 B 在内容和形式上相同。如:

我的衣服跟她的衣服一样。

我的衣服跟她的一样。(“衣服”省略)

大卫的汉语辞典跟玛丽的一样。

否定句是在“一样”前加“不”。如:

我的看法跟你的看法不一样。

如果表示比较的两个名词都有定语,第二个名词可以省略(见上)。

基本结构 2:

A(名/代词) + 跟 B(名/代词) + 一样 + 形容词

表示 A 和 B 在某个方面程度上相同。如:

他跟我一样高。

屋里跟屋外一样冷。

有时“跟……一样”不表示比较,而是表示比喻。如:

妹妹的皮肤跟雪一样白。

基本结构3：

A(名/代词) + 跟 + 过去的某个时段 + 一样

表示A和过去某个时段的状况相同。如：

他的成绩还跟一年前一样，没有提高。

这里还跟从前一样，没有什么变化。

基本结构4：

A(名/代词) + 跟 + 过去的某个时段 + 一样 + 形容词

表示A在某个方面和过去某个时段的状况相同。如：

老李的身体还跟十年前一样棒。

学校的学生应该跟去年一样多。

"跟……一样"的"跟"前可以受助动词或表示情况持续的副词"还"的修饰(详见上例)，形容词谓语不能受程度副词修饰。下面的句子是错的。

* 妹妹跟姐姐一样很漂亮。

练一练

一、用"跟……一样"和(　　)里的形容词改写句子。

1. 我今年20岁，王平今年也20岁。(大)

2. 她非常漂亮，她的女儿也非常漂亮。(漂亮)

3. 小王1.55米，小李1.55米。(高)

4. 我的鞋很新，王林的鞋也很新。(新)

5. 这本书有200页，那本书也有200页。(厚)

6. 我们班有20人，他们班有25人。(多)

7. 玛丽的汉语很好，杰克的汉语也很好。(好)

8. 我们家有四个房间，他们家也有四个房间。(多)

9. 刘老师以前就非常认真，现在还这样。(认真)

10. 这条街过去就很热闹，现在还这样。(热闹)

二、组词成句。

1. 姑娘　幸福　别的　会　跟　一样　你

2. 跟　大街　外面的　平时　安静　一样

3. 父亲　他　小林　一样　的　大眼睛　跟

4. 跟　新鲜　这个　刚　时　一样　苹果　摘(zhāi)下

5. 认真　跟　都　一样　老张　我们

三、HSK 仿真题:从下面 ABCD 中选择唯一正确的填入空中。

1. 昨天 29 度,今天 27 度,______。
A. 昨天没有今天凉快一点
B. 今天没有昨天凉快
C. 昨天没有今天凉快
D. 昨天跟今天凉快一样

2. 妹妹比我矮,______。
A. 妹妹没有我高两公分
B. 我比妹妹高两公分
C. 妹妹比我不高
D. 妹妹矮我两公分

3. 好像那条裙子短,这条裙子长,请问,______?
A. 这条裙子比那条裙子多少长
B. 这条裙子比那条裙子多长
C. 这条裙子比那条裙子长不少
D. 这条裙子比那条裙子长多少

参考答案

一、1. 王平跟我一样大。
2. 她女儿跟她一样漂亮。
3. 小李跟小王一样高。
4. 王林的鞋跟我的一样新。
5. 那本书跟这本书一样厚。
6. 我们班人数跟他们班不一样多。
7. 杰克跟玛丽的汉语一样好。
8. 他们家的房间跟我们家的房间一样多。
9. 刘老师现在还跟以前一样认真。
10. 这条街还跟过去一样热闹。

三、1. 你会跟别的姑娘一样幸福。
2. 外面的大街跟平时一样安静。
3. 小林的眼睛跟他父亲一样大。
4. 这个苹果跟刚摘下时一样新鲜。
5. 我们都跟老张一样认真。

四、1. C　2. B　3. D

第九课 名词谓语句和主谓谓语句

名词谓语句

讲一讲

名词直接作谓语的句子叫名词谓语句。

基本结构：

肯定句：名词（主语）+名词（谓语）

否定句：名词（主语）+不是+名词（谓语）

正反疑问句：名词（主语）+是不是+名词（谓语）

名词谓语一般表示时间、价格、年龄、数量或籍贯等。如：

今天星期五。（时间）

啤酒三块。（价钱）

我妹妹18岁。（年龄）

糖一斤，面包两个。（数量）

我北京人。（籍贯）

1. 名词谓语句可以使用的范围非常小，一般只用来说明籍贯、年龄、时间、价钱、数量等。

（1）说明时间的名词谓语句，一般是说明对时间已有规定的情况。如：

一年365天，一年12个月。

明天星期一。

正月十五元宵节，五月初五端午节，八月十五中秋节。

一节课45分钟。

（2）说明价格的名词谓语句，也是对已规定的价格加以说明。如：

我买的米20块钱1公斤，面粉10块钱1公斤，油28块钱1公斤。

（3）说明数量的名词谓语句，一般是在购买、清点物品或记账时用。如：

旅游要带的东西有：方便面6包、矿泉水3瓶、面包5个、火腿肠8根。

2. 疑问句一定要用“是”，正反疑问句用“是不是”。如：

今天是星期五吗？

他是不是北京人？

否定句用“不是”。如：

小林不是22岁。

西瓜不是两块一斤。

3. 名词谓语句以单句形式出现的比较少。不过在下面的语段中，名词谓语句是比较常见的。

(1) 描写一个人的外貌时，有时常用带形容词修饰语的名词谓语句，但一般要有两个以上的句子，不能是单独一个句子，而且经常跟别的类型的句子一起用。如：

他高高的个子，大大的眼睛，黑黑的眉毛，圆圆的脸，长得很帅。

那位姑娘身材很好，长长的脖子，细细的腰，一头黑发披(pī)在肩上。

另外如"黄黄的头发、长长的头发、卷发、蓝眼睛、方脸、长脸、白白的脸、弯弯的眉毛、高高的鼻子、矮矮的个子、白白的皮肤"等也都是比较常用的。

(2) 描写某处存在着某些事物，或是补充说明，或是从总述到分述时，也常用带数量词的名词谓语句，一般也不能以单独的一个句子出现，常和表示存在的"是"字句或"有"字句一起用。如：

大卫家的房子不很大，三层小楼(补充说明)，一共不过七八间房。一进门是一间小客厅。客厅后面是一间小饭厅。绕过小饭厅，由楼梯下去，还有三间小房子。楼上只有三间屋子，临街一间，后面两间。(从总述到分述)

(3) 对许多商品的价格分别加以介绍，对物品数量加以说明时。[见上1(2)(3)]

练一练

一、模仿下面的例子写一段话。(注意画线的是名词谓语句)

例1:(说明和描写人)

我朋友北京人，28岁，身高1.70米，体重65公斤，他的生日5月5号。

例2:(说明和描写人)

他高高的个子，黑黑的头发，高鼻子，大眼睛，长得很帅。

例3:(说明和描写某处的存在物)

我家并不大，一共六间屋子，一间厨房，一个客厅，南边两个卧室，北边一个卧室，浴室在西边。

例4:(说明描写商品的价格)

水果店里有很多水果，都很便宜：苹果一斤四块，香蕉两块五，桃一块，西瓜五毛。

二、把下面的句子改成否定句和正反疑问句。

1. 老李上海人。

2. 半斤饺子12块。

3. 我姐姐 26 岁。

4. 他体重 50 公斤。

5. 一节课 45 分钟。

三、HSK 仿真题：把下面的 ABCD 四句话，按正确的次序连成一段话。（画线部分都是名词谓语句）

1. ________________________________

A. 一共 11 块钱

B. 我在超市买了面包和牛奶

C. 面包四块五

D. 牛奶六块五

2. ________________________________

A. 我想带孩子去公园

B. 今天星期天

C. 好好玩玩儿

D. 天气很好

3. ________________________________

A. 细细的腰

B. 长得可漂亮呢

C. 你妈妈年轻的时候

D. 高高的个子

4. 他画的那位运动员是这样的：________________

A. 圆圆的脸

B. 穿一件红色球衣

C. 衣服中间是一个大大的“5”号

D. 大大的眼睛

5. ________________________________

A. 三间朝南的屋子

B. 这是一间普通的农家小院

C. 长着几排青菜

D. 西边一块菜地

参考答案

一、1. 我女朋友上海人，25 岁，身高 1.68 米，体重 55 公斤，她的生日 10 月 9 号。

2. 她个子不高，长长的头发，大大的眼睛，圆圆的脸，长得很漂亮。

3. 我家很大，一共七间屋子，南边两个卧室，一个书房，北边一个卧室，厨房在东边，中间一个客厅，浴室在西边。

4. 这里的蔬菜都很便宜:青菜一斤一块五,西红柿一块二,青椒一块,黄瓜八毛。

二、1. 老李不是上海人。

老李是不是上海人?

2. 半斤饺子不是12块。

半斤饺子是不是12块?

3. 我姐姐不是26岁。

你姐姐是不是26岁?

4. 他的体重不是50公斤。

他的体重是不是50公斤?

5. 一节课不是45分钟。

一节课是不是45分钟?

三、1. BCDA或BDCA 2. BDAC 3. CDAB或CADB、CBAD 4. ADBC 5. BADC

主谓谓语句

讲一讲

谓语是由主谓短语构成的句子叫主谓谓语句。

基本结构:

大主语+大谓语(小主语+小谓语)

表示从某个方面(小主语)描写和说明大主语(多为人或地方)的特点。大主语和小主语之间往往有全体与部分的关系。如:

小张身体不好。(大主语"小张",小主语"身体",小主语是大主语的一部分)

小张肚子常常疼。(大主语"小张",小主语"肚子",小主语是大主语的一部分)

上面两句常可连在一起,从两方面共同说明"小张"的特点,后一句的大主语省略。

小张身体不好,肚子常常疼。

常可以几个主谓谓语句连用,从几个方面对大主语进行说明。如:

那个外国人个子高高的,眼睛大大的,皮肤白白的。

(小主语"个子""眼睛""皮肤"都是大主语"那个外国人"的一部分)

提示

(1) 注意下面的句子因结构不同,说话者强调的重点不同:

小张身体不好。(强调的是"小张")——主谓谓语句

小张的身体不好。(强调的是"身体")——形容词谓语句

(2) 如果要想从几个方面对大主语(事物、地方或人)进行说明时,一般连用几个主谓谓语句。如:

李东脑子好,学习认真,成绩优秀,所以老师常常表扬他。

他感冒了,头疼,嗓(sǎng)子疼,浑(hún)身不舒服。

北京城市很大,人口很多,但交通不太方便。

(3) 有时,从各方面介绍某人时,开头用名词谓语句,后面接主谓谓语句等(一般用于书面

语或正式场合)。如:

王平,男,公司职员,今年30岁,北京人,身高1.76米,体重70公斤。性格(xìnggé)开朗(kāilǎng),工作勤奋(qínfèn),事业心强。

刘强40岁,江苏南京人,中等身材,身体健壮(zhuàng),工作能力很强。

练一练

一、选择下面的主谓短语填空。

一楼是客厅　性格开朗　风景优美　满头白发　夏天凉快

山清水秀　学习努力　经济发达　英语非常好　人口众(zhòng)多

1. 这种房子__________,冬天暖和。
2. 小林__________,成绩优秀。
3. 爷爷__________,但脸色红润(rùn)。
4. 她__________,汉语也不错。
5. 我家两层楼,__________,二楼是卧室。
6. 这个地方__________,空气新鲜。
7. 妹妹__________,脾气也好。
8. 昆明__________,四季如春。
9. 这个城市__________,交通便利。
10. 中国__________,土地宽广,物产丰富。

二、从下面的形容词中选择适当的词用主谓谓语句完成句子。

大大的　漂亮　大　多　好　疼　舒服　方便　圆圆的　白白的　认真　努力　优秀

1. 昨天感冒了,头______,嗓子______,浑身都______。
2. 张华很漂亮,眼睛______,脸______,皮肤______。
3. 北京有地铁,小汽车、公共汽车______,交通______。
4. 我哥哥脑子______,学习______成绩______。
5. 我们学校校园______,图书馆______,学生______。

三、分别用(　　)内的词语作小主语对大主语进行说明。

1. (头发、个子、皮肤、眼睛)

那人

2. (人口、交通、经济)

这个城市

3. [气候、风景、物产(wùchǎn)]

我的故乡

四、HSK仿真题:在下面的ABCD中选择唯一正确的填入空中。

1. 王教授是我爸爸的老师,______,个子不高,身体很健康。

A. 七十岁大小的样子

B. 七十岁大小

C. 七十岁左右

D. 七十岁多

2. 我喜欢吃中国菜，可是我觉得______，吃多了不舒服。

A. 中国菜太多油

B. 中国菜油太多

C. 中国菜多油

D. 中国菜多油了

参考答案

一、1. 这种房子夏天凉快，冬天暖和。

2. 小林学习努力，成绩优秀。

3. 爷爷满头白发，但脸色红润。

4. 她英语非常好，汉语也不错。

5. 我家两层楼，一楼是客厅，二楼是卧室。

6. 这个地方风景优美，空气新鲜。

7. 妹妹性格开朗，脾气也好。

8. 昆明山清水秀，四季如春。

9. 这个城市经济发达，交通便利。

10. 中国人口众多，土地宽广，物产丰富。

二、1. 昨天感冒了，头疼，嗓子疼，浑身都不舒服。

2. 张华很漂亮，眼睛大大的，脸圆圆的，皮肤白白的。

3. 北京有地铁，小汽车、公共汽车很多，交通十分方便。

4. 我哥哥脑子好，学习努力，成绩优秀。

5. 我们学校校园很漂亮，图书馆很大，学生很多。

三、1. 那人头发很黑，个子很高，皮肤白白的，眼睛大大的。

2. 这个城市人口不多，交通方便，经济也很发达。

3. 我的故乡气候很好，风景非常漂亮，物产也很丰富。

四、1. C 2. B

第十课　双宾语句

讲一讲

基本结构 1：

主语 + 动词 + 间接宾语（人）+ 直接宾语（物、事）

爸爸送我一支笔。

朋友借我一百块钱。

老师教我们汉语。

基本结构 2：

主语 + 动词 + 给 + 间接宾语（人）+ 直接宾语（物、事）

老王交给我一封信。

那人卖给小李一辆旧自行车。

大卫递给玛丽一封信。

提示

(1) 汉语中，能带双宾语的动词并不多，常见的有“送、借、教、问、给、告诉、通知、叫”等。

(2) 有些动词必须后面再带“给”以后才能带双宾语，这类动词有“交、卖、带、传（chuán）、递（dì）”等。

“送、借”也可以带“给”后再带双宾语。如：

爸爸过生日，我送给他一条领带。

小刘借给小李一本汉语辞典。

(3) 但第一点中所举的动词中除了“送、借”是不能带“给”后再带双宾语的。下面的句子是错的：

＊王老师教给我们汉语。

改：王老师教我们汉语。

＊你告诉给他这件事了？

改：你告诉他这件事了？

(4) 除了上面举的两类动词外，其他动词都不能带双宾语。下面的句子是错的：

＊爸爸买我车。

改：爸爸给我买了一辆汽车。

(5) 像“问、教、告诉”等可以带双宾语的动词，它们的动作对象是不能用介词“对”“给”等提到动词之前的。下面的句子是错的：

＊他对我问了一个问题。

＊大卫给玛丽告诉一件事。

练一练

一、模仿下面的句子用加点的词语造双宾语句。

1. 张老师教你们中国歌吗？

2. 弟弟常常问爸爸一些奇怪的问题。

3. 我告诉大家一个秘密。

4. 明天是小李的生日，我们送她一张 CD 吧！

5. 学校通知所有的老师明天开会。

6. 大家都叫它“可爱的小猫”。

7. 你要给她自行车的钥匙吗？

二、用括号里的词语对画线部分提问。

1. 她没告诉李力那个秘密。（什么）

2. 王经理给了大卫一封信。（谁）

3. 老张通知大家下午开会。（什么）

4. 他在大学教外国学生汉语。（什么人）

5. 大家都叫玛丽“美女”。（什么）

6. 我想送张明一件衣服。（谁）

7. 那个外国人问我去图书馆怎么走。（什么）

三、用双宾语句完成下面的句子。

1. 马克交给________________。
2. 他能借给________________。
3. 我问________________。

4. 老王想告诉__________________。

5. 李平教__________________。

6. 老张卖给__________________。

四、HSK 仿真题：从下面 ABCD 中选择唯一正确的填入空中。

1. ______，咱们去医院看看她。

A. 李丽告诉刘老师住院了　　B. 李丽告诉我刘老师住院了

C. 李丽告诉给我刘老师住院了　　D. 李丽给我告诉刘老师住院了

2. 上课时，______。

A. 大卫常常问老师语法问题　　B. 大卫常常问语法问题对老师

C. 大卫常常对老师问语法问题　　D. 大卫常常给老师问语法问题

3. ______，汉语是张老师教。

A. 黄老师教给我们口语　　B. 黄老师教口语给我们

C. 黄老师给我们教口语　　D. 黄老师教我们口语

4. 3 月 10 日是马克的生日，______？

A. 你打算给他送什么生日礼物　　B. 你打算送什么生日礼物他

C. 你打算送给他什么生日礼物　　D. 你打算什么生日礼物送给他

参考答案

一、1. 刘老师教你们太极拳吗？

2. 妹妹喜欢问我一些流行歌曲方面的问题。

3. 我告诉大家一个好消息。

4. 明天是我朋友的生日，我们送他一个生日蛋糕吧。

5. 班长通知我们下午开会。

6. 同学们都叫马克"帅哥"。（"帅哥"：长得帅的年轻男子）

7. 他要给你一本书。

二、1. 她没告诉李力什么？

2. 王经理给了谁一封信？

3. 老张通知大家做什么？

4. 他在大学教什么人汉语？

5. 大家都叫玛丽什么？

6. 你想送谁一件衣服？

7. 那个外国人问你什么？

三、1. 马克交给大卫一封信。

2. 他能借给老张一百块钱。

3. 我问何老师能不能再说一遍。

4. 老王想告诉大家这个消息。

5. 李平教中学生英语。

6. 老张卖给玛丽一箱苹果。

四、1. B　2. A　3. D　4. C

第十一课 动作的态(1)

变化态

讲一讲

汉语在表示情况或状态变化时，常在句尾使用语气助词“了”。

一、表示已经发生的变化

这类句子一般用于提醒听话人注意出现了某种新情况或新状态。常见的结构形式有以下几种：

基本结构 1：

动词谓语句的句尾 + 了

下雪了。（刚才没有下雪，现在下雪了，而且雪还在下）

哥哥现在是医生了。（身份变了）

他现在在中国学习，会说一点儿汉语了。（汉语能力发生了变化）

基本结构 2：

形容词谓语句的句尾 + 了

天热了。

爷爷的头发白了。

基本结构 3：

名词谓语句 + 了（一般是表示时间、年龄的句子）

现在九点了。

我 20 岁了。

今天 26 号了。

肯定句	否定句	疑问句		
句尾 + 了	没 + 动/形谓语	句尾 + 吗	句尾 + 没有	谓语的肯定 + 否定式
门开了。	门（还）没开。	门开了吗？	门开了没有？	门开没开？
他去北京了。	他没去北京。	他去北京了吗？	他去北京了没有？	他去没去北京？
她的病好了。	她的病没好。	她的病好了吗？	她的病好了没有？	她的病好没好？
水热了。	水（还）没热。	水热了吗？	水热了没有？	水热没热？

提示

(1) 这类否定句中常用“还”(见上表),表示还没有出现所预期的情况或变化。

(2) 这类用“没”的否定句的句尾不再用“了”。下面的句子都是错的:

*她没感冒了。

*他的脸没红了。

(3) 表示时间和年龄的名词谓语句的否定句、疑问句与上面的否定句、疑问句略有不同。如:

肯定句:现在九点了。否定句:现在还不到九点。

疑问句:现在到九点了吗? 现在到九点了没有? 现在到没到九点?

肯定句:我 20 岁了。否定句:我还不到 20 岁。

疑问句:你有 20 岁吗? 你有没有 20 岁? 你到没到 20 岁?

(4) 表示原计划、打算的否定改变或能力尚未达到预期的状态,用“不”否定。如:

哥哥本来打算去国外留学,现在不去了。(表示计划改变的句尾要加“了”)

她虽然学了一个月汉语,但还不会说。

(5) 有时,表示变化的几个句子可以连续使用。如:

孩子一岁多了,已经会走了。

现在是秋天了,天凉快了,树叶也黄了。

飞机突然起飞了。我的耳朵开始有“嗡嗡”(wēngwēng)声了,很快,头也疼了,恶心(ěxīn)也来了,“哇”(wā),我吐了。空中小姐说是“晕(yūn)机”。

二、提示即将发生的变化

基本结构 1:

主语 + 助动词 + 动词谓语 + (宾语) + 了

提示说话时应该、可以或必须要做某个动作了。如:

我该回家了。

你现在可以走了。

她现在得(děi)吃药了。

基本结构 2:

主语 + 要/快/快要/就要 + 动词谓语 + (宾语) + 了

提示不久将发生某个动作或情况。如:

他要走了,咱们送送他。

火车快开了,该上车了。

快要开学了,又要忙了。

朋友的生日就要到了,我要给他买一个礼物。

提示

(1) 如果表示在某个时点之后或时段就要发生变化时,一般用“就要”,不用“快、快要”等。如:

下星期就要考试了,我得好好复习了。

下面的句子是错的:

*火车十点快要开了,他怎么还没到?

(2) 上面第二类句子表示的情况都是将要发生的,后面常常还有句子(详见结构 2 下),有的句子表示针对前一句的新情况,下面应该采取的行动,有的则是根据前面的新情况推测将会出现的另一个新情况。(助词"了"的详细用法见《助词》分册)

练一练

一、用表示变化的语气助词"了"和(　　)内的词语完成下面的句子。

1. 春天到了,________。(暖和、花开、草绿)
2. ________,我该回家了。(十一点)
3. 他最近特别忙,特别累,________。(瘦)
4. ________,不用开空调了。(凉快)
5. 饭已经做好了,可以________。(吃饭)

二、用助动词"该、会、可以、能、得(děi)"和(　　)内的词语加"了"完成下面的句子。

1. 他的病好了,________。(上班)
2. 时候不早了,________。(休息)
3. 她的孩子一岁多了,会________。(走路)
4. 图书馆的大门开了,________。(进去)
5. 马上要考试了,________。(复习)

三、用"要……了""就要……了""快要……了"和(　　)内的词语完成下面的句子。

1. ________,快回家吧。(下雨)
2. ________,我们进去吧。(上课)
3. 还有两个星期,________。(放假)
4. ________,大家赶快上车吧。(开)
5. 今天已经是 12 月 22 日了,圣诞节________。(到)

四、模仿例句,用肯定句和否定句回答下面的问题。

例:外面下雨了吗?

肯定句:外面下雨了。否定句:外面没下雨。

1. 你饿了吗?
2. 火车开了吗?
3. 你明白了吗?
4. 他感冒了吗?
5. 孩子睡了吗?

五、HSK 仿真题:找出下面每段话中有错误的一部分。

1. 我们下星期一、二考试(A)。等下星期考完试以后(B),我们班同学就要分开了(C)。有些人回国以后不回来(D)。

2. <u>这两个月一滴雨也不下了</u>,<u>草都黄了</u>,<u>今天总算下雨了</u>,<u>大家高兴极了</u>。
　　A　　　B　　　C　　　D

3. <u>昨天天气突然冷了</u>,<u>马克穿得太少</u>,<u>所以今天他感冒了</u>,<u>没来上课了</u>。
　　A　　　B　　　C　　　D

4. <u>开始写大字的时候</u>,<u>我觉得很难</u>,<u>可是现在觉得不太难</u>,<u>越写越有兴趣了</u>。
　　A　　　B　　　C　　　D

5. <u>咱们今天就聊到这儿吧</u>,<u>明天快要考试了</u>,<u>我该看书了</u>。<u>考完以后我再给你打电话</u>。
　　A　　　B　　　C　　　D

参考答案

一、1. 春天到了,天气暖和了,花开了,草也绿了。
2. 已经十一点了,我该回家了。
3. 他最近特别忙,特别累,有点儿瘦了。
4. 天凉快了,不用开空调了。
5. 饭已经做好了,可以吃饭了。

二、1. 他的病好了,可以上班了。
2. 时候不早了,该休息了。
3. 她的孩子一岁多了,会走路了。
4. 图书馆的大门开了,可以/能进去了。
5. 马上要考试了,得好好复习了。

三、1. 就要下雨了,快回家吧。
2. 要上课了,我们进去吧。
3. 还有两个星期,就要放假了。
4. 车快要开了,大家赶快上车吧。
快要开车了,大家赶快上车吧。
5. 今天已经是 12 月 22 日了,圣诞节快要到了。

四、1. 我饿了。/我没饿。
2. 火车开了。/火车还没开。
3. 我明白了。/我没明白。
4. 他感冒了。/他没感冒。
5. 孩子睡了。/孩子没睡。

五、1. D　说明:句尾要加“了”,因为是表示变化。
2. A　应为“这两个月一滴雨也没下”。
3. D　说明:句尾不要“了”,某个一次性动作或情况没有发生,句尾不要加“了”。
4. C　说明:句尾要加“了”,因为是表示变化。
5. B　应为“明天就要考试了”。(详见“讲一讲”下的提示)

进行态

讲一讲

基本结构1：

主语＋正＋动词谓语＋呢

主语＋正在/在＋动词谓语＋(呢)

主语＋动词谓语＋呢

表示动作的进行。如：

他正在看书。

妈妈在洗衣服。

小王正睡觉呢。

你们说什么呢？这么高兴。

提示

(1)“正＋动词”，句尾一般要用“呢”，“正在/在＋动词”，句尾可以不用“呢”，也可以用。凡是句尾用“呢”的句子，都强调说话时某个时候动作正在进行。

(2)“正在”或“在”后有处所词，再带动词的句子也表示正在进行。如：

同学们正在操场打球。(正在＋处所词＋动词)

她在商店买东西。(在＋处所词＋动词)

(3)“正＋动词”有时还可以带“着”表示动作的进行。如：

我们正吃着饭呢，他就进来了。

我一回头，发现他正看着我。

(4)“在＋动词”强调动作的持续，持续的时间可以很长，可以和“一直”一起使用。“正＋动词”强调某个时段内动作的正在进行，“正在＋动词”既强调时间，又强调持续。但“正”和“正在”修饰的动作所进行的时间都不太长，都不能和“一直”一起使用。(关于“正在”“正”“在”的区别，详见《副词》分册)

(5)句中只有“动词＋着”，句尾没有“呢”，也没有“正在”等副词修饰，则不表示动作的正在进行(详见第二单元第一课)。

基本结构2：

主语＋正＋形容词谓语＋呢

表示某人正处于某种状态。如：

我们正高兴呢，忽然来了一个警察。

他正忙着呢，你等一会儿再来找他吧。

我们的汽车坏了，大家正着急呢，有一辆汽车停了下来。

练一练

一、看图回答问题。

1. 

问题:她正在做什么?

2. 

问题:那人在干什么?

3. 

问题:他们做什么呢?

4. 

问题:他正在做什么?

5. 

问题:他们正在做什么?

二、用“正在”“在”“正”或“呢”和(　　)里的词语完成下面的句子。

1. 妈妈病了,我______________,哥哥回来了。(着急)
2. 老师______________,你下午再来吧。(开会)
3. 今天,她______________,奶奶突然对她说:“我有点儿不舒服。”(做作业)
4. 妈妈______________,你去帮帮她。(做饭)
5. 外面______________,咱们别出去了。(下雨)
6. ______________,你等一会儿。(打电话)
7. ______________,你别叫他。(上课)
8. 刚才我们______________,没有听见你说的话。(聊天)

9. 两年来，她一直______________。（学汉语）

10. 听说这位作家______________。（写小说）

三、根据语境用“正在”“在”“正”或“呢”造句。

1. 你非常忙的时候，你的朋友打电话来和你聊天，你怎么说？

2. 孩子在睡觉，有人大声说话，你怎么对他说？

3. 你看电视的时候，有人问你：“干什么呢？”你怎么回答？

四、HSK 仿真题：从下面的 ABCD 中选择唯一正确的填入空中。

1. ______，你现在不要给他打电话。

A. 爸爸正忙着呢　B. 爸爸正在忙

C. 爸爸在忙呢　D. 爸爸忙呢

2. 三年来，______。

A. 大卫正在学习汉语　B. 大卫正学习汉语呢

C. 大卫正学着汉语　D. 大卫一直在学汉语

3. 我看见她的时候，______。

A. 她正买东西　B. 她正在买东西

C. 她正买着东西　D. 她在买着东西

4. 时间已经不早了，______。

A. 我应该出发　B. 我要出发了

C. 我该走了　D. 我就要出发了

5. ______，我们进去吧。

A. 电影快要开　B. 电影快开始了

C. 电影快开始　D. 电影十分钟后快开始了

参考答案

一、1. 她正在跳舞。

2. 那人正在打篮球。/那人正打篮球呢。

3. 他们正在滑雪。/他们正滑雪呢。

4. 他正在开车(呢)。/他正开车呢。

5. 他们正在打电话。/他们正打电话呢。

二、1. 妈妈病了，我正着急呢，哥哥回来了。

2. 老师正在开会，你下午再来吧。/老师正开会呢，你下午再来吧。

3. 今天，她正在做作业，奶奶突然对她说：“我有点儿不舒服。”

4. 妈妈正在做饭，你去帮帮她。/妈妈正做饭呢，你去帮帮她。
妈妈在做饭，你去帮帮她。

5. 外面下着雨呢，咱们别出去了。/外面正在下雨，咱们别出去了。
外面正下雨呢，咱们别出去了。

6. 他正打电话呢，你等一会儿。

7. 大卫正在上课呢，你别叫他。
8. 刚才我们在聊天，没有听见你说的话。
9. 两年来，她一直在学汉语。
10. 听说这位作家正在写小说。

三、1. 我正忙着呢。等我空了再给你打电话。
2. 孩子正睡着觉呢，请小点儿声。
3. 我在看电视呢。

四、1. A 2. D 3. B 4. C 5. B

单元练习

一、选用“有”“是”“在”填空。

我家________五个房间。东边第一间________厨房。厨房的西边________饭厅(tīng)。饭厅的南边________客厅。客厅里________一台电视，还________一张大沙发。客厅的西边________爸爸妈妈的房间。我的卧室________北边。

根据上面这段话在下面的图中标出每个房间的位置：

北

西	5	2	1	东
	4	3		

二、模仿下面的例子写一段话。

1. 我女朋友山东人，25岁，身高1.70米，体重60公斤，她的生日7月8号。

2. 这个商店里有很多吃的，都很便宜：面包一块钱一个，方便面一块五一包，巧克力五块钱两个。

三、选用下面的词语组成“的”字短语或用自己的话回答问题。

红　白　黑　绿　黄　蓝　酸　甜　苦　辣　咸

圆　方　长　短　直　卷(juǎn)　棉　真丝　呢

1. 大卫的汽车是什么颜色的？哪国产的？

2. 你喜欢喝的饮料是什么味道的？咖啡呢？

3. 这个商店卖的面包有哪些形状的？有哪些味道的？

4. 玛丽的头发是什么样的？

5. 你送给爸爸的衬衫是什么料子的？

四、用“动词+的”和“名词+的”改写下面的句子。

1. 我去旅游时要带面包、方便面、矿泉水、帽子、衣服、球鞋、照相机、钱等东西。

我去旅游时，要带上______的、______的、______的、______的和______的。

2. 参加这次活动的人很多，有男人、女人、老人、小孩。

参加这次活动的人很多，有________的、________的、________的和________的。

3. 我们上课时练习说汉语,大卫卖水果,我买水果。马克开出租车,玛丽坐出租车。一个问,一个回答。

我们上课时练习说汉语,大卫是________的,我是________的。马克是________的,玛丽是________的。一个问,一个回答。

五、选用下列形容词填空。

多　少　长　短　难　容易　有意思　大　小　新　旧　漂亮　美　干净　脏(zāng)
整齐(zhěngqí)　乱(luàn)　安静　热闹　好吃　好喝　好看　好听　酸　甜　苦
辣　咸　舒服

我学习汉语的时间不(　　),不过我觉得学习汉语很(　　)。汉语的发音比较(　　),特别是四声。汉字有的(　　),有的比较(　　)。语法也是这样。我住在学校的宿舍里,我的房间不太(　　),但是很(　　),也很(　　)。现在有很多学生住在这里,一到晚上,大家都回来了,宿舍楼里很(　　),不太(　　)。我住的附近有很多饭店,那里的菜很(　　),啤酒也很(　　)。有的菜比较(　　),有的菜很(　　)。

六、模仿上面第五题那段话的写法,根据题目,选用下列形容词写一短文。

1. 我的朋友

高　矮　胖　瘦　老　年轻　认真　马虎(mǎhu)　热情　冷淡(dàn)　和气　严肃
严厉　忙　空(kòng)　辛苦(xīnkǔ)　累　舒服

2. 我的故乡

大　小　多　少　高　低　漂亮　冷　热　暖和　凉快　贵　便宜　热闹(rènào)
安静　干净　脏

七、用下面所给的动词、表示时间和地点的名词组成正确的句子(10个)。

动　　词:上课　看书　借书　学习　考试　睡觉　锻炼　看电视　打电话
参观　打球　住　留学　站　坐　玩　散步　吃饭　见面　聊天
时间名词:今天　明天　每天　星期天　上午八点　下午三点　晚上七点　去年　现在
处所名词:操场　图书馆　教室　家　房间　博物馆　食堂　中国　北京　饭店

1.
2.
3.
4.
5.
6.
7.
9.
10.

八、用下面的动词短语完成句子。(有的可以有几种答案)

去公园　去旅行　看电影　借书　写字　去国外公司
买东西　用汉语　笑着　听着音乐　画画

1. 大卫去电影院________________。

2. 他用铅笔________。
3. 爸爸常________开车。
4. 张明________跟马克打招呼。
5. 我打算坐火车________。
6. 李丽________见朋友。
7. 哥哥常常躺着________。
8. 妈妈去商店________。
9. 王老师来图书馆________。
10. 老李要________工作。

九、用(　　)的词语把下面的句子改写成兼语句。

1. 李老师对我说："你明天早上早点儿来。"(叫)

2. 玛丽对大卫说："关上窗户吧。"(让)

3. 李东对玛丽说："欢迎你到我的学校参观。"(请)

4. 爸爸对弟弟说："你不能跟小林一起玩。"(让)

5. 李丽打电话给我，说："你能来一下吗？"(叫)

6. 他对王平说："你身体不好，不能参加这次足球比赛。"(让)

7. 马克对大卫说："我的汉语不好，我去租房子，请你帮帮我。"(请)

十、模仿下面的例子完成双宾语句。

例：李老师教我们汉语。
他送给大卫一件礼物。

1. 小张问________。
2. 他告诉________。
3. 玛丽送给________。
4. 大家都叫她________。
5. 王平借给________。
6. 妈妈寄给________。
7. 哥哥给我________。
8. 老李卖给________。
9. 大卫交给________。
10. 李东教________。

十一、根据(　　)中的提示，把下面的句子改写成比较句。

1. 这篇课文不难，那篇课文很难。(用"比")

2. 我的辞典是汉英词典,大卫的辞典是英汉辞典。(用“跟……一样”)

3. 这里的风景很漂亮,我的家乡还要漂亮。(用“没有”)

4. 这个西瓜有六斤重,那个西瓜有五斤半重。(用“一点儿”)

5. 十年前,这里的人很少,现在很多人住到这里来了,很热闹。(用“多了”)

6. 外出旅游,坐汽车比较慢,坐飞机比较快,也比较舒服。(用“没有”)

7. 长春冬天最低温度零下 20 多度,上海冬天最低温度零下 10 度左右。(用“得多”)

8. 他的孩子今年 12 岁,我的孩子今年也 12 岁。(用“跟……一样”)

9. 哥哥身高 1.78 米,弟弟身高 1.83 米。(用“还”)

10. 我的房间跟你的房间大小差不多。(用“有”)

十二、选择下面合适的词语和表示变化的语气助词“了”一起完成句子。

助动词:会 能 该 可以 应该
动 词:不见 长大 出来 旅行 说汉语 参加比赛 回家 工作
形容词:饿 凉快 疼 冷 热 漂亮 好 黄 晴

1. 时候不早了,________________。
2. 哥哥去年大学毕业了,________________。
3. 王平发烧了,________________。
4. 大卫刚才还在这儿,怎么现在________________?
5. 几年不见,她的孩子________________。
6. 玛丽现在有钱了,生活比以前________________,穿的也比以前________________。
7. 秋天来了,天________________,树叶都________________。
8. 雨停了,天________________,太阳________________。
9. 马克来中国一年了,会________________。
10. 爬了三个小时山,腰也酸了,腿也________________了,肚子也________________。

十三、用“要/就要……了”“快/快要……了”和( )内的词语完成下面的句子。

1. ________________,快走吧。(上课)
2. ________________,五号运动员怎么还没来?(比赛)
3. ________________,我们一起吃个饭,送送他。(回国)
4. ________________,我得好好复习了。(考试)
5. ________________,正忙着找工作呢!(毕业)

十四、用“正在”“在”“正”或“呢”和(　　)里的词语完成下面的句子。

1. 我们____________,玛丽来了。(聊天)
2. 老师____________,你等一会儿再去找他。(休息)
3. 爸爸____________,不能来接电话。(洗澡)
4. 大家____________,你也一起来吃吧。(吃饭)
5. 三年来,大卫一直____________。(学汉语)
6. ____________,你快跟他一起走吧。(等)

十五、把下面的词语按正确的次序组成句子。

1. 她　星期天　请　李丽　玛丽　去　家

2. 我们　大卫　来　学　学校　汉语　今年

3. 马克　打　我　网球　教　弟弟

4. 那么　家　家　书　我　他　的　没有　多

5. 他们　开　正在　会　会议室

十六、判断正误并改错。

1. 我的故乡比这里漂亮。(　　)
2. 他常常问老师问题。(　　)
3. 中国菜比韩国菜很油腻。(　　)
4. 明天王老师会告诉给你考试成绩。(　　)
5. 我弟弟现在在高中学习。(　　)
6. 大卫的汉语比以前好多了。(　　)
7. 我要买东西在有名的商店。(　　)
8. 他买的帽子跟你的不一样。(　　)
9. 我每天去学校七点一刻。(　　)
10. 马老师教英语我们。(　　)
11. 他平时常用手机跟我联系。(　　)
12. 你跟他去玩儿北京吗?(　　)
13. 今天晚上马克请我吃饭。(　　)
14. 玛丽的汉语比你不好。(　　)
15. 李老师叫我们明天早点儿来。(　　)

十七、HSK 仿真题:在下面 ABCD 中选择唯一正确的填入空中。

1. 你在找新街口邮局吗?______。

A. 第一百货商店附近有这个邮局
B. 这个邮局是第一百货商店附近
C. 这个邮局就在第一百货商店附近
D. 第一百货商店附近是这个邮局

2. 问:你每天怎么上班?

答:______。

A. 我有时上班骑车,有时上班走路

B. 我有时骑车上班,有时走路上班

C. 我有时坐自行车上班,有时走路上班

D. 我有时骑车上班,有时走着上班

3. 我的故乡冬天最冷的时候有零下二十多度,这儿最冷只有零下十度,______。

A. 这儿的冬天没有我故乡那么冷

B. 这儿的冬天不比我故乡冷

C. 这儿的冬天比我故乡不冷

D. 我的故乡冬天比这儿很冷

4. 听说春节期间车票不好买,______。

A. 咱们得去车站快买票了

B. 咱们得快去车站买票了

C. 咱们得快去车站买票吧

D. 咱们得快要去车站买票了

5. 他的房间跟你的房间______。

A. 一样很大

B. 一样不大

C. 小一点儿

D. 不一样大

6. 爷爷喜欢旅游,______。

A. 他一生中国外旅游过十几次

B. 他一生中去国外十几次旅游过

C. 他一生中去国外旅游过十几次

D. 一生中他去国外旅游十几次

7. 明天是大卫的生日,______。

A. 一份特别的生日礼物我想送给他

B. 我想送给一份特别的生日礼物给他

C. 我想给他送一份特别的生日礼物

D. 我想送给他一份特别的生日礼物

8. 我到那儿以后,______。

A. 就用手机送你短信

B. 就用手机给你发个短信

C. 就用手机打给你短信

D. 就用手机送给你个短信

9. ______,你怎么还不来啊?

A. 旅行团马上就要出发了

B. 旅行团马上快出发了

C. 旅行团马上就出发了

D. 旅行团马上快要出发了

10. 我喜欢看足球比赛,特别是世界杯,最近,______。

A. 在中国的电视、网上都报道世界杯

B. 每天在中国在电视,网上都世界杯很多的报道

C. 中国的电视和网上每天都有很多关于世界杯的报道

D. 每天都有很多关于世界杯的报道在中国的电视和网上

十八、HSK 仿真题:将下面句后(　　)中的词语放在合适的位置。

1. 我太累了,想 A 睡 B 觉 C,休息 D 休息。(一会儿)
2. 大卫 A 每天 B 早上 C 锻炼一个小时 D。(在操场)
3. 姐姐一个星期要 A 给朋友 B 打 C 电话 D。(好几次)
4. A 我想 B 给我们 C 照一张相,D 可以吗?(请你)
5. 每个学期你们的 A 汉语课 B 要 C 考 D 试?(几次)
6. 马克 A 昨天 B 看了 C 两个小时书 D。(在图书馆)
7. 哥哥 A 在这里 B 参加过一次 C 足球比赛 D。(小时候)
8. 为了 A 了解社会,B 学校 C 让学生 D 多参加一些社会活动。(应该)
9. 跟 A 这位美术老师认识 B 以后,我更喜欢 C 画画 D。(了)

十九、HSK 仿真题:把下面的 ABCD 四句话,按正确的次序连成一段话。

1. 我的故乡______,是旅游的好地方。

A. 四季风景都很美

B. 气候很好

C. 夏天也不太热

D. 冬天不太冷

2. ______,一个小浴室,南边是一个卧室。

A. 一共四间屋子

B. 一间厨房

C. 我租的房子不大

D. 一个客厅

二十、HSK 仿真题:找出下面每段话中有错误的一部分。

1. 大卫是玛丽的哥哥(A),今年是 28 岁了(B)。他五年前大学毕业(C),现在在一家电脑公司工作(D)。

2. 我喜欢花儿(A),昨天我去花店买花(B),发现那里的花很贵了(C),原来情人节快到了(D)。

3. 你打算买邮票去邮局吗(A)?帮我取一下包裹好吗(B)?是妈妈寄来的食品(C),到时候我请客(D)。

4. 我现在每天很忙(A)。星期一下课以后有辅导老师的补课(B),然后学太极拳(C)。星期二到星期五下午跟日语系的学生一起互相学习(D)。

5. 我们国家的经济发达了，但传统文化越来越少，我觉得很可惜。所以我请让中国人保存他们的传统文化。
A　B　C　D

6. 我有一个好朋友，叫朱丽，是法国人，我喜欢她的原因是她什么时候都努力的。
A　B　C　D

7. 她有三个孩子，最小的孩子是马上一岁，她每天要做很多家务，忙得不得了。
A　B　C　D

8. 我朋友的妈妈死了，爸爸在国外工作，他的生活不太高兴，因为家里只有他一个人。
A　B　C　D

9. 妹妹从北京给我寄来了一封信，她告诉我，她已经找到了工作，她想回国明年。
A　B　C　D

10. 我的哥哥在中国留学，他请我去中国玩，在他回国以前，我打算参观他在中国。
A　B　C　D

参考答案

一、我家__有__五个房间。东边第一间__是__厨房。厨房的西边__是__饭厅。饭厅的南边__是__客厅。客厅里__有__一台电视，还__有__一张大沙发。客厅的西边__是__爸爸妈妈的房间。我的卧室__在__北边。

1. 厨房　2. 饭厅　3. 客厅　4. 爸爸妈妈的房间　5. 我的卧室

二、1. 我的好朋友北京人，28岁，身高1.75米，体重70公斤，他的生日10月6号。

2. 这个商店里的很多东西都很便宜：牛奶五块钱一盒，可乐六块钱一大瓶，方便面十二块钱一大盒。

三、1. 大卫的汽车黑的，美国产的。

2. 我喜欢喝的饮料是甜的。喝咖啡不喜欢放糖，喜欢喝苦的。

3. 这个商店卖的面包有长的、方的、圆的等不同的形状。味道有甜的和咸的。

4. 玛丽的头发是黄的，卷的。

5. 我送给爸爸的衬衫是真丝的。

四、1. 我去旅游时，要带上吃的、喝的、穿的、戴的和用的。

2. 参加这次活动的人很多，有男的、女的、老的和少的。

3. 我们上课时练习说汉语，大卫是卖水果的，我是买水果的。马克是开出租车的，玛丽是坐出租车的。一个问，一个回答。

五、长　有意思　难　难　容易　大　干净　舒服　热闹　安静　好吃　好喝　咸　辣

六、1. 我的朋友（可以有多种写法，下面是举例性的）

（1）我的朋友个子高高的，不胖不瘦。他工作认真，对人很热情。他现在很忙，没有空跟我一起玩。

他说他现在很累,真想好好休息,让自己舒服一下。

(2) 我有很多朋友,有年轻的,也有老的;有胖的,也有瘦的;有高的,也有矮的;有对人热情的,也有对人冷淡的;有学习认真的,也有学习马虎的。

2. 我的故乡

(1) 我的故乡不太热闹,但是很漂亮,也很安静。我们那里的气候很好,冬天不太冷,夏天不太热。春天很暖和,秋天很凉快。故乡出产苹果,既好吃又便宜。故乡的风景很漂亮,环境很干净。我爱我的故乡。

(2) 我的故乡很漂亮,夏天很凉快,冬天很暖和。那里的东西不太贵,有的东西非常便宜。那里的环境很好,很干净,也很安静。我非常热爱我的家乡。

七、1. 下午三点我们在操场上打球/散步/锻炼/玩。
2. 大卫每天在图书馆看书/借书。/大卫每天在操场锻炼。
3. 星期天李丽在家休息/睡觉/看电视。
4. 今天他们俩在食堂吃饭。
6. 我们俩明天在北京见面。
7. 晚上七点玛丽还在教室学习/看书/上课/考试。
8. 上午八点他们在博物馆参观。
9. 现在王平站在车站前边。/现在玛丽在房间里打电话。/现在玛丽坐在教室里。
9. 现在我和朋友在房间里聊天。
10. 去年他住在北京。/去年他在北京留学。

八、1. 大卫去电影院看电影。
2. 他用铅笔写字。/他用铅笔画画。
3. 爸爸常听着音乐开车。
4. 张明笑着跟马克打招呼。/张明用汉语跟马克打招呼。
5. 我打算坐火车去旅行。
6. 李丽去公园见朋友。
7. 哥哥常常躺着看书。
8. 妈妈去商店买东西。
9. 王老师来图书馆看书。/王老师来图书馆借书。
10. 老李要去国外公司工作。

九、1. 李老师叫我明天早上早点儿来。("我"和李老师在同一个地方)
李老师让我明天早上早点儿去。("我"已离开李老师在的地方)
2. 玛丽让大卫关上窗户。
3. 李东请玛丽去他的学校参观。
4. 爸爸不让弟弟跟小林一起玩。
5. 李丽打电话叫我去一下。
6. 他不让王平参加这次足球比赛。
7. 马克请大卫帮他租房子。

十、1. 小张问老师两个问题。
2. 他告诉我们一个秘密。
3. 玛丽送给朋友一束花。
4. 大家都叫她"洋娃娃"。
5. 王平借给小李一本杂志。
6. 妈妈寄给我一个包裹。
7. 哥哥给我一支笔。

8. 老李卖给我们一箱方便面。
9. 大卫交给我两本作业。
10. 李东教妹妹汉语口语。

十一、1. 那篇课文比这篇课文难。
2. 我的辞典跟大卫的辞典不一样。
3. 这里的风景没有我家乡的风景漂亮。
4. 这个西瓜比那个西瓜重一点儿。
5. 十年前,这里的人很少,现在很多人住到这里来了,比以前热闹多了。
6. 外出旅游,坐汽车没有坐飞机快,也没有坐飞机舒服。
7. 长春冬天比上海冬天冷得多。
8. 他的孩子跟我的孩子一样大。
9. 弟弟比哥哥还高。
10. 我的房间有你的房间这么大。

十二、1. 时候不早了,我该回家了。
2. 哥哥去年大学毕业了,已经工作了。
3. 王平发烧了,不能参加比赛了/不能去旅行了。
4. 大卫刚才还在这儿,怎么现在不见了?
5. 几年不见,她的孩子已经长大了。
6. 玛丽现在有钱了,生活比以前好了/好多了,穿的也比以前漂亮了。
7. 秋天来了,天凉快了,树叶都黄了。
8. 雨停了,天晴了,太阳出来了。
9. 马克来中国一年了,会说一点儿汉语了/会说很多汉语了。
10. 爬了三个小时山,腰也酸了,腿也疼了,肚子也饿了。

十三、1. 就要上课了,快走吧。
2. 比赛快开始了,五号运动员怎么还没来?
3. 大卫要回国了,我们一起吃个饭,送送他。
4. 马上就要考试了,我得好好复习了。
5. 哥哥快要毕业了,正忙着找工作呢!

十四、1. 我们正在聊天(呢),玛丽来了。
2. 老师正在休息/正休息呢,你等一会儿再去找他。
3. 爸爸正在洗澡/正洗澡呢,不能来接电话。
4. 大家正在吃饭(呢),你也一起来吃吧。
5. 三年来,大卫一直在学汉语。
6. 他正等你呢,你快跟他一起走吧。

十五、1. 李丽请玛丽星期天去她家。
2. 大卫今年来我们学校学汉语。
3. 马克教我弟弟打网球。
4. 我家的书没有他家那么多。
5. 他们正在会议室开会。

十六、1. √
2. √
3. × 改:中国菜比韩国菜油腻。
4. × 改:明天王老师会告诉你考试成绩。
5. √

6. √

7. × 改:我要在有名的商店买东西。

8. √

9. × 改:我每天七点一刻去学校。

10. × 改:马老师教我们英语。

11. √

12. × 改:你跟他去北京玩儿吗?

13. √

14. × 改:玛丽的汉语没有你好。

15. √

十七、1. C 2. D 3. A 4. B 5. D 6. C 7. D 8. B 9. A 10. C

十八、1. B 2. C 3. C 4. B 5. D 6. B 7. A 8. C 9. D

十九、1. BDCA 或 ABDC 2. CABD 或 CADB

二十、1. B 应为“今年 28 岁”,表示年龄可以直接用名词谓语句。

2. C 应为“发现那里的花比以前贵了”。“形容词 + 了”表示变化,过去的状态则不用“了”,所以也可以说“发现那里的花很贵”。

3. A 应为“你打算去邮局买邮票吗”。

4. B 应为“星期一下课以后有辅导老师的课”,表示存在的“有”后面不能带动词宾语,如“有上课、有补课”都是错的。或不用“有”,改为“星期一下课以后辅导老师给我补课”。

5. D 应为“所以我希望中国人能保存他们的传统文化”或“所以我请中国人能注意保存他们的传统文化”。如果是希望或建议,一般不能用有实实在在使令意义的“让”。

6. D 应为“我喜欢她的原因是她什么时候都很努力”。形容词作谓语前面一般要受程度副词修饰,句尾“的”不要。

7. B 应为“最小的孩子马上就一岁了”,表示某种情况很快出现,和“快要……了”“就要……了”用法相似,句尾要加“了”。

8. C 应为“他的生活很不愉快”或“他生活得很不愉快”“他总也高兴不起来”。

9. D 应为“她想明年回国”。

10. D 应为“我打算去中国看他”。

·第二单元·

第一课 动作的态(2)

完成态和经验态

讲一讲

一、完成态

基本结构：

主语＋动词谓语＋了＋（修饰语）＋（宾语）

表示动作的完成。

1. 当动词是不及物动词，即动词后没有宾语时，“动词＋了”表示动作已经完成。如：

玛丽走了。

哥哥大学毕业了。

他们结婚了。

2. 当动词是及物动词并带宾语时，一般宾语前要有表示动作完成的量的修饰语（多为表示动作的量或时间的词语，见下面画线词），只带简单宾语往往不能成立（见下带？句）。如：

爸爸喝了<u>两杯</u>啤酒。（？爸爸喝了啤酒）

我看了<u>一会儿</u>电视。（？我看了电视）

他们买了<u>很多</u>书。（？他们买了书）

她检查了<u>一下</u>行李。（？她检查了行李）

（1）当动词是“洗澡”“睡觉”“散步”“跑步”这样的离合词时，在表示动作完成时要在离合词的中间插入“了”，还要带表示动作完成的量的数量词。如：

今天回家以后，我先洗了一个澡，又睡了一觉，才吃晚饭。

他吃完晚饭以后，在外面散了一会儿步。

（2）当“动词＋了＋宾语”后面还有句子时，可以是简单宾语。如：

吃饭的时候，爸爸喝了啤酒，我喝了可乐。

他们买了书，还买了衣服。

（3）在句中有两个动词，“了”用于前一个动词之后，表示前一个动作完成后再做另一个动作。这表示的是将来某个动作的完成。动词后一般只带简单宾语，但是后面必须还有表示紧接着发生的某个动作的动词。如：

我们下了课一起去打球吧。

他吃了晚饭就出去。

疑问句形式：

今天小李买东西了吗？

他唱歌了没有？

你做没做作业？

否定句形式：

今天小李没买东西。

他没唱歌。

我还没做作业。

提示

(1) 这类否定句句尾不要用“了”。“没有”前常用“还”。

(2) 当某个动作在过去经常发生(句中有“每”“常常”“经常”“总是”等词语)时，动词后也不要用动态助词“了”。如：

我上高中的时候，每天都是早上六点起床。

他刚学汉语的时候，汉字常常写错。

下面的句子是错的：

*从此每年两个人都在这个公园见面了。

改：从此每年两个人都在这个公园见面。

(3) 当谓语是形容词或者心理动词，即使表示的是过去的状态，也不要在形容词或心理动词的后面用“了”。形容词或心理动词后面用“了”，只表示变化，而且是新情况，而不是过去的状态。下面的句子是错的：

*今年夏天我们去长城玩了。当我们爬上长城的时候，我们很高兴了。

改：今年夏天我们去长城玩了。当我们爬上长城的时候，非常高兴。

(4) 当句中有“一直”等副词，表示的即使是过去持续的动作，也不用“了”。下面的句子是错的：

*那天，我看这张照片照得非常漂亮，我一直欣赏了。

改：那天，我看这张照片照得非常漂亮，我一直在欣赏。

二、经验态

基本结构1：

主语＋动词谓语＋过＋(修饰语)/(动量补语)＋(宾语)

表示曾发生过某个动作。“动词＋过”后面也常常带表示动作次数的动量补语。如：

大卫曾经去过一次长城。

那个电影我们都看过两遍了。

基本结构2：

主语＋形容词谓语＋过

表示曾经有过某个状态。如：

树叶绿过，现在又黄了。

在很多人面前讲话，我以前也紧张过，不过慢慢地就不紧张了。

他从来没有这么高兴过。

提示

句中有“曾经”“以前”等词语，要表示曾经有过的动作或状态时，动词或形容词后一般要带“过”。副词“从来”在表示未曾发生过的状态或动作时，动词后往往要带“过”。

疑问句形式：

你学过汉语吗？

这本书你看过没有？

他去没去过北京？

否定句形式：

大卫没踢过足球。

她没有吃过饺子。

这类用“没有”的动词谓语的否定句句尾不要用“了”。

练一练

一、仿照例句用动态助词“了”和下面(　　)里的动词以及数量词完成句子。

例1：为了问老师问题，____________________。(去)

为了问老师问题，我去了一趟老师的办公室。

例2：明天要考听力，____________________。(听)

明天要考听力，下午他听了两个小时录音。

1. 他____________________，肚子已经饱了。(吃米饭、喝啤酒)
2. 我____________________，现在不累了。(休息)
3. 小刘____________________，觉得很舒服。(洗澡)
4. 小明感冒了，头很疼，____________________，才觉得好点儿了。(睡觉)

二、HSK 仿真题：将下面句后(　　)中的词语放在唯一合适的地方。

1. 她昨天在街上逛 A 半天 B，什么 C 也没买 D。(了)
2. 他以前在 A 上海访问 B 这位作家 C 一次 D。(过)
3. 我看 A 这个电影 B，非常 C 感动 D。(了)
4. 那天，我们在这个公元园里走 A 一整天 B，才走 C 完这个公园的三分之一 D。(了)
5. 王老师好像 A 跟我说起 B 这件事 C，他很生气 D。(过)
6. 去旅行前 A，妈妈给 B 我一些钱 C。(了)
7. 小王从来 A 没有 B 迟到 C。(过)
8. 他曾经去 A 一次上海 B，所以知道去南京路怎么走 C。(过)
9. 我报名 A 的时候，丢过 B 一张照片，当时找 C 半天，也没找到 D。(了)
10. 他年轻时在 A 北京住 B 三年 C，那里的名胜古迹却一点儿也记不得 D。(过，了)

三、判断正误并改错。

1. 我还没见过他，不过我们约定明天在咖啡馆见面。
2. 你去不去过北京？
3. 他好像没学过英语。
4. 昨天下午他来晚，从下午五点到六点我一直等他了。
5. 下班以后我去吃日本菜，生鱼片和生牛肉真好吃！
6. 去年，我和她常常在这个商店买很多东西。
7. 吃了饭以后，我就回家了。
8. 时间过了两个小时，他还没来，我的心里很着急，可是我相信他一定来了。
9. 今天起晚了，我跑到学校，还好，没迟到了。
10. 每打一场篮球，我就睡了半天。

参考答案

一、1. 他喝了一瓶啤酒，吃了两碗米饭，肚子已经饱了。
2. 我休息了几天，现在不累了。
3. 小刘洗了一个澡，觉得很舒服。
4. 小明感冒了，头很疼，睡了一会儿觉，才觉得好点儿了。

二、1. A 2. B 3. A 4. A 5. B 6. B 7. C 8. A 9. C 10. B(过)；D(了)

（说明：1、2、4 句中有表示动作持续的时间或完成的动作的量的数量短语时，“了”“过”应该放在动词后、这类短语的前面。第 3 句动词“看”后应加“了”，而“感动”是心理动词，尽管是过去的情况，也不要用“了”。）

三、1. √
2. × 改：你去没去过北京？
3. √
4. × 改：昨天下午他来晚了，从下午五点到六点我一直在等他。
5. × 改：下班以后我去吃了日本菜，生鱼片和生牛肉真好吃！
6. √
7. √
8. × 改：已经过了两个小时，他还没来，我的心里很着急，可是我相信他一定会来的。
9. × 改：今天起晚了，我跑到学校，还好，没迟到。
10. × 改：每打一场篮球，我就要睡半天。

持续态

讲一讲

动作的持续态由“动词 + 着”来表示。

动态助词“着”主要表示两个语法意义，一是表示行为动作的持续，二是表示状态的持续。前者是一种动态的持续，后者是一种静态的持续。

基本结构 1：

主语（人）+动词+着+（宾语）

表示动作的持续。如：

他坐着，我在他旁边站着。

姐姐看着我，什么也不说。

基本结构 2：

主语（事物）+动词+着

表示动作完成后某个事物呈现的持续状态。主语一般是受事。如：

门开着。

窗户关着。

基本结构 3：

处所词+动词+着+人或事物

表示某处以某种状态存在着某人或某事物。如：

屋子里坐着很多人。

墙上挂着一幅画。

花瓶里插着几朵花。

基本结构 4：

主语（人）+（身体或某个部位+方位词）+动词+着+衣物类宾语

表示人的穿着打扮等（以某种状态持续着）。如：

大卫（身上）穿着一件红衬衫。

那个女孩（头上）戴着一顶黄帽子。

基本结构 5：

主语（人）+动词 1+着+动词 2+宾语

表示在前一种动作的状态下做后一个动作。如：

他笑着问我叫什么名字。

哥哥躺着看书。

提示

（1）“动词+着”最基本的用法是表示某种动作的持续或动作完成后持续的状态，往往是静态的。“动词+着”不能单独用来表示某个正在持续的、动态的动作。这类情况应用“正、正在、在”或语气词“呢”，有时要用“正+动+着……呢”。下面的句子是错的：

*姐姐看着电视。

改：姐姐正在看电视。

*我进教室的时候，看见他们聊着天呢。

改：我进教室的时候，看见他们正聊着天呢。

（2）当谓语动词后有“在+处所”或表示动作持续时间的时量补语时，即使动作是持续的，也不能再带“着”。下面的句子是错的：

*他到公园的时候，看见女朋友坐着在长椅上。

改：他到公园的时候，看见女朋友坐在长椅上。

*我已经等着你一个小时了。

改：我已经等了你一个小时了。

(3) 趋向动词如"进、出、来、去、回"等不能带"着"。下面的句子是错的：

*老王进着屋子，发现屋子里没有人。

改：老王走进屋子，发现屋子里没有人。

练一练

一、用下面(　　)里的动词和动态助词"着"完成句子。

1. 他__________：“我们都在等你呢！”(笑，说)
2. 桌上__________。(放)
3. 门口__________。(停)
4. 我去他家的时候，__________。(关，开)
5. 她__________，很漂亮。(穿，戴)

二、HSK仿真题：将下面句后(　)中的词语放在合适的地方。

1. 上课A时，他看B窗外，没有听C老师在D讲什么。(着)
2. 妈妈抱A孩子在等B汽车。(着)
3. 病人在床上躺A，医生在给他打B针。　(着)
4. 过A马路B的时候，他拉C孩子的手。　(着)
5. 墙上贴A一张地图，学生们都在看B地图，找C他们要去D的地方。(着)

三、判断正误并改错。

1. 她哭着告诉我她的钱包丢了。
2. 这里住在很多外国人。
3. 这本书你看着没有？
4. 电视开着，可我不注意听着电视的话。
5. 我们在公园坐了两个小时。
6. 我出门的时候天气很好，当然没带伞。
7. 公园里有一棵大树，她喜欢坐着那棵树旁边的椅子。
8. 她对着镜子打扮起来。
9. 现在很多人失业着。
10. 他等着我一年，我很感动。

四、HSK仿真题：找出下面每段话中有错误的一部分。

1. 他到底到哪儿去了？打手机他也不接。从昨天到现在我一直找着他，但是还没找到。

　　A　　　　B　　　　C　　　　D

2. 我在湖边钓鱼，在我等来鱼时，突然来了一位警察，说："这里不能钓鱼。"

　　A　　　　B　　　　C　　　　D

3. 师兄告诉我们，应该买一本汉韩词典。可我们逛书店半天，也没有找到汉韩词典。

　　A　　　　B　　　　C　　　　D

参考答案

一、1. 他笑着对我说:“我们都在等你呢!”

2. 桌上放着一本书。

3. 门口停着一辆汽车。

4. 我去他家的时候,门关着,窗户开着/门关着,灯开着。

5. 她穿着红毛衣,戴着一顶白帽子,很漂亮。

二、1. B 2. A 3. A 4. C 5. A

三、1. √

2. × 改:这里住着很多外国人。

3. × 改:这本书你看了没有? 或:这本书你在看吗?

4. × 改:电视开着,可我没注意听电视在说什么。

5. √

6. √

7. × 改:公园里有一棵大树,她喜欢坐在那棵树旁边的椅子上。

8. √

9. × 改:现在很多人失业了。

(说明:像“失业”这样的非持续动词是不能带“着”的。类似的还有“毕业、结婚、丢”等。)

10. × 改:他等了我一年,我很感动。

(当动词后是表示动作持续的时间补语时,应用“了”而不是“着”。)

四、1. C 应为“从昨天到现在我一直在找他”。

2. B 应为“在我等着鱼上钩的时候”。

3. C 应为“可我们在书店里找了半天”。“逛”是没有目的的。“找”是有目的的。

第二课 强调句式与结构

"是……的"(1)

讲一讲

"是……的"(1)是动词谓语句的一种,句子主要是由"是……的"前后呼应构成的。

"是……的"(1)中间一般是动词短语或主谓短语,但是句子强调的不是动作,而是与动作相关的某个成分。

基本结构1:

是+表示时间、处所、方式的状语+动词+的

这一结构用来强调动作发生的时间、处所、方式、工具等。疑问句都是针对强调的成分使用疑问代词提问。

肯定句	疑问句
他们是昨天到的。(强调时间)	他们是什么时候到的?
朱立安是从法国来的。(强调处所)	朱立安是从哪儿来的?
我是坐飞机来的。(强调动作方式)	你是怎么来的?
蛋糕是用面粉、鸡蛋、奶油等做成的。(强调材料)	蛋糕是用什么做成的?

提示

这类"是……的"句中的动词常常不带宾语。当这一句式强调的是动作发生的处所、时间,动词又是表示具体动作的,动词后带表示事物的宾语时,"的"要放在宾语的前面。如:

他是在新华书店买的词典。(他是在新华书店买词典的。)

那天马克是上午十点打的针。(那天马克是上午十点打针的。)

这类句子和一般表示已经完成动作的句子结构有所不同。如:

我在超市买了两个面包。(说明已经完成的具体动作,宾语前常要有数量定语)

我是在超市买的面包。(强调动作的处所,宾语不要带数量定语,句中不用"了")

当宾语是人或者是表示移动动作的终点或起点的,"的"仍放在句尾。如:

我们是在学校门口见到他的。

我是下午四点到北京的。(也可以说:我是下午四点到的北京。)

我们是晚上十一点离开那儿的。(*我们是晚上十一点离开的那儿。)

当这类句中是离合动词时,如下面的"理发、洗澡","的"要插在离合动词中间:

大卫是在那个理发店理的发。

妹妹是一个小时前洗的澡。

当这一句式强调的是动作所用的材料，"的"可以有两个位置，意思略有不同。如：

我是用开水泡的茶。（强调一次性已完成动作"泡"所用的是"开水"）

我是用开水泡茶的。（强调经常性动作"泡"所用的是"开水"）

基本结构2：

是＋主语（施事者）＋谓语动词＋的

这一句式是用来强调施事者的。

肯定句	疑问句
门是她开的。	门是谁开的？
这本小说是刘明写的。	这本小说是谁写的？

这类句子强调的是发出动作的人（施事主语）。动词的受事一般放在"是……的"前面，所以常不再带宾语。当谓语动词带宾语时，"的"同样要放在动词和宾语之间。结构为：

是＋主语（施事者）＋谓语动词＋的＋宾语

肯定句	疑问句
是他帮我借的书。	是谁帮你借的书？
是我给他打的电话。	是谁给他打的电话？

这类句子中的宾语一般放在"的"之后。如果"是……的"中是"把"字句（详见本单元第三课），那宾语就放在"把"的后面了。如：

是谁把窗户打开的？

是妹妹把你的自行车借给他的。

提示

（1）"是……的"（1）中的"是"大多数情况下可以省略，但"的"不可以省略。如：

苹果昨天买的。

他从韩国出发的。

（2）否定式是在"是……的"前加"不"。带了"不"的"是"是不能省略的。如：

录音机不是我弄坏的。

他不是在这个商店买的衣服。

（3）正反疑问形式是"是不是……的"。如：

你是不是来借书的？

他是不是昨天走的？

（4）"是……的"（1）不能用于说明将来发生的动作。"是……的"（1）中的动作有的是经常发生的（如"我是骑车上学的"），大多是已经完成的（详见上面例句）。但句末只能用"的"，而不能换成"了"。下面的句子都是错的：

＊他是昨天走了。

＊姐姐明天是坐飞机去旅行的。

"她是昨天来的"和"她昨天来了"（不用"是"）不一样。前者强调的是动作发生的时间，后者陈述的是动作已经发生这样一个事实。

练一练

一、仿照例句，用“是……的”改写下面的句子，强调画线部分。

例：他在超市买了一瓶啤酒。

他是在超市买的啤酒。

啤酒是在超市买的。

1 我在图书馆借了一本小说。

2. 大卫这次去旅行，坐了五十多个小时的火车。

3. 弟弟打开了爸爸的箱子。

4. 姐姐用布做了个娃娃。

5. 我们上星期五考了一次汉语。

二、仿照例句，针对下面句中画线的部分提问，并用否定句回答。

例：我是坐汽车来的。

提问：你是怎么来的？

否定回答：我不是坐汽车来的。

1. 他是从日本来的。

2. 这个桌子是木头做的。

3. 这件事我是今天才听说的。

4. 是王老师叫我来的。

5. 小李是骑摩托车来的。

三、用(　　)里所给的词语和“是……的”完成句子。

1. 他们________________去旅游的。(坐火车)
2. 馒头________________。(用，面粉)
3. 水果________________。(朋友，送)
4. 电话________________。(小张，打)
5. 这是洗发液，________________。(洗头，用)。

四、HSK 仿真题：将下面句后(　　)中的词语放在唯一合适的地方。

1. 我问 A 吸烟者 B：“你什么时候开始 C 抽烟 D?”(的)

2. 这是金爱珍 A 男朋友 B 从韩国寄来 C 礼物 D。(的)
3. A 昨天 B 你真的是 C 见到她 D 的吗?(在车站)
4. A 是 B 叫我 C 来找你的 D。(他)
5. 自行车 A 一定 B 是大卫骑 C 走 D。(的)
6. 最近 A 个人很难买得到飞机票 B,他是在旅行社订 C 票 D。(的)

五、HSK 仿真题:找出下面每段话中有错误的一部分。

1. 这个问题,我想问谁究竟提?我真不明白,为什么会提出这样奇怪的问题。
   A 这个问题　B 我想问谁究竟提　C 我真不明白　D 为什么会提出这样奇怪的问题

2. 你看,这本书是 10 年前买了。当时只有两块钱。现在想买也买不到了。
   A 你看　B 这本书是 10 年前买了　C 当时只有两块钱　D 现在想买也买不到了

3. 住在这里的居民,有人说英语,有人说法语,大街上的广告牌子都有英文和法文写出来了。
   A 住在这里的居民　B 有人说英语　C 有人说法语　D 大街上的广告牌子都有英文和法文写出来了

4. 我们打算明天是坐船去杭州的。在杭州住一晚上,玩两天,你去不去?
   A 我们打算明天是坐船去杭州的　B 在杭州住一晚上　C 玩两天　D 你去不去

参考答案

一、1. 小说是我在图书馆借的。/我是在图书馆借这本小说的。
2. 大卫这次旅行是坐火车去的。/这次大卫是坐火车去旅行的。
3. 是弟弟打开爸爸的箱子的。/爸爸的箱子是弟弟打开的。
4. 娃娃是(姐姐)用布做的。/姐姐是用布做的娃娃。
5. 汉语(我们)是上星期五考的。/我们是上星期五考的汉语。

二、1. 他是从哪儿来的? 他不是从日本来的。
2. 这个桌子是什么做的? 这个桌子不是木头做的。
3. 这件事你是什么时候听说的? 这件事我不是今天才听说的。
4. 是谁叫你来的? 不是王老师叫我来的。
5. 小李是怎么来的? 小李不是骑摩托车来的。

三、1. 他们是坐火车去旅游的。
2. 馒头是用面粉做的。
3. 水果是朋友送的。
4. 电话是小张打来的。
5. 这是洗发液,是洗头用的。

四、1. D 2. C 3. C 4. B 5. D 6. C

五、1. B 应为"我想问究竟是谁提的"。
2. B 应为"这本书是 10 年前买的"。
3. D 应为"大街上的广告都是用英文和法文写成的"。
4. A 应为"我们打算明天坐船去杭州"。强调动作发生时间的"是……的"不能用于将来发生的动作。

“连……都/也……”

讲一讲

基本结构：

连＋要强调的内容＋都/也＋谓语

这是一个表示强调的结构。“连”后是要强调的内容(可以是词语、短语或小句)。如：

这么简单的问题，连小孩子都会回答。(“连”后为名词)

我口袋里连二十块钱都没有。(“连”后为数量词)

小张连游泳都不会。(“连”后为动词)

他连我跟谁约会都要问。(“连”后为小句)

提示

(1) 这个强调结构中的“连”常常省略，但是后面呼应的“都”或“也”是不能省略的。如：

我着急出门，钱都没带。

她饭也没吃就走了。

(2)“都”后面的谓语可以是肯定式，也可以是否定式。“也”后面的谓语大多是否定式。如：

这个题目连老师都/也不会做。

我进去的时候，他连看都/也没看我一眼。

今天的比赛，连最不喜欢足球的人都去看了。

最近忙得连妈妈的生日都忘了。

(3)“连”后面的量词以“一”为多见，谓语一般都是否定的，带有绝对否定的语气。如：

他的小说我连一本也没看过。

我问了他半天，他连一句话也没说。

(关于“连……都/也……”的用法还可参考《关联词语　量词》分册)

“一＋量词……都/也……”和“一点儿……都/也……”

讲一讲

基本结构：

一＋量词＋都/也不(或“没”)＋谓语

一点儿＋都/也不[或“没(有)”]＋谓语

这两个都是对谓语加以全面否定的结构。如：

上课听写，小刘一个字都不会写。

我刚来学校的时候，一个人也不认识。

这件事他一点儿也不知道。

我对他说的一点儿也不感兴趣。

老师讲了半天，小林一点儿也没听懂。

提示

上面两个强调结构的语序只能是把"一＋量词"和"一点儿"放在谓语的前面，"都"或"也"一般也要用，而不能放在谓语的后面。下面的句子是错的：

＊上课听写，小刘不会写一个字。

练一练

一、用本课所学的强调结构改写下面的句子。

1. 教室里没有人。
2. 他太忙了，没有时间吃饭。
3. 老刘七十多了，居然没看见过海。
4. 我很累，不想说话。
5. 院子里的花很香，屋子里也有香味。

二、用"连……都/也……"完成句子。

1. 这个问题太简单了，________________________。
2. 屋子里空空的，________________________。
3. 爷爷家里的书特别多，________________________。
4. 她不喜欢运动，________________________。
5. 他脾气不好，大家都怕他，________________________。

三、用"一＋量词……都/也……"或"一点儿……都/也……"完成句子。

1. 我刚来中国的时候，________________________。
2. 今天上街买东西，把钱都花了，________________________。
3. 这个人说得太快了，________________________。
4. 他在中国三年了，汉语又好，在中国旅游________________________。
5. 这件事情谁也没告诉我，________________________。
6. 今天太闷热了，________________________。
7. 讨论的时候，大家都发了言，可是他________________________。
8. 到现在________________________，口渴死了。
9. 现在有的年轻人对传统的东西________________________。
10. 房间里安静极了，________________________。

参考答案

一、1. 教室里一个人也没有。
  2. 他太忙了，连吃饭的时间也没有。
  3. 老刘七十多了，连海都没看见过。
  4. 我很累，一句话也不想说。
  我很累，连话都不想说了。
  5. 院子里的花很香，连屋子里也有香味。

二、1. 这个问题太简单了，连小孩子都会回答。
  2. 屋子里空空的，连桌椅都没有。
  3. 爷爷家里的书特别多，连床上都放满了书。
  4. 她不喜欢运动，连乒乓球也不会打。
  5. 他脾气不好，大家都怕他，连他家里人也怕他。

三、1. 我刚来中国的时候，一句汉语也不会说。
  我刚来中国的时候，对中国一点儿也不了解。
  2. 今天上街买东西，把钱都花了，一分钱也没剩。
  3. 这个人说得太快了，我一句话也没听懂。
  这个人说得太快了，我一点儿也没听懂。
  4. 他在中国三年了，汉语又好，在中国旅游一点儿问题也没有。
  5. 这件事情谁也没告诉我，我一点儿也不知道。
  6. 今天太闷热了，一点儿风都没有。
  7. 讨论的时候，大家都发了言，可是他一句话也没说。
  8. 到现在一口水也没喝，口渴死了。
  9. 现在有的年轻人对传统的东西一点儿也不了解。
  10. 房间里安静极了，一点儿声音也没有。

第三课 “把”字句(1)

试一试

1. 你朋友来看你,他手里拿着很多东西,你指(zhǐ)着桌子叫他放下,该怎么说?
2. 你早上送朋友去了机场(jīchǎng),怎么用汉语说明这件事?
3. 你想向朋友借自行车,该怎么说? 可是他没借给你,又该怎么说?
4. 你在屋里觉得很热,想请人开空调(kōngtiáo),该怎么说?
5. 老师叫学生明天带词典来,他会怎么说?
6. 你妈妈洗了很多衣服,衣服变干净了,你怎么说?

(在上面的情况下,常要用“把”字句。答案请从下面的例句中找。)

讲一讲

句中谓语动词前使用介词短语“把+名词/代词”的叫做“把”字句。大多数“把”字句表示的是动作者主动地、有目的地对宾语加以处置。本课先介绍最常见的两种“把”字句。

基本结构1:

主语+把+名词/代词+动词+在/到/给……(介词短语的补语)

表示经过动作,使“把”后的宾语的位置或所属发生了变化。如:

你先把东西放在桌子上吧。

我早上把朋友送到了机场。

能把自行车借给我吗?

朋友没把自行车借给我。

基本结构2:

主语+把+名词/代词+动词+补语(表示动作完成的结果或趋向补语)

表示经过动作,使“把”后的宾语的位置或状态发生了变化。如:

大家明天把词典带来。(“来”表示动作的结果,词典的位置发生变化)

请把空调打开。(“开”表示动作的结果,空调从关到开,发生状态变化)

妈妈把衣服洗干净了。(“干净”表示动作的结果,衣服的状态发生变化)

提示

(1) 上面这类“把”字句的宾语一般是确指的,宾语对说话人(包括听话人)来说都是确定、已知的。

(2) 这类“把”字句中的动词一般是可以使宾语改变状态、移动位置或受到某种影响的及物动词。不能使“把”的宾语发生变化或对宾语产生影响的动词一般不能用于“把”字句。

(3) “把”字后面的动词不能是简单形式，一般都要带其他成分(见基本结构 2 下三例的上面画线部分)。下面的句子都是错的：

*你把东西放

*妈妈把衣服洗

(4) 下面这些状语必须放在“把”的前面(另见上页基本结构 1 下句中画线的词语)：

主语	否定词、助动词、语气副词、表示时间的词语	把 + 宾语 + 谓语 + 其他成分
他	没(有)[否定词]	把箱子打开。
你	应该[助动词]	把孩子带来。
大卫	大概[语气副词]	把课本忘在教室了。
我	昨天已经[表示时间的词语]	把行李准备好了。

(5) “把”字句中的动词和后面的补语一般都有一定的搭配关系，下面介绍一些常见的搭配。如：

把……放、贴、挂、摆(bǎi)、搁(gē)、忘 + 在 + 处所/方位词

把……送、寄、交、递、拿 + 给 + 表示人的名词/代词(动作的对象)

把……送、寄、交、拿、搬、运 + 到 + 处所/方位词(宾语到达的终点)

做好　办好　做完　看完　写错　记错　洗干净

带来　送去　拿去　拿走　拿出来　收起来　放进去　送进去　接回来

(关于动词后不同补语间的区别详见《句子成分》分册)

练一练

一、根据(　　)的提示用“把”字句完成下面的句子。

1. 我要把________________。(礼物)
2. 我的行李呢？你把________________？(哪儿)
3. 小张病得很厉害，我们赶快把他________________。(医院)
4. 他把________________，老师让他改一下。(字，错)
5. 玛丽已经把作业________________。(交)
6. 那本小说太有意思了，他一个晚上就把____________。(完)
7. 你能把________________？(那个醋瓶，递)
8. 大卫从飞机场把________________。(接)

二、HSK 仿真题：在下面 ABCD 中选择唯一正确的填入空中。

1. 她要把这个礼物送______朋友。

A. 在　　B. 到　　C. 给　　D. 去

2. 妈妈已经把饭做______了，可以吃了。

A. 好　　B. 完　　B. 成　　D. 到

3. 服务员刚把房间打扫______，你怎么又弄脏了？

A. 清楚　　B. 清净　　B. 整齐　　D. 干净

4. 大卫下午两点把马克送______了机场。

A. 在　　B. 到　　C. 给　　D. 去

5. 爸爸把那幅画挂______墙上了。

A. 在　　B. 去　　C. 给　　D. 上

6. 对不起,我没把你要的辞典带______,你是不是马上要用?

A. 走　　B. 去　　C. 来　　D. 上

7. 他把箱子__①__后,又把它__②__了。

A. ①开②关　　B. ①打开②关上　　C. ①合上②打开　　D. ①开开②合上

8. 上课时,他把课本从书包里拿__①__;下课了,又把课本收了__②__。

A. ①出来②出去　　B. ①出来②进来　　C. ①出去②进去　　D. ①出来②起来

9. 你把这幅画__①__,把那幅画__②__。

A. ①摘下来②挂上去　　B. ①摘下去②挂上去

C. ①去②进去　　D. ①出来②起来

10. 学生会主席把回国的老同学__①__飞机场,把新同学从飞机场__②__。

A. ①送②接来　　B. ①送到②接回来　　C. ①送去②接来　　D. ①送去到②接回来

三、HSK 仿真题:将下面句后(　　)中的词语放在唯一合适的地方。

1. 他好像 A 把那本词典 B 放 C 在书架上。(没)

2. 请问,我 A 把照片 B 交给 C 谁?　(应该)

3. A 放心,她一定 B 把你要的书 C 带来的。　(会)

4. 我 A 把这些书 B 都 C 拿到 D 楼上去。(不想)

5. A 他怎么 B 到现在还 C 把作业 D 交给老师呢?　(没)

6. A 真急人,哥哥 B 把我的钥匙 C 放哪儿了? D 找都找不到。(刚才)

7. 先生,这里不能 A 停车,你 B 把车 C 停到停车场去。[得(děi)]

8. 今天是咱们老同学 A 聚会,你 B 为什么 C 把女朋友 D 带来?(不)

9. A 把 B 这些花儿 C 插在 D 那个花瓶里。(请)

10. 每个人 A 都要 B 爱护环境,C 要把生活垃圾 D 到处乱扔。(不)

四、组词成句。

1. 论文　写　把　一定　我　好　要　今天

2. 带　能　这　本　我　把　回　杂志　家　吗

3. 论文　把　没　写　小李　还　完

4. 你　住　我　电话　把　的　记　了　已经　号码

5. 签证(qiānzhèng)　前　好　他　把　办　了　就　一个　星期

五、判断正误并改错。

1. 妈妈每天把房间打扫。

2. 那个学生把报纸拿走了。
3. 大卫把这本小说没看完。
4. 马克昨天就把作文交给刘老师了。
5. 你把窗户能关上吗?
6. 我忘了带来作业本子,得回去拿。

参考答案

一、1. 我要把礼物送给姐姐。
2. 我的行李呢?你把它放在哪儿了?
3. 小张病得很厉害,我们赶快把他送到医院去吧。
小张病得很厉害,我们赶快把他送进了医院。
4. 他把那个字写错了,老师让他改一下。
5. 玛丽已经把作业交给老师了。
6. 那本小说太有意思了,他一个晚上就把它看完了。
7. 你能把那个醋瓶递给我吗?
8. 大卫从飞机场把妈妈接了回来。

二、1. C 2. A 3. D 4. B 5. A 6. C 7. B 8. D 9. A 10. B

三、1. A 2. A 3. B 4. A 5. C 6. B 7. B 8. C 9. A 10. C

四、1. 我今天一定要把论文写好。
2. 我能把这本杂志带回家吗?
3. 小李还没把论文写完。
4. 我已经把你的电话号码记住了。
5. 他一个星期前就把签证办好了。
一个星期前他就把签证办好了。

五、1. × 改:妈妈每天打扫房间。或:妈妈每天都把房间打扫得很干净。
2. √
3. × 改:大卫没把这本小说看完。
4. √
5. × 改:你能把窗户关上吗?
6. × 改:我忘了把作业本带来,得回去拿。

第四课 被动句(1)

试一试

一、从下面所给的词中选择恰当的填入(　　)中。

上　坏　开　在　下　破　错　对

1. 弟弟把那个漂亮的花瓶打(　　)了
2. 他把锁着的箱子门打(　　)了。
3. 他们把小孩子一个人留(　　)家里。
4. 因为风太大,姐姐把窗户关(　　)了。
5. 他没有复习,上课时把这几个字都念(　　)了。
6. 我不小心把手机摔(shuāi)(　　)了。

二、模仿例句,试着把上面填好词的"把"字句改成"被"字句。

例:他把门关上了。→门被他关上了。

讲一讲

汉语在表示被动的意义,即句子的主语是受事(动作的接受者)时,常用介词"被"引出动作的施事(动作发出者)。

基本结构:

主语(受事)+被+名词/代词(施事)+动词+补语(表示动作完成的结果或趋向补语)

表示主语被动地接受了"被"后施事的动作。如:

那个漂亮的花瓶被弟弟打破了。

锁着的箱子被他打开了。

小孩子被他们留在了家里。

这几个字都被他念错了。

手机被我不小心摔坏了。

“被”常用于书面语。在口语中,“让”“叫”也常用来引进动作者。如:

那本书叫别人借走了。

篮球让他弄丢了。

提示

(1)“被”“叫”“让”前的主语一般是确定的、已知的。下面的句子是错的:

*一束花被人拿走了。

改:那束花被人拿走了。

(2)“被”字后面的动词一般不能是简单形式,大多都要带其他成分。下面的句子都是错的:

*花瓶被弟弟破了。

*书让他借了。

(3)当“被”字句中还有其他状语时,有的状语必须放在“被”的前面。这类状语的语序规则和“把”字句十分相似(参见第三课提示4)。如:

否定词、助动词、语气副词
表示时间的词语(名词、副词) + “被” + 名/代词 + 谓语 + 其他成分

请注意下面例句中画线词语的位置,记住这一规则:

信没有让他拿走。

行李会被人拿错吗?

东西也许被他吃光了。

衣服刚才就已经叫雨淋湿了。

上面的状语主要是说明受事主语的。如果状语主要是说明“被”后的施事的,一般放在“被”的后面。如:

手机被我不小心摔坏了。

那封信被他故意藏起来了。

(4)当说话者不关心动作者是谁,不知道或不能说动作者是谁时,“被”“叫”“让”后面的动作者可以用泛指的“人”代替。“被”后的施事可以省略不说,“叫”“让”后的施事不能省略。如:

门被(人)关上了。(“人”可以省略,下同)

书被(人)弄脏了。

孩子叫人带走了。(“人”不能省略,下同)

你快走吧,别让人看见。

练一练

一、把下面的“把”字句改写成“被”字句。

1. 妹妹很生气,把那个包扔在了地上。

2. 孩子们把他的房间弄乱了。

3. 大卫把病人送进了医院。

4. 他把信的地址写错了。

5. 小王和老李把书架搬到办公室去了。

二、根据(　　)中的提示,用"被"字句完成句子。

1. 我的杂志怎么不见了? ____________________?(谁)
2. 孩子不愿意回家,但最后还是____________________。(妈妈)
3. 他刚画好的画____________________,他很生气。(孩子,脏)
4. 对不起,你的伞_________________________。(丢)
5. 小李上课总是迟到,学习很不认真,_________________________。(老师)
6. 因为违(wěi)反交通规则,他____________________。[罚款(fákuǎn)]
7. 玛丽的钱包____________________。(小偷)
8. 这个秘密____________________。(发现)
9. 她____________________。(大火,吓)
10. 孩子____________________。(玩具,迷)

三、根据(　　)中的提示,用"叫""让"字句完成句子。

1. 那瓶酒全____________________。(一个人)
2. 他大声喊叫,我____________________。(醒)
3. 这件事不能____________________。(知道)
4. 小偷____________________。(警察,抓)
5. 说话小声点儿,别____________________。(听)

四、HSK 仿真题:在下面 ABCD 中选择唯一正确的填入空中。

1. 在回家的路上,突然下起雨来,______。

A. 我的衣服被雨淋了　　B. 我的衣服全被雨淋湿了

C. 我的衣服雨淋了　　D. 大雨淋了我的衣服

2. 快把东西收起来,______。

A. 别让人看　　B. 不要被人看

C. 别人要看见　　D. 别让人看见

3. 在两周的欧洲旅游中,______。

A. 他感动了到漂亮的建筑　　B. 漂亮的建筑他被感动了

C. 他被那些漂亮的建筑深深地打动了　　D. 他被那些漂亮的建筑感动了

4. 对不起,那个碗______。

A. 被我不小心打碎了　　B. 让我不小心打碎了

C. 叫我不小心打碎了　　D. 不小心被我打碎了

5. 你的行李不在这里,是不是______?

A. 服务员拿在楼上去了　　B. 被服务员拿到楼上去了

C. 服务员在楼上拿去了　　D. 被服务员拿去二楼了

五、HSK 仿真题：将下面句后(　　)中的词语放在唯一合适的地方。

1. 他不小心 A 掉在河里 B，C 被人 D 救了上来。(幸亏)
2. 大门因为锁 A 坏了，B 到现在还 C 被 D 打开。(没)
3. 比赛的时候，A 大卫 B 被 C5 号运动员 D 踢了一脚。(狠狠)
4. A 刘平 B 刚才 C 违反了交通规则，D 被罚款。(差点儿)
5. 连续 A 下了三天大雨，B 连汽车 C 都 D 被泡在水里了。(已经)

参考答案

一、1. 妹妹很生气，那个包被她扔在了地上。
2. 他的房间被孩子们弄乱了。
3. 病人被大卫送进了医院。
4. 信的地址被他写错了。
5. 书架被小王和老李搬到办公室去了。

二、1. 我的杂志怎么不见了？被谁拿走了？
2. 孩子不愿意回家，但最后还是被妈妈带回去了。
3. 他刚画好的画被孩子弄脏了，他很生气。
4. 对不起，你的伞被我弄丢了。
5. 小李上课总是迟到，学习很不认真，被老师批评了一顿。
6. 因为违反交通规则，他被罚款了。
7. 玛丽的钱包被小偷偷了。
8. 这个秘密被我们发现了。
9. 她被大火吓坏了。
10. 孩子被玩具迷住了。

三、1. 那瓶酒全叫他一个人喝光了。
2. 他大声喊叫，我让他吵醒了。
3. 这件事不能让别人知道。
4. 小偷叫警察抓走了。
5. 说话小声点儿，别让人听见。

四、1. B　2. D　3. C　4. A　5. B

五、1. C　2. C　3. D　4. D　5. D

第五课　连动句(2)

试一试

一、把左右两部分用线连成一句话。

他坐飞机	讲课
我用钢笔	出差
老师站着	跟我们握手
玛丽来中国	做蛋糕
爸爸去国外	去旅行
妈妈用鸡蛋、面粉、奶油	学汉语
校长笑着	写信

二、完成下面的句子。

1. 妈妈回到家＿＿＿＿＿＿＿。
2. 她吃了饭＿＿＿＿＿＿＿。
3. 他打开书＿＿＿＿＿＿＿。
4. 咱们一下课就＿＿＿＿＿＿＿。
5. 大家听到这个消息＿＿＿＿＿＿＿。
6. 她没有钱＿＿＿＿＿＿＿。

讲一讲

连动句是前后有两个动作连续说明同一主语的,我们在第一单元第六课学习了下面的连动句:

他坐飞机去旅行。(动词短语1表示动词短语2的方式,下同)

我用钢笔写信。

妈妈用鸡蛋、面粉、奶油做蛋糕。

老师站着讲课。

校长笑着跟我握手。

爸爸去国外出差。(动词短语2表示前一动作的目的,下同)

玛丽来中国学汉语。

本课学习的连动句有以下几种:

一、第二个动词表示连贯的动作、引起的反应或产生的结果

1. 第一、二个动词或短语所表示的是同一动作者前后相接、连续发生的动作。如：

妈妈<u>回到家</u>（1） <u>马上开始做饭</u>（2）。

她<u>吃了饭</u>（1） <u>就出去了</u>（2）。

他<u>打开书</u>（1），<u>读了起来</u>（2）。

2. 第二个动词或短语与第一个动词短语有某种因果关系。如：

大家听到这个消息高兴得跳了起来。

大卫喝酒喝醉了。

3. 在第一个动作发生时或发生后，出现了第二个动词短语所表示的情况。（前后没有因果关系）。

他出门丢了十块钱。

小林上课忘了带课本。

二、前一动词为“有”“没有”

她没有钱去旅行。

李丽有事找你。

他没有时间休息。

我们有话跟你说。

提示

(1) 连动句表示的动作如果已经完成，第一个动词后也不是都要带“了”。当第一个动作完成后马上开始第二个动作，那么第一个动词后要带“了”(如上面的例句“她吃了饭就出去了”“大卫喝酒喝醉了”)。否则，就不用带“了”，如“他出门丢了十块钱”中“丢钱”并不是“出门”之后马上发生的，“出门”就不用带“了”。如果是“出门”动作完成后就丢了钱，就应说“他出了门就丢了十块钱”。如果第一个动词后有表示动作完成的补语，可以不带“了”，如“他打开书，读了起来”。

(2)“来/去……动2……”“坐……动2……”“用……动2……”“有……动2……”类连动句，第一个动词一般不带“了”或“过”。下面的句子都是错的：

*他去过云南旅游。

改：他去云南旅游过。

*上星期我们坐了船去大连。

改：上星期我们坐船去大连了。

(3)“来/去……动2……”“坐……动2……”“用……动2……”句中如果有表示动作量的补语或定语，一般不放在第一个动词“来/去、坐、用”等后面，而应放在第二个动词之后。如：

能用你的照相机拍几张照片吗？

你去叫一下小张好吗？

第一个动词“来/去、坐、用”一般不能重叠，而第二个动词可以重叠。如：

有空儿来我家坐坐。

用铅笔画画看。

(4) 在前一动词为“有”的连动句中，常和“有”和“没有”搭配的名词有“钱”“能力”“精力”“资格”“时间”“空儿”“机会”等。“有”还常和“话”“消息”“情况”“事”搭配。用“有”的短语往往表示后一动作的动因、条件或能力等。如：

我有好消息告诉你。(“有好消息”是后一动作的动因)

王平有能力解决这个问题。

玛丽一直没有机会去中国农村参观。(“没有机会”是后一动作的条件，下同)

对不起，我没有空儿参加你的生日晚会。

(5) 当连动句的第一个动词短语是动宾结构，后面要表示因前同一动作引起的结果(往往是动作者本身的变化)，就要重复前一动词，并带表示结果的补语。如：

小李吃冰淇淋吃坏了肚子。

玛丽唱歌唱哑了嗓子。

这一规则同样适于离合动词。如：

两人散步散出了感情。

下面的句子是错的：

*爸爸喝酒醉了。

如果后面的结果需要用另外的动词表示，则不用重复前一动词，但同样应用动补短语。如：

大卫跳高扭伤(niǔshāng)了脚。

练一练

一、完成下面的句子。

1. 她看见老人上车，就马上站起来________________。
2. 我们下了课______________。
3. 你别走，我有好消息________________。
4. 他打开包，________________。
5. 王平没有机会________________。
6. 你到了那儿______________。
7. 李丽现在没有钱________________。
8. 听到这个消息，________________。
9. 大卫有事______________。
10. 最近太忙了，没有空儿______________。
11. 我相信，你有能力______________。
12. 你等一下，我有话______________。

二、模仿例子，用连动句改写下面的句子。

例：他酒喝得太多，喝醉了。

→他喝酒喝醉了。

1. 孩子走了一段路，累了，要妈妈抱。

2. 弟弟跟人打架,头都打破了。

3. 大卫常常跟玛丽一起聊天,慢慢地产生了感情。

4. 马克因为熬(áo)夜,眼睛都红了。

5. 最近因为老考试,都有点糊涂了。

三、判断正误并改错。

1. 小林电车上班。
2. 我有问题要问老师。
3. 他放了学就去打工了。
4. 爸爸去了上班。
5. 妈妈去商店买了苹果。
6. 最后一辆公共汽车已经开走了,他不得不回家骑自行车。
7. 最近没有时间跟朋友一起去爬山了。
8. 光听别人说还不行,应该用自己的眼睛看,用自己的耳朵听。
9. 他去过欧洲旅行。
10. 你去一下小卖部买咖啡,好不好?

参考答案

一、1. 她看见老人上车,就马上站起来给老人让座。
2. 我们下了课就去看电影。
3. 你别走,我有好消息告诉你。
4. 他打开包,从里面拿出一本书。
5. 王平没有机会去国外留学/去外地旅游/跟玛丽说话。
6. 你到了那儿就给我打个电话。
7. 李丽现在没有钱买高级化妆品。
8. 听到这个消息,他激动得哭了/他非常失望。
9. 大卫有事要跟大家商量。
10. 最近太忙了,没有空儿带孩子去公园玩儿。
11. 我相信,你有能力做好这个工作。
12. 你等一下,我有话跟你说。

二、1. 孩子走路走累了,要妈妈抱。
2. 弟弟跟人打架打破了头。/弟弟打架打破了头。
3. 大卫跟玛丽聊天聊出了感情。
4. 马克熬夜熬红了眼睛。
5. 最近考试都考糊涂了。

三、1. × 改:小林坐电车上班。
2. √

3. √
4. × 改:爸爸去上班了。
5. × 改:妈妈去商店买苹果了。或:妈妈去商店买了一斤苹果。
6. × 改:最后一辆公共汽车已经开走了,他不得不骑自行车回家。
7. √
8. √
9. × 改:他去欧洲旅行过。
10. × 改:你去小卖部买一下咖啡,好不好?

第六课　比较句(2)

试一试

一、用“A 比 B + 形容词”改写下面的句子。

1. 我个子高,妹妹个子矮。

2. 房间里暖和,外面不暖和。

3. 这个超市的东西便宜,那个超市的东西贵。

二、用“比”和(　　)内的词语完成句子。

1. 今天南京最高气温是 38 度,大连是 28 度。南京的气温____________。(得多)
2. 大卫刚来时汉语说得不好,现在说得____________。(多了)
3. 哥哥吃两碗饭,弟弟吃三碗饭,弟弟____________。(多,一碗)
4. 李丽舞跳得是不错,但我觉得玛丽跳得更好。(更)
5. 这是姐姐画的画儿,我觉得比那个画家画得好。(还)

讲一讲

在第一单元第八课我们学习了用“比”的比较句,其形式为:

A(名/代词)比 B(名/代词) + 形容词

A(名/代词)比 B(名/代词) + 形容词 + 一些/一点儿

A(名/代词)比 B(名/代词) + 形容词 + 得多/多了

如上面“试一试”中有的句子就是用这类形式的:

我个子比妹妹高。

房间里比外面暖和。

那个超市的东西比这个超市的贵。

夏天南京的气温比大连高得多。

大卫汉语比刚来时流利多了。

本课学习“比”字句的另外几种形式。

基本结构 1:

A(名/代词)比 B(名/代词) + (动词宾语) + 动词 + 得 + 形容词

表示 A 在实行某个动作时，在程度上（速度、数量、技巧等）胜过了 B。如：

弟弟比哥哥吃得多。

他比运动员跑得还快。

玛丽舞跳得比那个演员好。

姐姐比那个画家画得还好。

基本结构 2：

A（名/代词）+（动词宾语）+动词+得+比+过去某个时点+形容词+了

A（名/代词）+（动词宾语）+动词+得+比+过去某个时点+形容词+多了

表示 A 在实行某个动作时，在程度上（速度、数量、技巧等）胜过了自己的过去。如：

弟弟跑得比以前快多了。

大卫汉语说得比刚来时好多了。

基本结构 3：

A（名/代词）比 B（名/代词）+形容词+数量短语

在"比"字句形容词谓语后加上数量短语，表示指出两人或两事物的具体差异。如：

我妈妈比我重 10 公斤。

这条路比前面一条路宽 2 米。

基本结构 4：

A（名/代词）比+过去某个时点+形容词+了+数量短语

表示 A 与自己的过去相比，在程度上（体重、速度等）有变化。如：

经过锻炼，她比以前轻了 3 公斤。

刘明在这次长跑比赛中比平时快了 5 秒钟。

提示

这类句子一般表示跟以前相比出现的变化，所以形容词后的"了"不可少。

基本结构 5：

A（名/代词）比 B（名/代词）+形容词+动词+数量短语

A（名/代词）比 B（某一时间或数量）+形容词+动词+数量短语

表示 A 在实行某个动作时，在多少、早晚等方面胜过 B 的具体数量。如：

弟弟比哥哥多吃一碗饭。

我比约定的时间早到了半个小时。

今年比去年少收入一千元。

基本结构 6：

A（名/代词）一+（表时间、数量词）比+一+（表时间、数量词）+形容词

表示同类事物 A 随着时间的推移、动作次数的增加，程度也一步步加深。如：

天气一天比一天热。

考试一次比一次难。

上班高峰（fēng），公共汽车一辆比一辆挤。

如果要强调程度的加深，可以在"比"前用副词"更"。如：

这里的农民收入不断提高，生活一年更比一年强。

我们的日子，就像吃甘蔗(gānzhe)，一节更比一节甜。

练一练

一、模仿例句改写下面的句子。

例1：陈亮跑得慢，李东跑得快。

陈亮比李东跑得慢。/李东比陈亮跑得快。

1. 汉字玛丽写得比较差，大卫写得好。

2. 李明歌唱得一般，张平唱得比较好。

3. 饺子我妈妈包得很快，我比较慢。

4. 姐姐长得一般，妹妹长得好看。

5. 这里的西红柿卖四块钱一斤，桔子只卖两块钱一斤。

6. 山本刚到中国的时候汉语一句话也不会说，现在汉语说得很好。

7. 这个句子的语法王老师讲得不太清楚，你讲得清楚。

例2：天气越来越冷了。

天气一天比一天冷。

8. 这种苹果真好吃，我吃了好几个，越吃越好吃。

9. 这里的山看起来一座座都很高，也都很漂亮。

10. 他的病越来越严重，人也越来越瘦了。

11. 我希望公司的生意越来越好，大家的收入越来越高。

12. 社会在发展(fāzhǎn)，人类(lèi)在进步，新的一代总要比老的一代强。

例3：红苹果一块八一斤，青苹果一块五一斤。

红苹果比青苹果一斤贵三毛。

13. 旧裤子1米长，新裤子1.1米长。

新裤子

14. 小林体重去年50公斤，今年55公斤。

小林

15. 我家东边的河深 2 米，西边的河深 5 米。
    我家西边的河
16. 爸爸平时只喝一杯白酒，今天喝了两杯。
    爸爸
17. 这次旅游预先计划要用 2000 元，结果用了 1800 元。
    这次旅游
18. 我和小李约好晚上六点在饭店一起吃饭，他六点三十才到。
    小李

二、根据(　　)中的提示，用本课学的比较句完成句子。

1. 我们今天加班，________________。(比平时)
2. 听说这里出美女，姑娘________________。(漂亮)
3. 姐姐现在天天跑步，体重________________。(3 公斤)
4. 汉语越学越难了，所以考试也________________。(难)
5. 玛丽在练习书法，汉字________________。(多了)
6. 今天我开车上班，路上很空，________________。(早，20 分钟)
7. 节日的商店________________。(挤)
8. 关于中国文化，李美玉________________。(知道)
9. 同样的鞋，那个商店________________。(便宜，10%)
10. 大卫歌唱得比马克好，不过，马克舞________________。(棒)
11. 他现在每月的工资________________。(提高，500 元)
12. 她很注意打扮，________________。[实际年龄，显(xiǎn)得]

参考答案

一、1. 大卫汉字写得比玛丽好。
2. 唱歌张平唱得比李明好。
3. 饺子我妈妈包得比我快。/饺子我包得比我妈妈慢。
4. 妹妹比姐姐长得好看。
5. 这里的西红柿卖得比桔子还贵。
6. 山本比刚到中国的时候汉语说得好多了。
7. 这个句子的语法你讲得比王老师还清楚。(用“还”带有比较的结果超出主观预期的意思)
   这个句子的语法你讲得比王老师更清楚。(用“更”只是客观的说明)
8. 这种苹果一个比一个好吃。
9. 这里的山一座比一座高，一座比一座漂亮。
10. 他的病一天比一天严重，人也一天比一天瘦。
11. 我希望公司的生意一年比一年好，大家的收入一年比一年高。
12. 社会在发展，人类在进步，一代比一代强。
13. 新裤子比旧裤子长 0.1 米。
14. 小林比去年重了 5 公斤。
15. 我家西边的河比东边的河深 3 米。
16. 爸爸今天比平时多喝了一杯白酒。

17. 这次旅游比预先计划少花了200元。
18. 小李比约定的时间晚到了30分钟。

二、1. 我们今天加班，比平时多干了3个小时。
2. 听说这里出美女，姑娘一个比一个漂亮。
3. 姐姐现在天天跑步，体重比过去轻了3公斤。
4. 汉语越学越难了，所以考试也一次比一次难了。
5. 玛丽在练习书法，汉字写得比过去好多了。
6. 今天我开车上班，路上很空，比平日/平时早到了20分钟。
7. 节日的商店比平时挤得多。
8. 关于中国文化，李美玉比我们知道得多。
9. 同样的鞋，那个商店比这个商店便宜10%。
10. 大卫歌唱得比马克好，不过，马克舞跳得比大卫棒。
11. 他现在每月的工资比去年提高了500元。
12. 她很注意打扮，比实际年龄显得年轻。

用"没有"的比较句(2)和用"不比"的比较句(1)

试一试

一、用"没有"改写下面的句子。

1. 我的自行车比他的新。
2. 冬天北京的气温比广州的气温低得多。
3. 舞李平比王明跳得好。
4. 老李比小张吃得多。
5. 她小时候长得很好看，现在却变得不太好看了。
6. 老马过去字写得很认真，现在不太认真了。

二、用"不比"改写下面的句子。

1. 这个商店的东西并不便宜，跟那个商店的价格差不多。
2. 大卫聪明？我看跟马克差不多。
3. 你说你的作文写得差？不是吧，别人跟你的水平也差不多，要有信心。
4. 小李唱得稍微比你好一点，你也唱得不错。

讲一讲

一、用“没有”的比较句(2)

在第一单元第八课,我们学习了用“没有(1)”的比较句,结构是:

A(名/代词)没有B(名/代词)+形容词

他的自行车没有我的新。

冬天广州的气温没有北京的低。

本课学习“没有(2)”,即用“没有”的另外几种表示比较的形式。

基本结构1:

A(名/代词)没有B(名/代词)+(动词宾语)+动词+得+形容词

表示A在实行某个动作时,在程度上(速度、数量、技巧等)低于B。如:

王明没有李平舞跳得好。

小张没有老李吃得多。

他没有运动员跑得快。

姐姐没有那个画家画得好。

基本结构2:

A(名/代词)+(动词宾语)+动词+得+没有+过去某个时点+形容词+了

表示A在实行某个动作时,在程度上低于自己过去的水平。如:

她没有小时候长得(那么)好看了。

老马字写得没有过去(那么)认真了。

为了减肥,玛丽没有以前吃得(那么)多了。

提示

(1)这类句子一般表示跟以前相比出现的变化,所以形容词后的“了”不可少。

(2)这类形容词谓语前大多带指示代词“那么”。

(3)因为“没有”表示的是A在程度上低于B,所以“没有”句中的形容词谓语后不能带“一点儿、一些、得多、多了”和数量短语等。下面的句子都是错的:

*我没有你来得早多了。

*哥哥没有弟弟睡得多一点儿。

*这件衣服没有那件衣服贵十元。

二、用“不比”的比较句(1)

“不比”也常用于比较句。

基本结构1:

A(名/代词)不比B(名/代词)+形容词

基本结构2:

A(名/代词)+(动词宾语)+动词+得+不比B(名/代词)+形容词

A(名/代词)+(动词宾语)+动词+得+不比B(名/代词)+形容词+多少

“不比”表示如果以 B 为标准,A 在程度上与 B 差不多。如:

这个商店的东西不比那个商店的便宜。

大卫不比马克聪明。

你(作文)写得不比别人差,要有信心。

小李(歌)唱得不比你好多少。

提示

“不比”与“没有”的异同

(1) 用“不比”的比较句,是说话人认为比较的两项在程度上差别很小,即 A 和 B 差不多,或 A 在程度上可能稍微低于 B,也可能稍高一点(但形容词后要加“多少”,如“小李唱得不比你好多少”)。

用“没有”的比较句,是说话人认为比较的两项在程度上肯定有差别,即 A 在程度上一定低于 B(A 和 B 的差别可以很大,也可以很小)。请看下面根据不同情况改写的比较句:

① 李京身高 1.70 米,小林身高 1.72 米。如果以小林为标准,可以说:

李京不比小林高。或:李京没有小林高。

② 李京身高 1.72 米,小林身高 1.72 米。如果以小林为标准,也可以说:

李京不比小林高。而不说:李京没有小林高。

③ 李京身高 1.74 米,小林身高 1.72 米。如果以小林为标准,我们则说:

李京不比小林高多少。不能说:李京没有小林高多少。

④ 李京身高 1.65 米,小林身高 1.80 米。如果以小林为标准,我们一般说:

李京没有小林那么高。或:李京比小林矮得多。

因为两人身高差别较大,所以例(4)不用“李京不比小林高”这样的句子。总之,表示否定的比较时,一般用“没有”;只有强调所比的人或事物差别小时,才用“不比”。因此,从使用频率上看,“没有”比“不比”高得多。

(2) “不比”和“没有”一样,形容词谓语后都不能带“一点儿、一些、得多、多了”和数量补语,但可以带“多少”,强调差别之小。如:

这次考试,李明考了 83,我考了 80,他不比我考得好多少。

马克跳高跳过了 1.30 米,大卫跳过了 1.28 米,马克不比大卫跳得高多少。

练一练

一、用“没有”改写下面的比较句。

1. 刘老师书读得比我多得多。

2. 我家的房子比他家的大。

3. 作文玛丽比大卫写得好,不过大卫说得比玛丽好。

4. 我们都喜欢张老师,因为她对学生比王老师和气。

5. 这次旅游老李比小张走得远。

6. 妹妹小时候很内向，现在变得外向了。

7. 马克刚来中国时学习很认真，现在不太认真了。

二、用“不比”的比较句改写下面的句子。

1. 这几年，这一带农民的生活水平提高了，他们的生活跟城里人差不多。

2. 说聪明，你跟她差不多，为什么成绩没有她好呢？（用“笨”）

3. 北京夏天最高气温比我家乡高两三度。

4. 玛丽学了三年汉语，大卫学了三年半汉语，HSK 都通过了八级。

5. 你穿了两件厚毛衣，我穿了一件厚的，一件薄的，我不觉得冷，可你为什么还喊冷？

6. 100 米马克跑 10 秒 8，大卫跑 10 秒 7，两人快慢差不多。

7. 我们这个小公司收入跟大公司也差不多。

三、判断正误并改错。

1. 玛丽汉语说得是好，但比大卫不好。
2. 作文哥哥不比弟弟写得好。
3. 这个学期他比你跑了还快。
4. 马克舞跳得没有你好。
5. 我没有你打篮球好。

四、HSK 仿真题：在下面 ABCD 中选择唯一正确的填入空中。

1. 大卫既会说法语，又会说英语，______。
A. 他法语说得不错比他英语
B. 他英语说得不好比他英语
C. 他法语说得比英语好
D. 他法语说得比英语不错

2. 这次汉语考试，朱丽叶考得不好，______。
A. 她做比玛丽错的多
B. 她做没有玛丽错的少
C. 她比玛丽做错的多
D. 她错的比玛丽多

3. 看起来，______。
A. 李丽今天穿了比她朋友多

B. 李丽今天穿得比她朋友多

C. 李丽今天穿得比她朋友不少

D. 她朋友没有李丽穿得少

4. 听说老王早上七点就来学校了，______。

A. 我来得可没有他早

B. 我来得比他不早

C. 我来得比他比较晚

D. 我没有他来早

参考答案

一、1. 我没有刘老师书读得多。

2. 他家的房子没有我家的大。

3. 作文大卫没有玛丽写得好，不过，玛丽没有大卫说得好。

4. 我们都喜欢张老师，因为王老师对学生没有张老师和气。

5. 这次旅游小张没有老李走得远。

6. 妹妹没有小时候那么内向了。

7. 马克没有刚来中国时学习那么认真了。

二、1. 这几年，这一带农民的生活水平提高了，他们的生活并不比城里人差。

2. 你不比她笨，为什么成绩没有她好呢？

3. 北京夏天最高气温不比我家乡高多少。
北京的夏天不比我家乡热多少。

4. 玛丽学习汉语的时间不比大卫长，可 HSK 成绩却跟他一样。

5. 你穿得不比我少，我不觉得冷，可你为什么还喊冷？

6. 100 米马克跑得不比大卫慢多少。

7. 我们这个小公司收入不比大公司差。

三、1. × 改：玛丽汉语说得是好，但没有大卫好。

2. √

3. × 改：这个学期他比你跑得还快。

4. √

5. × 改：我篮球没有你打得好。/篮球我没有你打得好。

四、1. C 2. D 3. B 4. A

用“跟……一样”的比较句(2)

试一试

用“跟……一样”的比较句改写下面的句子。

1. 北京冬天最低温度零下 10 度，这里冬天的最低温度也是 10 度左右。

2. 她非常漂亮，跟那个电影明星很像。

3. 刘小东小时候就很老实，现在还这样。

4. 跳舞舞蹈演员跳得好，王明跳得也不错，跟他们没有什么两样。

5. 爬山时，年轻人爬上了 1800 米的高峰，那些老年人同样爬了上去。

6. 10 年前她走得很快，现在虽然 60 岁了，但走得不比 10 年前慢。

讲一讲

第一单元第八课我们学习了用““跟……一样”(1)”的比较句，结构是：

A(名/代词)跟 B(名/代词) + 一样 + 形容词

北京的冬天跟这里一样冷。

她跟那个电影明星一样漂亮。

刘小东现在还跟小时候一样老实。

本课学习“跟……一样”(2)，即用“跟……一样”的另外几种表示比较的形式。

基本结构 1：

A(名/代词)跟 B(名/代词) + 动词 + 得 + 一样 + 形容词

A(名/代词) + 动词 + 得 + 跟 B(名/代词) + 一样 + 形容词

表示 A 在实行某个动作时，在程度上(速度、数量、技巧等)与 B 相同。如：

跳舞王明跟舞蹈演员跳得一样好。或：跳舞王明跳得跟舞蹈演员一样好。

爬山时，老年人跟年轻人爬得一样高。或：爬山时，老年人爬得跟年轻人一样高。

张永论文写得跟老师一样棒。

基本结构 2

A(名/代词) + 动词 + 得 + 跟 + 过去某个时点 + 一样 + 形容词

表示 A 在实行某个动作时，在程度上(速度、数量、技巧等)跟 A 过去或平时几乎是相同的。如：

她虽然 60 岁了，但跟 10 年前走得一样快。

那位老农民身体很结实，挑东西跟年轻时挑得一样多。

刘老师今天穿得跟平时一样朴素(pǔsù)。

他现在当了老板，但还跟以前当工人时一样节约。

提示

(1) 结构 1 中，“跟……一样”有两个位置：“跟……一样”放在动词前，说话者强调的是被比较项；“跟……一样”放在动词后，说话者则强调的是动作。当说话者就动作的结果进行比较，更多地用“跟……一样”放在动词后的语序(如“张永论文写得跟老师一样棒”)。

(2) “跟……一样”经常作定语,“的”不能少。下面的句子是错的:

*我有一条跟你的一样裤子。

改:我有一条跟你一样的裤子。

*她要买跟你那条一样裤子。

改:她要买跟你那条一样的裤子。

(3) “跟……一样”有时不是用于比较而是用于比拟,主要是用相似的事物或人来衬托或描写某人或某事物。如:

那个孩子的脸跟红苹果一样红。

她已经30多岁了,可还跟孩子一样天真。

练一练

一、用“跟……一样”的比较句改写下面的句子。

1. 运动员跑多快,他就跑多快。

2. 这个孩子很能吃,大人吃多少,他也吃多少。

3. 楼上的房间打扫得很干净,楼下的房间也一样。

4. 她已经大学毕业了,但还很天真,跟小时候一样。

5. 李丽的妈妈头发很多,李丽也是。

6. 这里虽然是小城市,但晚上很热闹,跟大城市差不多。

7. 有人说姐姐的画儿很好,已经达到了有些画家的水平。

8. 大卫在演讲比赛时,十分从容,跟平时没有什么两样。(用“表现”)

9. 工作重要,休息同样重要。

10. 玛丽的身材非常好,有人以为她是模特(mótè)。

二、用“跟……一样”完成句子。

1. 我特别喜欢听小刘唱歌,他唱得________________。

2. 李明从小练习书法,字写得________________。

3. 哥哥坚持锻炼,身体练得________________。

4. 大卫的爸爸高高的个子,大大的眼睛。大卫特别像他爸爸,个子长得________________,眼睛________________。

5. 张平从前就很勇敢，现在仍______________。

6. 马克在学生时代就很认真，现在工作了，仍______________。

7. 李丽笑起来很好看，李丽的妹妹笑得______________。

三、判断正误并改错。

1. 大卫说中文比中国人一样流利。

2. 她打扮成这样漂亮，几乎演员一样。

3. 班长说话跟老师一样严厉。

4. 这里的咖啡店跟上海一样非常多。

5. 我想吃跟他一样炒饭。

参考答案

一、1. 他跟运动员跑得一样快。或：他跑得跟运动员一样快。

2. 这个孩子跟大人吃得一样多。或：这个孩子吃得跟大人一样多。

3. 楼下的房间打扫得跟楼上的房间一样干净。

4. 她已经大学毕业了，但还跟小时候一样天真。

5. 李丽的头发跟她妈妈一样多。

6. 这里虽然是小城市，但晚上跟大城市一样热闹。

7. 有人说姐姐的画儿画得跟画家一样好。

8. 大卫在演讲比赛时，表现得跟平时一样从容。

9. 休息跟工作一样重要。

10. 玛丽的身材跟模特一样好。

二、1. 我特别喜欢听小刘唱歌，他唱得跟那个歌星一样好/好听。

2. 李明从小练习书法，字写得跟书法家一样好/漂亮。

3. 哥哥坚持锻炼，身体练得跟运动员一样棒。

4. 大卫的爸爸高高的个子，大大的眼睛。大卫特别像他爸爸，个子长得跟他爸爸一样高，眼睛跟他爸爸一样大。

5. 张平从前就很勇敢，现在仍跟从前一样勇敢。

6. 马克在学生时代就很认真，现在工作了，仍跟当学生时一样认真。

7. 李丽笑起来很好看，李丽的妹妹笑得跟她姐姐一样好看。

三、1. × 改：大卫中文说得跟中国人一样流利。

2. × 改：她打扮得跟演员一样漂亮。

3. √

4. × 改：这里的咖啡店跟上海一样多。

5. × 改：我想吃跟他一样的炒饭。

第七课　兼语句(2)

试一试

一、完成下面的兼语句。

1. 我请朋友______________________________。
2. 他叫我们______________________________。
3. 爸爸让我______________________________。

二、请按正确的顺序排列句子。

1. 叫　给　我们　电话　晚上　打　老李　他

2. 让　准备　听写　老师　大家

3. 帮助　玛丽　请　她　警察

讲一讲

第一单元第七课我们学过了用“请、让、叫”的兼语句，结构是主语+请/让/叫+兼语+宾语动词。如：

我请朋友吃晚饭。

他叫我们去他家玩。

爸爸让我跟他一起去散步。

老李叫我们晚上给他打电话。

老师让大家准备听写。

玛丽请警察帮助她。

本课学习使用“有”的兼语句。

基本结构：

主语+有（没有）+兼语+谓语（动词/形容词）

用“有”的兼语句，一般说明某个新的事物或人的情况。如：

我有一个中国朋友叫王平。

她有一个孩子很可爱。

有一辆汽车正在修。

这样的兼语句实际上是两个简单句的组合。如：

A. 她有两个小孩。B. 这两个小孩在上小学。

A、B 合成一句→她有两个孩子在上小学。

提示

(1) 在上面这个结构中，兼语一般是不确定的新信息，它的前面常常有"一个""很多""几个"这样的定语。

(2) 这类兼语句的主语和"有"后兼语有所属的关系时，主语不能省略。如：

李老师有个女儿在国外留学。（另见上面的例句）

当这类"有"字句只是表示某个事件发生、某个事物出现或以某种状态存在时，"有"前一般不用主语。如：

刚才有几个学生来找何老师。

有一只小狗跑了过来。

有一辆公共汽车停在学校门口。

人们在讲故事时常会说，"从前，有一对老夫妻住在一个小房子里"，就是采用这样的句式。

(3) 表示自然现象的发生一般不用这一句式。下面的句子是错的：

*苏州没有雪掉下。

改：苏州没有下雪。

*地上没有花长着。

改：地上没有花。

(4) 当这类兼语是不定、泛指的名词时，可以用"一边……一边……"，表示说话时某人或某种动物当场同时做两个动作，也可以表示长期、经常性的习惯动作。如：

草地上有几匹马一边溜达（liū · da）一边吃草。

有人常一边开车一边打手机，这样很危险。

当兼语不是泛指的名词，不能用"一边……一边……"表示当场同时做两个动作。下面的句子是错的：

*我有一个妹妹在房间里一边听音乐一边做作业。

当动作是长期、经常性的习惯，则可以。如：

我有一个妹妹经常一边听音乐一边做作业。

(5) 这类用"有"的否定句是用"没有"，不过使用频率比用"有"的要低。如：

他说这种新药特别好，但没有人相信他。

现在没有汽车开过，咱们过马路吧。

(6) 用"没有"的兼语前面一般不用加表示数量的定语。当对复数的人或事物全部加以否定的时候，可以加"一＋量词"，这是强调结构(详见本单元第二课)。如：

玛丽有三个好朋友，但没有一个人会开车。

我要是用苏州话讲课，没有一个外国学生能听懂。

双重否定句也可以这样用。如：

张老师对学生非常好，没有一个学生不喜欢她。

练一练

一、模仿下面的句子用“有”或“没有”的兼语句造句。

1. 最近我有个大学同学要结婚。

2. 他家有一只猫病了。

3. 你是不是有一个朋友叫张平？

4. 别说话了，有人在看咱们呢！

5. 没有人知道他最近在做什么。

6. 昨天晚上有一只蚊(wén)子吵得我睡不着。

7. 前面有一辆汽车出事了。

8. 到现在也没有出租车开过来。

9. 听说学校有一个宿舍着火了。

10. 没有老师不认为他是个好学生的。

二、把下面的两个句子合成一个兼语句。

1. A. 山上有一个小姑娘。　B. 那个小姑娘在唱歌。
   山上
2. A. 草地上有很多孩子。　B. 很多孩子在做游戏。
   草地上
3. A. 今天晚上我们家有客人。　B. 客人要来。

4. A. 我妈妈有一件礼服。　B. 那件礼服很漂亮。

5. A. 学校里有很多留学生。　B. 留学生学习汉语。

6. A. 对面有一辆红色的小汽车。　B. 那辆红色的小汽车停着。

三、组词成句。

1. 有　这里　说　三个人　会　汉语

2. 工作　玛丽　姐姐　公司　有　一个　在

3. 上　一个人　时　没有　说话　口语课

4. 黑狗　有　春天　我家　生　了　一只　小狗　几只

5. 女青年　昨天　有　了　出　交通事故　在　一个　十字路口

6. 人　他　没有　时候　注意　什么　走　到　的

四、判断正误并改错。

1. 房间里有我的朋友一边吃饭一边看电视。
2. 现在有一个中国朋友在给我辅导汉语。
3. 外面有风刮着。
4. 今天上午有几个警察来过。
5. 你们班有没有人通过 HSK 八级?

参考答案

一、1. 最近我有个大学同学要出国。
2. 他家有一只狗是黄色的。/他家有一只狗很可爱。
3. 你是不是有一个同学叫大卫?
4. 别说话了,有人在看我们!
5. 没有人知道他已经结婚了。/没有人听得懂他说的话。
6. 昨天晚上有一只狗老是叫。
7. 前面有一辆汽车坏了。
8. 到现在也没有火车开过来。/到现在也没有人来找我。
9. 听说今天有一个孩子丢了。/听说有一个商店被盗了。
10. 没有老师不喜欢他的。

二、1. 山上有一个小姑娘在唱歌。
2. 草地上有很多孩子在做游戏。
3. 今天晚上我们家有客人要来。
4. 我妈妈有一件礼服很漂亮。
5. 学校里有很多留学生学习汉语。
6. 对面有一辆红色的小汽车停在那儿。

三、1. 这里有三个人会说汉语。
2. 玛丽有一个姐姐在公司工作。
3. 上口语课时没有一个人说话。
4. 春天我家有一只黑狗生了几只小狗。
5. 昨天在十字路口有一个女青年出了交通事故。
6. 没有人注意到他什么时候走的。

四、1. ×　改:我的朋友在房间里一边吃饭一边看电视。
2. √
3. ×　改:外面正刮着风呢。
4. √
5. √

第八课 存现句(1)

试一试

选择下面的动词填空。

插　铺(pū)　穿　戴　围　放　躺　镶(xiāng)　站　坐　摆　贴　拿　留　带　抱

1. 客厅里收拾得非常干净，屋子当中________着一块长方形的绿毯子，毯子上________着两把摇椅。靠窗户________着一只小茶几，茶几上________一个花瓶，里面________着两朵小白玫瑰花。茶几两旁是两把红木椅子，椅垫儿上________着金边。

2. 小李看见屋里________着很多人，门口还________着一些人，大家正________着一个________着长发的姑娘，在听她讲着什么。那姑娘身上穿着一套灰色服装，________着一副黑边眼镜，手里________着讲稿，讲得十分耐心。

讲一讲

基本结构：

(处所＋方位词)短语＋动词＋着＋宾语

一般表示某处某事物或某人以某种状态持续存在着。常用于以下几方面的描写：

1. 对房间中的布置、摆设的描写。如：

客厅里收拾得非常干净，屋子当中铺着一块长方形的绿毯子，毯子上放着两把摇椅。靠窗户摆着一只小茶几，茶几上一个花瓶，里面插着两朵小白玫瑰花。茶几两旁是两把红木椅子，椅垫儿上镶着金边。

这一带住着不少外国学生。

2. 对人所处状态或穿着打扮的描写。如：

小李看见屋里坐着很多人，门口还站着一些人，大家正围着一个留着长发的姑娘，在听她讲着什么。那姑娘身上穿着一套灰色服装，戴着一副黑边眼镜，手里拿着讲稿，讲得十分耐心。

床上躺着一个病人。

那人身上披着一件灰色大衣。

3. 对某些植物、动物在某些环境中的存在状态的描写。如：

山坡上种着很多桔子树、茶树。池塘里养着很多鱼虾。水田里长着快要成熟的稻子。

校园里种着很多桃树。

笼子里关着一只大老虎。

提示

存现句(1)与表示存在的"有"字句的异同

这类存现句的谓语动词后一般都是存在的人或事物，对听话人来说是未知的新信息。这一点和"有"字句有相似之处。其中有一部分句子可换用"有"字句。如：

花瓶里插着两朵玫瑰花。　　花瓶里有两朵玫瑰花。

这一带住着不少外国学生。　　这一带有不少外国学生。

床上躺着一个病人。　　床上有一个病人。

笼子里关着一只大老虎。　　笼子里有一只大老虎。

尽管有些句子可以换用，但从表达功能上看还是有区别的："有"字句单纯表示存在，不具有描写性；存现句(1)的描写性较强，一般表示在某处某人或某事物以何种状态或姿态存在，多出现在文学作品中。

练一练

一、选择下面的动词填空。

挂　铺　穿　戴　披　围　放　躺　镶　站　坐　摆　贴　罩(zhào)　插　拿　提　带　抱　写　画

1. 玛丽脖子上________着一条纱巾，上身________着一件红毛衣，下身________着一条呢裙子，外面还________着一件黑大衣。
2. 门口________着一张宣传画，上面________着"保护环境，人人有责"。
3. 那位妇女右手________着一个小孩，左手________着一个手提包。
4. 客厅中间________着一台电视机，电视机上________着罩子。电视机旁边________着一个大花瓶，花瓶里________着漂亮的鲜花。墙上________着一幅画，上面________着一个________着汗衫的老头躺在一张竹椅上，悠闲自得地摇着扇子。

二、用本课所学的存现句，根据下面的图画，先用存现句回答问题，然后组成一篇小短文。

1. 靠窗摆着什么？
2. 琴盖儿上放着什么？
3. 琴前面放着什么？[提示：凳子(dèngzi)]
4. 凳子上卧(wò)着什么？
5. 凳子后面的墙上挂着什么？
6. 书架上放着什么？

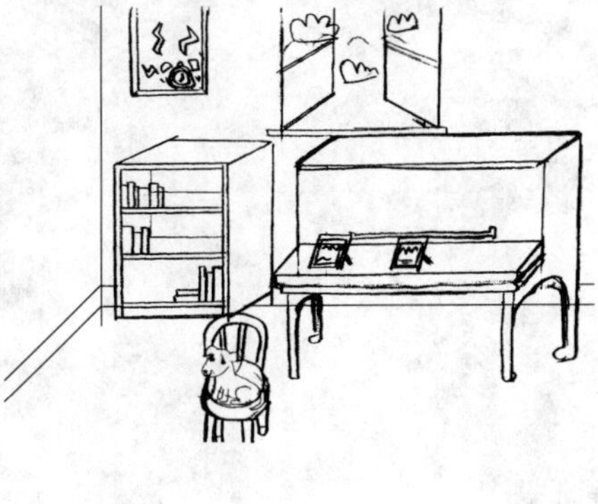

参考答案

一、1. 玛丽脖子上围着一条纱巾，上身穿着一件红毛衣，下身穿着一条呢裙子，外面还披着一件黑大衣。
2. 门口挂着一张宣传画，上面写着“保护环境，人人有责”。
3. 那位妇女右手抱着一个小孩，左手提/拿着一个手提包。
4. 客厅中间摆着一台电视机，电视机上罩着罩子。电视机旁边放着一个大花瓶，花瓶里插着漂亮的鲜花。墙上挂着一幅画，上面画着一个穿着汗衫的老头躺在一张竹椅上，悠闲自得地摇着扇子。

二、1. 靠窗摆着一架小钢琴。
2. 琴盖儿上放着两张照片。
3. 琴前面放着一张小凳子。
4. 凳子上卧着一只小狗。
5. 凳子后面的墙上挂着一幅画。
6. 书架上放着一些书。

短文：

靠窗摆着一架小钢琴，琴盖儿上放着两张照片。琴的前边放着一张小凳子。凳子上卧着一只小狗。凳子后面的墙上挂着一幅画。画的下面有一个小书架，上面放着一些书。

第九课 反问句(1)

讲一讲

反问句是无疑而问，即说话者对某一问题已有了明确的看法，只是用疑问语气词或疑问的方式表达出来的句子，这类句子并不要求对方回答。反问句表面形式和所表达的意思是相反的，即肯定形式的反问句表示的是否定的意思，否定形式的反问句表示的是肯定的意思。与一般表示客观陈述的句子不同的是，反问句往往带有说话人较强的主观情绪或倾向，语气很强，表达效果也更强些。

汉语的反问句形式很多，使用一般有一定的语境。本课介绍以下几种形式。

一、用疑问代词构成的反问句

这类反问句中一般要用疑问代词。常用于以下场合：

1. 说话人对某些说法不予承认，加以反驳。如：

谁说我不愿意参加？（有人曾说过说话者不愿意参加，说话者予以否认）

谁说我喝酒了？（有人曾说过说话者喝酒了，说话者予以否认）

我什么时候说过这种话了？（有人曾说过说话者曾说过这种话，说话者予以否认）

2. 说话人对别人的动作或已出现的情况表示不可理解，提出相反或批评的意见。如：

这么小的孩子，怎么能把他一个人留在家里？

（说话人认为不应该把小孩子一个人留在家里，针对已作出的决定或事实提出意见）

事情是你一手办的，你怎么能说不知道呢？

（说话人认为“你应该知道”，说不知道是不应该的）

谁让你这么干的？（说话者认为“你不应该这么干”）

3. 说话人认为对方无理，质问或辩解时用。如：

我哪儿对不起你了？你居然这样对我！

（说话人认为自己没有对不起对方而质问对方）

她有什么错？不是你让她这么做的吗？

（说话人认为“她没有错”而为她辩解）

二、用“还”、否定词“没有”“不”、助动词“能”“会”等构成的反问句

1. 反问句前有表示原因、理由的分句，与反问句构成因果推理关系。否定形式的反问句表示比较肯定的结论（包括态度或承诺），肯定形式的反问句则意思相反。这类反问句一般能换成用“怎么”的反问句。如：

大家都说去北京旅游，我还能不同意吗？（表示态度：我只能同意）

（大家都说去北京旅游，我怎么能不同意呢？）

这明显是违反规定的，你说我能同意吗？（表示态度：我不能同意）

（这明显是违反规定的，你说我怎么能同意？）

出了这么大的事，他会高兴吗？（结论肯定"他不会高兴"）

（出了这么大的事，他怎么会高兴？）

孩子病了，作为父母，能不着急吗？（结论肯定"父母着急"）

（孩子病了，作为父母，怎么能不着急？）

这类反问句句尾常带语气词"吗"，而用疑问代词的反问句句尾不能用"吗"，但可以用"呢"，也可以不用。

2. 说话人对某种看法、行动、做法的正确充满自信，语气十分确定。如：

世界上还有比花再美的东西没有？（说话人坚信世界上没有比花再美的东西了）

我给你出的主意还能错得了？（说话人认为自己出的主意错不了，十分自信）

小刘给你作助手，还不比小李强？（说话人确信小刘比小李强）

有时"还""能""会""可"与疑问代词一起构成反问句。如：

我陪她去，你还有什么不放心的？（说话人认为"你应该放心"）

这种事我见得多了，有什么可大惊小怪的？（说话人认为"没有什么可大惊小怪的"）

别想了，谁会为这件事来责怪你呢？（说话人认为"谁也不会为这件事来责怪你"）

练一练

一、把下面的反问句改为陈述句。

1. 这么难的文章，小孩子怎么能读懂？

2. 谁说小林不愿意去旅游？

3. 我什么时候把钱借给他了？

4. 天底下哪会有这种好事？

5. 他总骗(piàn)人，谁会相信他呢？

6. 你什么也不会，什么也不学，别人怎能看得起你？

7. 他这么能干，还有什么可担心的？

8. 这场比赛有小林参加，还能不赢吗？

9. 这是名牌，质量会差到哪儿去？

10. 教室里搞得这样脏，谁看了能不生气呢？

二、用(   )中的词语把下面的陈述句改为反问句。

1. 张平说的是事实。

(谁)

2. 这样做真没道理,大家不会赞成的。

(怎么)

(谁)

3. 你为大家办事,我当然支持你。

(还能)

(怎么能)

4. 他一连碰到这么多倒霉(dǎoméi)的事情,不可能高兴。

(怎么会)

(怎么能)

5. 世界上没有比他再好的人了。

(哪儿能)

(哪儿有)

6. 你照顾得这么周到,大家肯定满意。

(怎么会)

(谁)

7. 两顿饭没吃了,肯定饿了。

(还能)

(怎能)

8. 他这么相信你,一定会重用你。

(怎么会)

(还会)

(哪能)

9. 我从来没说过不想工作。

(谁)

(什么时候)

10. 天底下不会有这种好事。

(哪儿会)

(怎么会)

三、用反问句完成下面的句子。

1. 咱们俩关系这么好,____________________?

2. 公司出了这么大的事,____________________?

3. 孩子考上了大学,作为父母,____________________?

4. 像大卫这样既聪明又认真的学生____________________?

参考答案

一、1. 这么难的文章，小孩子不可能读懂。
2. 小林没说不愿意去旅游。
3. 我没有把钱借给他。
4. 天底下哪儿都不会有这种好事。
5. 他总骗人，谁都不会相信他。
6. 你什么也不会，什么也不学，别人不可能看得起你！
7. 他这么能干，没有什么可担心的。
8. 这场比赛有小林参加，肯定能赢。
9. 这是名牌，质量肯定不会差。
10. 教室里搞得这样脏，谁看了都会生气的。

二、1. 谁说张平说的不是事实？
2. 这样做真没道理，大家怎么会赞成呢？
这样做真没道理，谁会赞成呢？
3. 你为大家办事，我还能不支持你吗？
你为大家办事，我怎么能不支持你呢？
4. 他一连碰到这么多倒霉的事情，怎么会高兴呢？
他一连碰到这么多倒霉的事情，怎么能高兴得起来呢？
5. 世界上哪儿能找到比他再好的人呢？
世界上哪儿有比他再好的人呢？
6. 你照顾得这么周到，大家怎么会不满意呢？
你照顾得这么周到，谁会不满意呢？
7. 两顿饭没吃了，还能不饿？
两顿饭没吃了，怎能不饿？
8. 他这么相信你，怎么会不重用你？
他这么相信你，还会不重用你？
他这么相信你，哪能不重用你？
9. 谁说我不想工作？
我什么时候说过不想工作了？
10. 天底下哪儿会有这种好事？
天底下怎么会有这种好事？

三、1. 咱们俩关系这么好，你的事儿我能不管吗？
2. 公司出了这么大的事，经理能不着急吗？
3. 孩子考上了大学，作为父母，能不高兴吗？
4. 像大卫这样既聪明又认真的学生哪个老师不喜欢？

第十课 “是……的”(2)

讲一讲

本单元第二课讲了强调动作发生的时间、处所、方式或施事者的“是……的”(1)。本课讲“是……的”(2)。

基本结构:

是 + 表示条件、目的、对象、原因的短语 + 动词 + 的

这一结构强调的是实行动作的条件、目的、对象、原因等。

肯定句	疑问句
工作是在朋友的帮助下完成的。(强调条件)	工作是怎么完成的?
他是为这事来的。(强调目的)	他是为什么而来的?
大卫是来找玛丽的。(强调对象)	大卫是来找谁的?
我们是不放心才特地来看你的。(强调原因,下同)	你们为什么来看我?
我是担心妈妈的病,才这么急急忙忙赶回来的。	你为什么急着回来?

提示

(1)“是……的”在强调后一动作完成的条件时,常与“在……下”一起用。多用于事后说明或感谢时用。如:

这一新产品是在极其艰苦的条件下研制成功的。

那篇文章是在张教授的指导下写成的。

公司的发展是在各位的大力协助下取得的。

(2)强调原因的“是……的”句后的谓语动词前,常有副词“才”和其他带有强调意义的状语,有时为了强调,在形容词定语或谓语前还常用“这么、这样、那么、那样”修饰。这类句子多用于解释为什么做某一动作。如:

我是为了你才这么做的,你怎么不理解呢?

爸爸是为了让两个孩子都上大学才去北京打工的。

练一练

一、用“是……的”改写下面的句子,强调画线部分。

1. 玛丽来<u>找李老师</u>。

2. 他去北京出差。

3. 大卫相信你，才把这么重要的东西交给你。

4. 玛丽去图书馆查资料。

5. 我担心孩子的病，急急忙忙赶回来。

6. 马克怕妹妹受骗，不让她跟那个人交朋友。

7. 因为无聊(wúliáo)，李丽才给朋友打电话。

8. 李东来这个咖啡馆为的是跟女朋友约会。

二、仿照例句，针对下面句中画线的部分提问，并用否定句回答。

例：我是来看你的。

提问：你是来干什么的？

否定回答：我不是来看你的，是来看王老师的。

1. 这封信他是写给我们女同学看的。

2. 我是不明白才来问你的。

3. 校长刚才说的话是针对(zhēnduì)咱们班的。

4. 大卫去学院办公室是去交书费的。

5. 弟弟是好奇才把盒子打开的。

6. 这束花是送给你的。

三、用(　　)里所给的词语加上其他动词和“是……的”完成句子。

1. 今天的成功____________________。(大家，帮助和支持)

2. ____________________才参加俱乐部的。(认识，朋友)

3. 毕业论文____________________。(老师，指导)

4. 一般来说，孩子都是____________________。（父母，关心和爱护）

参考答案

一、1. 玛丽是来找李老师的。
2. 他是去北京出差的。
3. 大卫是相信你，才把这么重要的东西交给你的。
4. 玛丽是去图书馆查资料的。/玛丽去图书馆是去查资料的。
5. 我是担心孩子的病，才这么急急忙忙赶回来的。
6. 马克是怕妹妹受骗，才不让她跟那个人交朋友的。
7. 李丽是因为无聊才给朋友打电话的。
8. 李东来这个咖啡馆是跟女朋友约会的。
李东是来这个咖啡馆跟女朋友约会的。

二、1. 这封信他是写给谁看的？
这封信他不是写给我们女同学看的，是写给男同学看的。
2. 你为什么来问我？
我不是不明白才来问你的，是想知道得更详细才来问你的。
3. 校长刚才说的话是针对谁的？
校长刚才说的话不是针对咱们班的，是针对别的班的。
4. 大卫去学院办公室是去干什么的？
大卫去学院办公室不是去交书费，是去查成绩的。
5. 弟弟为什么把盒子打开？
弟弟不是好奇才把盒子打开的，是哥哥让他打开的。
6. 这束花是送给谁的？
这束花不是送给你的，是送给玛丽的。

三、1. 今天的成功是在大家的帮助和支持下取得的。
2. 我是为了认识更多的朋友才参加俱乐部的。
3. 毕业论文是在老师的指导下完成的。/毕业论文是在老师的指导下才写成的。
4. 一般来说，孩子都是在父母的关心和爱护下成长起来的。
一般来说，孩子都是在父母的关心和爱护下长大的。

第十一课 兼语句(3)

试一试

用"请""叫""让""使"填空。

1. 老王(　　)咱们明天早点儿来。
2. 小王的话(　　)我大吃一惊。
3. 朋友(　　)我去他家做客。
4. 那座纪念碑树立在山上,(　　)人们远远就能看到。
5. 爸爸(　　)我去车站接他。
6. 这种虚假(xūjiǎ)广告会(　　)一些人受骗上当。
7. 老师(　　)我们复习课文。
8. 医生坚持给他治疗,终于(　　)他恢复了健康。
9. 父亲的去世,仿佛(　　)她一下子成熟了许多。

讲一讲

在第一单元第七课和本单元第七课,我们讲了用"请、叫、让、有"的兼语句。本课讲用"使"的兼语句。"使"有"致使"义,经常可以带兼语。

基本结构:

主语(事物、动作或事件)+使+兼语+动词+其他(宾语、补语等)

名词/动词短语/主谓短语+使+兼语+动词+其他

表示"使"前的事物、动作或事件致使兼语产生某个动作行为、结果、某种心理活动或认知活动。如:

小王的话使我大吃一惊。(使兼语"我"产生某种心理活动)

这件事终于使我明白了这样一个道理:要想成功,只有靠自己的努力。(使兼语"我"产生某种认知活动)

这种虚假广告会使一些人受骗上当。(使兼语产生某种变化性结果,下同)

父亲的去世,仿佛使她一下子成熟了许多。

医生坚持给他治疗,终于使他恢复了健康。

那座纪念碑树立在山上,使人们远远就能看到。

提示

“使”和“请、叫、让”用法的异同

(1) “请、让、叫”的主语大多是可以发出邀请(用“请”)或命令(“让、叫”)的人,大多由名词或代词充当。如:

老王让/叫咱们明天早点儿来。

朋友请我去他家做客。

爸爸让/叫我去车站接他。

老师让/叫我们复习课文。

“使”前的主语一般不是人,而常是与人有关的事物、动作或事件,因而主语除了可以是名词、指示代词外,还可以是动词短语或主谓短语(见上面用“使”的例句)。

(2) “使”不能带指令性动作的对象作兼语。下面的句子是错的:

*老师使我们复习课文。(“使”应改作“让”或“叫”,下同)

*妈妈使我去商店买东西。

(3) “使”后兼语的谓语动词,大多是兼语本人无法控制或无意识的动作(见上面用“使”的例句)。“请、让、叫”后兼语的谓语动词,大多是兼语本人可以控制的动作(详见上第 1 点下例)。

(4) “使”和“让”后的兼语可以是事物,“请、叫”的兼语不能是事物,必须是人。如:

一个好的细节能使一篇作品读后令人难忘。

老王修了整整一夜,终于使这台机器能够正常工作了。

这里的村民靠自己的辛勤劳动,让穷山变成了花果山。

兼语句中助动词、副词等的语序

“使、让、叫、请”的兼语句中如果有助动词或表示语气、范围、时间、否定的副词时,应放在这些动词前面。如:

我给孩子买了一块冰淇淋,才使他安静下来。

大家好好想一想,怎么才能让校长同意咱们的意见呢?

今年学校庆祝五十周年,可能会请很多老校友来参加。

他不会叫孩子干这种事的。

如果表示程度或时间的副词是修饰兼语后的动词的,则应放在兼语之后。如:

这个消息使大卫非常激动。

王老师的一番话,使我突然想起了一件事。

你请刘老师马上来一趟。

老李叫你不要担心。

练一练

一、把下面的句子改为用“使”的兼语句。

1. 听说吃了小米,人可以变得健美、漂亮。

2. 大家都看着我,我觉得有点儿不好意思。

3. 看到考试结果,我非常失望。

4. 我手里只有两张音乐会的票,大家都要去,这真给我出了难题。

5. 说好了晚上七点见面,等到八点还不见马克的人影,大卫非常恼火。

6. 如果屋子四面墙都涂成红色,人看了会心里烦燥(fánzào)不安的。

7. 我希望通过我的行动,她可以感受到人与人之间的温情。

7. 看到这张旧照片,我突然想起童年的一段往事。

8. 玛丽理了一个新的发型,好像显得更年轻了。

9. 我说了好多好话,他的情绪才平静了下来。

二、HSK 仿真题:在下面 ABCD 中选择唯一正确的填入空中。

1. 他______老师去看他们表演的节目。
A. 使　B. 请　C. 让　D. 叫

2. 哥哥______我帮他把电脑搬到楼下去。
A. 使　B. 请　C. 让　D. 说

3. 你告诉她这件事只会______她更担心,还是别说了。
A. 使　B. 请　C. 对　D. 叫

4. 火车快开了,大卫还在车下跟朋友说话,我得______他快点儿上车了!
A. 使　B. 请　C. 说　D. 叫

5. 孩子给你买这个礼物,是为了______你高兴啊!
A. 使　B. 请　C. 让　D. 给

6. 刘丽的打扮______她看起来比她的实际年龄要小。
A. 使　B. 请　C. 让　D. 叫

7. 爸爸很生气地对我说:"你这样做,真______我丢脸!"
A. 使　B. 请　C. 对　D. 叫

8. 儿子公司着火的消息______他坐立不安。
A. 请　B. 使　C. 对　D. 叫

9. 我想______你的女朋友给我们照张相,可以吗?
A. 请　B. 使　C. 说　D. 把

10. 张东这么年轻就取得了这么多成绩,真______人羡慕。
A. 请　B. 使　C. 让　D. 给

11. 一阵雷声______他从睡梦中惊醒。

A. 请　　　　B. 使　　　　C. 让　　　　D. 给

12. 你怎么能______孩子一个人留在家里呢?

A. 让　　　　B. 使　　　　C. 请　　　　D. 叫

三、组词成句。

1. 事实　能　相信　他　才　怎么　让　是　呢　这

2. 怪　没有　明白　他　解释　才　我　了　半天　使　了　我　他

3. 担心　一些　让　干　孩子　这　总是　大人　事　的

4. 我们　使　得　激动　的　消息　得奖　不得了

5. 行为　他　的　真　人　佩服　英雄　叫

6. 消息　我　合格　考试　的　终于　了　一口　松　气　使

参考答案

一、1. 听说吃小米可以使人健美、漂亮。

2. 大家都看着我,使我觉得有点儿不好意思。

3. 考试结果使我非常失望。

4. 我手里只有两张音乐会的票,大家都要去,这使我很为难。

5. 说好了晚上七点见面,等到八点还不见马克的人影,这使大卫非常恼火。

6. 如果屋子四面墙都涂成红色,会使人心里烦燥不安的。

7. 我希望通过我的行动,使她感受到人与人之间的温情。

8. 这张旧照片使我突然想起童年的一段往事。

9. 玛丽理了一个新的发型,好像使她显得年轻了。

10. 我说了好多好话,才使他的情绪平静了下来。

二、1. B　2. C　3. A　4. D　5. C　6. A　7. D　8. B　9. A　10. C　11. B　12. A

三、1. 怎么才能让他相信这是事实呢?

2. 我解释了半天,才使他明白了我没有怪他。

3. 这孩子总是干一些让大人担心的事。

4. 得奖的消息使我们激动得不得了。

5. 他的英雄行为真叫人佩服。

6. 考试合格的消息终于使我松了一口气。

单元练习

一、从下面所给的动词中选择合适的和(　)的词语一起完成下面的句子。

学　看　躺　坐　笑　丢　去　玩　放　挂

爬山　旅游　出事　打球　留学　发生

1. 大卫在中国________,去过北京、上海、西安等很多地方。(过)
2. _________一张照片,找了半天,还没找到。(了)
3. ______,有点儿累了。(了)
4. ______,好像要说什么。(着)
5. 最近世界上连续_________,大家都很担心。(了)
6. 那位病人在床上______,医生在给他做检查。(着)
7. 她对人很亲切,总是______跟人打招呼。(着)
8. 今天下午跟朋友去电影院_________,我们都觉得那部电影很不错。(了)
9. 玛丽______了,所以汉语说得很流利。(了)
10. 桌子上_____的那本辞典是谁的?(着)

二、仿照例句,用"是……的"改写句子,强调画线部分,并用疑问句提问,用否定句回答。

例:我在那个商店买了一盒牛奶。

牛奶(我)是在那个商店买的。

牛奶(你)是在哪儿买的?

牛奶(我)不是在那个商店买的。

1. 玛丽送给我一些葡萄。

2. 我们在大街上见到了王平和他的女朋友。

3. 他坐公共汽车去长城了。

4. 妈妈用鸡蛋、牛奶、糖等做了一个大蛋糕。

5. 小林从高中时就开始学汉语了。

三、用"连……都/也……"完成句子。

1. 最近爸爸忙得不得了,____________。
2. 这个问题太难了,____________。
3. 玛丽以前没有学过汉语,____________。
4. 他失业了,生活非常困难,____________。

5. 这个秘密，她________________。

四、用"一 + 量词……都/也……"或"一点儿……都/也……"完成句子。

1. 教室里安静极了，________________。
2. 小李胃（wèi）口不好，________________。
3. 大卫工作能力很强，做这件事________________。
4. 我的听力不好，那个中国人说的话________________。
5. 他刚来中国的时候，对中国________________，所以闹了很多笑话。

五、根据（　　）的提示用"把"字句完成下面的句子。

1. 妈妈已经把________________，可以吃了。（饭）
2. 你先把________________地上，休息一下。（箱子）
3. 为了写论文，他把________________。（那几本杂志，借）
4. 请把________________________________。（信，交）
5. 这场比赛我们队赢（yíng）了，快把________________。[好消息（xiāoxi）]
6. 他把________________________。（机场）
7. 明天要听写，同学们把________________________。（生词）
8. 请把________________________，现在开始考试。（书，收）
9. 你怎么还没把________________，今天要交的。（作业，做）
10. 为了让大家欣赏（xīnshǎng），李东把________________。（画）

六、把下面的"把"字句改写成"被"字句。

1. 我不小心把手机摔坏了。

2. 老张居然把这么重要的事情忘了。

3. 我终于把那把钥匙找到了。

4. 早上六点妈妈就把玛丽叫醒了。

5. 服务员刚才把我的行李搬到她的房间里去了。

七、根据（　　）的提示用"被"字句完成下面的句子。

1. 弟弟把妈妈心爱的花瓶打碎了，被________________。（骂）
2. 老张能力很低，工作上总是出错，被________________。（看不起）
3. 这个难题终于被________________。（王教授）
4. 那位歌星一下子被________________。（歌迷们，围）
5. 玛丽因为学习特别认真，被________________。（表扬）

八、完成下面的句子。

1. 我到了家________________。
2. 大卫从书架上拿下一本辞典________________。
3. 你有时间________________？
4. 看见朋友下了车，大卫________________。

5. 奶奶推开门______________________。
6. 听到姐姐今天回来的消息，妈妈______________________。
7. 你到了北京______________________。
8. 李丽没有机会______________________。
9. 王平站起来______________________。
10. 工作后，哥哥有钱______________________。

九、参考下面的例句，用比较句改写或完成句子。

例 1：李东比陈亮吃得多。　　李东吃得比陈亮多。

例 2：这件衣服比那件贵五十块钱。

1. 在这次事故中，老王伤得比较重，小李伤得比较轻。

2. 这套房子 50 万元，那套房子 70 万元。

3. 李丽长得一般，身高 1.78 米；玛丽长得好看，身高 1.70 米。

4. 王平歌唱得不太好，网球打得不错；刘明歌唱得挺好，网球打得不太好。

5. 我平时只吃一碗面条，今天肚子饿了，吃了两碗。

十、参考下面的例句，用比较句完成句子。

例：最近学的课文一课比一课难。

1. 这个篮球队的队员平均身高 2 米，看起来____________。（高）
2. 看着爷爷的病____________，我们都很着急。（重）
3. 这些漫画都是给孩子看的，____________。（有趣）
4. 随着春节的到来，商店里的人__________________。（多）
5. 这里卖的都是名牌服装，你看看价钱，______________________。（贵）

十一、用“没有”“不比”或“跟……一样”的比较句改写下面的句子。（有的可以有几种改法）。

1. 两件衣服质量差不多，可那件比这件贵得多，还是买这件吧。

2. 老马干的活儿跟别人一样多，工资怎么比别人低呢？

3. 大卫篮球打得好，马克打得也不错，他们都可以去参加比赛。

4. 李丽工作刚一年，王平工作五年了；李丽工作干得很好，一点儿也不比王平差。

5. 玛丽复习了三天，大卫复习了三天半，可玛丽考了 90 分，大卫考了 80 分。

十二、模仿下面的例句，用“有”或“没有”的兼语句造句。

例：他有个妹妹在读大学。

造句：我有个朋友在这个公司工作。

1. 最近我有个大学同学要出国。

2. 前面有一辆汽车坏了。

3. 没有人知道他已经结婚了。

4. 今天没有船去杭州。

5. 草地上有两只小狗在晒太阳。

十三、从下面所给的动词中选择合适的填空。（注意存现句中“着”和表示动作或状态持续的“着”的不同用法）

等　说　讲　拿　抱　提　坐　躺　卧　站　挂　贴　围　穿　戴　留　放　摆

教室里(　　)着很多人。门口还(　　)着一些人，大家正(　　)着一个(　　)着眼镜(　　)着长发的姑娘，在听她(　　)着什么。那姑娘(　　)着一套礼服，手里(　　)着讲稿，讲得十分激动。

走进候车室大厅，只见墙上(　　)着一张大的火车时刻表。大厅里(　　)着好多椅子。椅子上(　　)着很多人。座位旁边或前面(　　)着行李什么的。还有一些人排队正(　　)着进站呢。排队的人中有的妇女(　　)着孩子，有的人手上(　　)着箱子。(　　)着制(zhì)服的工作人员正在检票。

十四、用疑问代词、“还”或助动词“能、会”等把下面的陈述句改写为和原句意思一样的反问句。（有的只有一种改法，有的可以有几种改法）

1. 这个计划全是为大家好，大家肯定都会赞成的。

2. 这里是世界上最漂亮的地方。

3. 我没有说过不想去留学。

4. 老李丢了好多钱，肯定很伤心。

5. 你是因为堵车才迟到的，没有人会怪你。

十五、用反问句完成下面的句子。

1. 咱们是好朋友，你有了困难________________________？
2. 我们学校比赛得了第一名，________________________？
3. 她身体不好，这么重的行李，________________________？
4. 外面在下大雨，你________________________？
5. 他________________________？刚才我分明听到了他的声音。

十六、用“是……的”改写下面的句子。

1. 因为不放心，哥哥才来飞机场接我。
   哥哥
2. 为了锻炼自己，我参加了这次汉语比赛。
   我
3. 他为孩子们写了这个故事。
   这个故事
4. 没有大家的帮助和支持，就没有公司的成功。
   公司的成功
5. 为了找到一个使用汉语的工作，他来中国学汉语。
   他

十七、把下面的句子改为用“使”的兼语句。

1. 听了王平讲的话，我感动得流下了眼泪。
   王平的话
2. 多吃杂(zá)粮，人可以更健康。
   多吃杂粮
3. 他的表现很差，父母很失望。
   他的表现
4. 妈妈认真地打扮了一番，看起来很年轻。
   妈妈的打扮
5. 演出太精彩了，我看着看着忘记了烦恼(fánnǎo)。
   精彩的演出

十八、HSK 仿真题：将下面句后(　　)中的词语放在唯一合适的地方。

1. 哥哥刚接 A 电话 B，就开 C 车 D 出去了。(了)
2. 我以前在 A 学校见 B 他一次 C，他大概不记得 D 我了。(过)
3. 李丽今天上 A 课觉得 B 不舒服 C，下 D 课就回家了。(了)
4. 他看见王华抱 A 孩子 B 在等 C 汽车 D。(着)
5. 大卫参加 A 作文比赛 B，得 C 一等奖，他非常高兴 D。(了)
6. A 看起来，B 他好像 C 把工作 D 做完。(还没)
7. A 你说，咱们的这个秘密 B 被人 C 发现 D？(会不会)
8. 虽然 A 都 B 练书法，可 C 李丽的字没有王平写得 D 好。(那么)
9. 你明天一定 A 把老师 B 要的那本书 C 带 D 来。[得(děi)]
10. A 受伤的运动员 B 被人 C 送进了医院 D。(终于)
11. 大卫是不是 A 把他的汽车 B 卖 C 给了马克 D。(已经)
12. A 快收起来，B 这张照片 C 让别人 D 看到。(不能)
13. A 谁也没听说过他的产品 B，所以 C 公司愿意 D 买他的产品。(没有)
14. A 好好的一张画 B 让孩子 C 弄脏了呢 D？(怎么)
15. 他是在那个 A 百货 B 大楼里买 C 大衣 D。(的)
16. A 这么点儿小事，B 需要 C 麻烦 D 别人吗？(还)
17. 我 A 相信没有 B 父母 C 爱 D 自己孩子的。(不)

18. 你怎么 A 把 B 孩子 C 一个人 D 留在家里呢?(能)

19. 那些 A 玩具是布做 B,我想买 C 一个给孩子玩 D。(的)

20. A 医生 B 请赶快 C 来一下,D 孩子受伤了。(有个)

十九、HSK 仿真题:在下面 ABCD 中选择唯一正确的填入空中。

1. 这个汉字我好像学______,但忘______是什么意思。

A. ①了②了

B. ①过②了

C. ①过②过

D. ①了②过

2. 我以前在北京______。长城、天安门、故宫,都______。

A. ①住了两年②去了参观

B. ①住两年了②去参观了

C. ①两年住过②去参观了

D. ①住过两年②去参观过

3. 吃完饭,我和妈妈______,回来的时候,又______。

A. ①去散了一会儿步②到超市买了一些吃的

B. ①去一会儿散步②到了超市买一些吃的了

C. ①去一会儿散步了②到超市买一些吃的了

D. ①去散步一会儿了②到超市买一些吃的了

4. 下午和朋友在操场______,出了很多汗,______,才舒服多了。

A. ①一下午打球②洗了澡

B. ①打球下午②洗澡了

C. ①打球一下午②洗澡了一个

D. ①打了一下午球②洗了一个澡

5. 上课时,大卫______。老师______,他才明白。

A. ①问了老师一个问题②给他讲了半天

B. ①问老师一个问题了②半天讲了

C. ①问了老师一个问题②讲给他半天

D. ①问老师一个问题②半天讲给他了

6. 马上要开学了,老师______我们把阅览室整理一下。

A. 把　　B. 使　　C. 让　　D. 讲

7. 我比大卫大两三岁,虽然我们性格不同,但共同的理想和对艺术的爱好,______我们成了好朋友。

A. 把　　B. 使　　C. 请　　D. 叫

8. 你没听见吗? 老李______咱们赶快上车呢!

A. 嚷　　B. 使　　C. 把　　D. 叫

9. 李丽打电话______玛丽去她家玩。

A. 叫　　B. 使　　C. 喊　　D. 给

10. 中学三个月的实习生活,______我对教育工作有了新的认识,我喜欢这个工作。

A. 把　　B. 使　　C. 给　　D. 叫

二十、HSK 仿真题:找出下面每段话中有错误的一部分。

1. 快两点了,我得赶快去教室了,恐怕马克等我。我们说好要去打网球的。
A B C D

2. 我曾经去过日本旅行三次。拍过很多照片,还有一些名胜古迹的介绍,你要看吗?
A B C D

3. 从大学起到现在,我一共学习汉语10年了,阅读能力还可以,听说水平还不行。
A B C D

4. 我已经看了这个电影两遍,非常有意思,你要是没看过,我建议你去看一看。
A B C D

5. 我和朋友约好下午两点在咖啡馆见面,我准时到了,但是我的朋友半天不来了。我很生气。
A B C D

6. 因为堵车,王经理上班后两小时才到公司。三木没有王经理到那么晚,他迟到了一个小时。
A B C D

7. 我来苏州好几年了,本来我在国内当老师,教英语,因为我丈夫过来这里工作,我来苏州的。
A B C D

8. 妈妈一回家就把房间打扫打扫。因为有客人要来我家了。我也帮妈妈整理房间,她很高兴。
A B C D

9. 考试时,有个女同学没带笔,我把我的笔借她用一下儿,她说了声:"谢谢!"
A B C D

10. 我今天去滑雪场了,看到玛丽滑雪滑得非常好,像运动员一样,显然不今年才学会。
A B C D

11. 上一次考试太难了,有几个人没及格(jígé)了。所以这次考试老师出的题目没有上次难,大家都考得不错。
A B C D

12. 她今天跟小王约好在公园见面,她早上八点就到了,等了一个多小时,她还是小王的半影也没看到。
A B C D

13. 下雨了，李丽坐在咖啡馆里等马克，她看见马克在一边把伞带一边把花束拿走过来，
A B C
她激动地站了起来。
D

14. 老师要小明把他错得很多的试卷给他爸爸看，使他签名(qiānmíng)，然后再交还给老师。
A B C
这让小明很为难。
D

15. 我把这件事没告诉别人。你放心，我会保守(bǎoshǒu)秘密的。谁问我也不说。
A B C D

16. 在德国必须严格遵守交通规则，如果红灯亮的时候我不停车的话，即使我骑的是自行车，
A B C
也能被警察停下来了罚款。
D

17. 小林去年每天早上运动了。可是今年不知为什么，他不但不运动，还常常睡懒(lǎn)觉。
A B C D

18. 为了参加朋友的生日晚会，她花了一个多小时化妆(huàzhuāng)。走在半路上，突然
A B
下起了大雨，她的化妆被雨掉下了。
C D

19. 这次王平是拐弯时出交通事故了。当时天很黑，一辆汽车很快地开过来，撞(zhuàng)
A B C
倒了他。
D

20. 来中国以前，我听到的关于中国的传闻几乎没有好的，不过到了中国以后，实际情况比
A B C
我想象好多呢。
D

21. 我以前在香港有名的菜馆工作过，我发现现在的中国菜的发展是被香港人发展的。
A B
我把这个情况告诉我的中国朋友，他们好像并不了解。
C D

22. 山下在演讲比赛中得了第一名，他非常高兴。他拿着奖品站在前面，让马克照纪念。
A B C D

23. 他说的我听不懂，因为我刚刚来中国的，听力不好，请帮我翻译一下。

A　　　　B　　　　C　　　　D

24. 我姐姐是个特别爱美的人，每天早上对着镜子，总要拼命地打扮了半天，才去上班。

A　　　　B　　　　C　　　　D

25. 你看你，你把那些冰淇淋没放进冰箱，所以都化了，不好吃了。

A　　　　B　　　　C　　　　D

参考答案

一、1. 留过三年学/旅游过
2. 我丢了
3. 爬了半天山/打了一下午球
4. 他看着我
5. 发生了几件不好的事情/出了几件大事
6. 躺着
7. 笑着
8. 看了一场电影
9. 学了好几年汉语
10. 放着

二、1. 葡萄是玛丽送给我的。/葡萄是玛丽送的。
葡萄是谁送给你的？/葡萄是谁送的？
葡萄不是玛丽送给我的。/葡萄不是玛丽送的。
2. 我们是在大街上见到王平和他的女朋友的。/王平和他的女朋友我们是在大街上见到的。
你们是在哪儿见到王平和他的女朋友的？/王平和他的女朋友你们是在哪儿见到的？
王平和他的女朋友我们不是在大街上见到的。/我们不是在大街上见到王平和他的女朋友的。
3. 他是坐公共汽车去长城的。
他是怎么去长城的？/他是怎么去的长城？
他不是坐公共汽车去长城的。
4. 妈妈是用鸡蛋、牛奶、糖等做的大蛋糕。/大蛋糕是(妈妈)用鸡蛋、牛奶、糖等做的。
妈妈是用什么做大蛋糕的？
妈妈不是用鸡蛋、牛奶、糖等做的大蛋糕。/大蛋糕不是(妈妈)用鸡蛋、牛奶、糖等做的。
5. 小林是从高中时开始学汉语的。/汉语小林是从高中时就开始学的。
小林是什么时开始学汉语的？
小林不是从高中时就开始学的汉语。

三、1. 最近爸爸忙得不得了，连家都不回。
最近爸爸忙得不得了，常常连饭都忘了吃。
最近爸爸忙得不得了，我们连他的面都见不到。
最近爸爸忙得不得了，连星期天都在加班。
2. 这个问题太难了，连老师也回答不了。

这个问题太难了,连最聪明的大卫都不会。

3. 玛丽以前没有学过汉语,连最简单的话都不会说。
玛丽以前没有学过汉语,连最简单的汉字都不会写。
玛丽以前没有学过汉语,连拼音都不认识。
4. 他失业了,生活非常困难,连吃饭的钱都没有。
他失业了,生活非常困难,连房租都交不起。
5. 这个秘密,她连最好的朋友都没告诉。
这个秘密,她连父母都没告诉。

四、1. 教室里安静极了,一点儿声音也没有。
2. 小李胃口不好,一口饭也没吃/一点儿东西也没吃。
3. 大卫工作能力很强,做这件事一点儿问题也没有/做这件事一点儿也不费力。
4. 我的听力不好,那个中国人说的话我一句都没听懂。
5. 他刚来中国的时候,对中国一点儿也不了解,所以闹了很多笑话。

五、1. 妈妈已经把饭做好了,可以吃了。
2. 你先把箱子放在地上,休息一下。
3. 为了写论文,他把那几本杂志都借走了/把那几本杂志都借了回去。
4. 请把这封信交给马克。
5. 这场比赛我们队赢了,快把这个好消息告诉大家。
6. 他把朋友送到了机场/把朋友从机场接回来了。
7. 明天要听写,同学们把生词好好复习一下。
8. 请把桌上的书收起来,现在开始考试。
9. 你怎么还没把作业做完? 今天要交的。
10. 为了让大家欣赏,李东把那幅画挂在(了)墙上。

六、1. 手机被我不小心摔坏了。
2. 这么重要的事情居然被老张忘了。
3. 那把钥匙终于被我找到了。
4. 玛丽早上六点就被妈妈叫醒了。
5. 我的行李刚才被服务员搬到她的房间里去了。

七、1. 弟弟把妈妈心爱的花瓶打碎了,被妈妈骂了一顿。
2. 老张能力很低,工作上总是出错,被大家看不起。
3. 这个难题终于被王教授解决了。
4. 那位歌星一下子被歌迷们围住了/被歌迷们围了起来。
5. 玛丽因为学习特别认真,被老师表扬了。

八、1. 我到了家就开始做饭。
2. 大卫从书架上拿下一本辞典查了起来。
3. 你有时间参加我们的晚会吗?
4. 看见朋友下了车,大卫赶紧跑过去。
5. 奶奶推开门走了进去。
6. 听到姐姐今天回来的消息,妈妈高兴极了。
7. 你到了北京就给我打电话。
8. 李丽没有机会去外地出差。
9. 王平站起来向我走来。
10. 工作后,哥哥有钱买手机了。

九、1. 在这次事故中,老王伤得比小李重/老王比小李伤得重。

2. 这套房子比那套房子便宜 20 万元。
这套房子比那套房子卖得便宜。
那套房子比这套房子贵 20 万元。
那套房子比这套房子卖得贵。
3. 玛丽长得比李丽好看,但个子比李丽矮一点儿。
玛丽长得比李丽好看,但个子比李丽矮 8 公分。
4. 刘明歌唱得比王平好,王平网球打得比刘明好。
歌刘明唱得比王平好,网球王平打得比刘明好。
5. 我今天比平时吃得多。
我今天比平时多吃了一碗面条。

十、1. 一个比一个高
2. 一天比一天重
3. 一本比一本有趣
4. 一天比一天多
5. 一件比一件贵

十一、1. 这件衣服的质量不比那件差,但是没有那件贵,还是买这件吧。
那件衣服的质量不比这件好多少,但是那件贵,你买这件吧。
2. 老马干的活儿不比别人少,为什么工资比别人低?
老马干的活儿跟别人一样,为什么工资跟别人不一样?
3. 马克篮球不比大卫打得差,为什么他没有资格参加比赛?
马克篮球打得跟大卫一样好,为什么他没有资格参加比赛?
马克篮球打得不比大卫差,应该可以去参加比赛。
马克篮球打得跟大卫一样好,应该可以去参加比赛。
4. 李丽工作的时间没有王平长,但工作干得跟王平一样好。
5. 大卫复习的时间不比玛丽少,但是考得没有玛丽好。

十二、1. 最近我有一个朋友要去中国工作。
最近张老师有个学生要来看他。
2. 前面有一辆汽车停下来了。
对面有一辆汽车开过来了。
3. 没有人告诉我这件事。
没有人帮助他。
没有人理解我。
4. 今天没有汽车去北京。
5. 草地上有一群羊在吃草。

十三、教室里(坐)着很多人。门口还(站)着一些人,大家正(围)着一个(戴)着眼镜(留)着长发的姑娘,在听她(讲)着什么。那姑娘(穿)着一套礼服,手里(拿)着讲稿,讲得十分激动。
走进候车室大厅,只见墙上(挂)着一张大的火车时刻表。大厅里(摆/放)着好多椅子。椅子上(坐)着很多人。座位旁边或前面(放)着行李什么的。还有一些人排队正(等)着进站呢。排队的人中有的妇女(抱)着孩子,有的人手上(提/拿)着箱子。(穿)着制服的工作人员正在检票。

十四、1. 这个计划全是为大家好,有谁会反对呢?
这个计划全是为大家好,谁会反对呢?
2. 世界上还会有这么漂亮的地方吗?
世界上哪儿还会有这么漂亮的地方?
3. 谁说我不想去留学?

我什么时候说过不想去留学？

4. 老李丢了好多钱，能不伤心吗？
老李丢了好多钱，还能高兴吗？
老李丢了好多钱，怎么能不伤心呢？

5. 你是因为堵车才迟到的，有谁会怪你呢？
你是因为堵车才迟到的，谁会怪你呢？

十五、1. 咱们是好朋友，你有了困难我能不管吗？
咱们是好朋友，你有了困难难道我不该帮助你吗？

2. 我们学校比赛得了第一名，谁能不高兴呢？
我们学校比赛得了第一名，还有比这件事更让人高兴的吗？

3. 她身体不好，这么重的行李，怎么能让她拿呢？

4. 外面在下大雨，你怎么能现在就走呢？

5. 他怎么会没来呢？刚才我分明听到了他的声音。
他怎么会不在呢？刚才我分明听到了他的声音。

十六、1. 哥哥是不放心，才来飞机场接我的。

2. 我是想锻炼自己才参加这次汉语比赛的。
我是为了锻炼自己才参加这次汉语比赛的。

3. 这个故事他是为孩子们写的。
这个故事他是写给孩子们看的。

4. 公司的成功是在大家的帮助和支持下取得的。

5. 他是为了找到一个使用汉语的工作才来中国学汉语的。

十七、1. 王平的话使我感动得流下了眼泪。

2. 多吃杂粮可以使人更健康。

3. 他的表现使父母很失望。

4. 妈妈的打扮使她显得很年轻。

5. 这场精彩的演出使我忘记了烦恼。

十八、1. A　2. B　3. D　4. A　5. C　6. C　7. B　8. D　9. A　10. B　11. A　12. C　13. C　14. B
15. C　16. B　17. C　18. A　19. B　20. D

十九、1. B　2. D　3. A　4. D　5. A　6. C　7. B　8. D　9. A　10. B

二十、1. C　应为“恐怕马克在等我”。

2. A　应为“我曾经去日本旅行过三次”，连动句第一个动词“来、去”后不可加“了、过”等。

3. B　应为“我一共学了10年汉语了”。

4. A　应为“这个电影我已经看了两遍了”。

5. C　应为“但是我的朋友一直没来”或“等了半天，我的朋友也没来”。

6. C　应为“三木没有王经理到得那么晚”。

7. D　应为“我是因为丈夫来这里工作才来苏州的”。

8. A　应为“妈妈一回家就把房间打扫了一下”。“打扫打扫”一般用在表示祈使的“把”字句，是要求别人做某事，动作还没有发生。

9. C　当向别人提出要求时可以说“把你的笔借她用一下”，这时动作还没发生。而这一段话说的是一个已经完成了的动作，应为“我把我的笔借给了她”或“我把我的笔借给她用了一下”。

10. D　应为“显然不是今年才学会的”。

11. B　应为“有几个人没及格”（不该用“了”）或“有几个人不及格”。

12. D　应为“结果连小王的影子也没见到”。

13. C　应为“她看见马克一手拿着伞，一手捧着一束花走了过来”。

14. B　应为“叫他签名”，“使”不能用于表示命令的兼语句。
15. A　应为“我没把这件事告诉别人”。否定词“没”应放在“把”的前面。
16. D　应为“也会被警察拦(lán)住罚款”。
17. A　应为“小林去年每天早上运动”。过去经常发生的动作，动词后不用“了”。
18. D　应为“她化的妆都被雨冲掉了”。
19. A　应为“这次王平是在拐弯时出的交通事故”。
20. D　应为“实际情况比我想象的好得多”。
21. B　应为“我发现香港人对中国菜的发展作出了很大的贡献”或“有些中国菜是香港人加以创新、发展的”。
22. D　应为“让马克给他拍一张纪念照”。
23. B　应为“因为我刚来中国”，句末不用“的”。
24. C　应为“总要拼命地打扮半天”，表示多次重复动作的动词后不要加“了”。
25. B　应为“你没把那些冰淇淋放进冰箱”，否定词应放在“把”的前面。

·第三单元·

第一课　“把”字句(2)

试一试

一、完成下面的“把”字句。

1. 屋子里太热了，把空调＿＿＿＿＿＿＿＿。
2. 你走的时候，把门窗都＿＿＿＿＿＿＿＿。
3. 你把书放＿＿＿＿＿＿＿＿＿＿？
4. 她从床上把孩子＿＿＿＿＿＿＿＿。
5. 我买了一条领带，把它送＿＿＿＿＿＿＿＿＿＿。
6. 下雨了，大卫把外面的自行车＿＿＿＿＿＿＿＿＿＿。

二、下面的句子都是错的，你能看出错在哪儿吗？

1. 我们把他等一下。
2. 下车以后我才发现，我忘我的伞在车上。
3. 因为我把课文念得不太流利，所以挨了老师的批评。
4. 考试的时候，我们得课本、笔记本什么的收起来。
5. 你把他帮助帮助。
6. 我把这些菜吃不下。
7. 女儿在衣服上把果汁洒了，她得去换衣服。
8. 她把这件事知道了。
9. 我们不用把孩子的学费交，公司给我们交。
10. 照片洗好了，你就把我们给寄回去。

讲一讲

在本册第二单元第三课我们学习了最常见的“把”字句。那么，什么时候该用“把”字句呢？

1. 平时口语交际中，“把”字句经常用于祈使——由于某种原因或出于某个目的，要求某人对受事施加某个有影响的动作。下面都是祈使句：

屋子里太热了,把空调打开吧。

你走的时候,把门窗都关好。

这几个字你写错了,把它改过来。

为了安全,开车时要把安全带系(jì)好。

2. 陈述句或疑问句中,当要表示对确定、已知的事物或人进行处置,使受事受到明显的影响(发生位置的移动、状态的改变),并应对该事件负责时,就应用“把”字句。如:

你把书放在什么地方了?

她从床上把孩子抱了起来。

我买了一条领带,把它送给了大卫。

下雨了,大卫把外面的自行车搬了进来。

下面的句子是表示对确定、已知的受动者(受事)施加某个动作(进行处置),因没有用“把“字句,所以是错的。

*考试的时候,我们得课本、笔记本什么的收起来。

改:考试的时候,我们得把课本、笔记本什么的收起来。

提示

根据上面所说的特点,使用“把”字句时,要记住以下几点:

(1) 表示动作使受事(即“把”后的宾语)受到很大影响是“把”字句谓语的主要特点。

① 很多“把”字句表示的是施事有意识、有目的地对受事施加动作,使受事的位置发生移动,状态发生变化(详见上)。此外,当动作的结果已经对受事产生了影响,即使动作不是施事有意发出的,也应用“把”字句。如:

下车以后我才发现,我把伞忘在车上了。

② 因为“把”字句强调的是施事对“把”后的宾语施加某个动作,所以“把”后的宾语是不能省略的。如:

照片洗好了,你就把它给我们寄回去。

③ “把+宾语+动词+在+处所词”常表示施事对受事施加某个动作,使受事发生位移,最后到达某个终点。下面“在+处所词”的位置不对:

*女儿在衣服上把果汁洒了,她得去换衣服。

改:女儿把果汁洒在衣服上了,她得去换衣服。

(说明:“在+处所词”放在动词前,表示动作发生或进行的处所,不能表示终点。关于“在+处所词”放在动词前与动词后的区别,参看《介词》分册)

(2) “把”字句谓语常表示较为明显的变化性结果。当要表示施事经过某个动作对受事的认识将要或已经发生明显变化的,也要用“把”字句,谓语一般是动补短语。如:

下星期要考试了,大家把课文好好复习一下。(通过复习,对课文加深认识)

经过认真的调查,终于把事故的原因查清楚了。

通过这件事,我算把他看透了。(原来不知道“他”是什么样的人,现在认识到了)

3. 不能对受事产生影响的动词大多不能用于“把”字句。

“把”字句的谓语动词大多是能使受事(“把”后的宾语)受到明显影响的,使之发生变化的动词。如果动词所表示的动作不能对受事产生影响,使它发生变化,即使是及物动词,大多也不能用于“把”字句的。主要有下面几类动词：

（1）表示等同、指称、类似、存在、所属的动词，如“是、等于、叫、姓、像、当、有、在、属于”。

（2）认知、感觉类的动词，如“知道、明白、懂得、感觉、发觉、感到、觉得、看见（看到）、听见（听到）、闻到”。

（3）心理活动类动词，如“希望、盼望、渴望、喜欢、讨厌、同意、赞成、反对、愿意、主张、关心、担心、生气、害怕、怀疑、相信、决定、认为、以为”。

（4）表示趋向的动词，如“进、出、上、下、起、过、回、来、去”。

像“试一试”第二大题8、9题中的动词，其表示的动作都不能或没有对受事产生什么影响，所以不能用“把”字句：

＊她把这件事知道了。

改：她知道这件事了。

＊我们不用把孩子的学费交，公司给我们交。

改：我们不用交孩子的学费，公司给我们交。

“交“只有在下面的情况下用于“把“字句：

你把孩子的学费交给刘老师。

（通过“交”的动作，“学费”从“你”的手中到了“刘老师”手中）

4. 用于“把”字句的“动补短语”的特点和限制。

“把”字句的动词一般不能是简单形式，它比较常见的形式是：

把＋宾语＋动词＋在/到/给……

把＋宾语＋动词＋结果补语或趋向补语

除了“把”字动词后带“在/到/给……”外，“把”字句中最常见的补语是结果补语或趋向补语，这两类补语一般表示的是动作对受事（“把”后的宾语）做了什么，对它产生的带有结果性的影响。如：

我把这篇小说看完了。

他把孩子抱了起来。

有些动词带了动量补语，如“一下、一顿”，可以用于“把”字句。如：

把他的行李检查一下。

（“检查”这个动作必须对“行李”采取有影响的行动，比如打开行李，一样样翻看等）

爸爸把我骂了一顿。

（“骂”这个动作是对“我”采取的有影响的行动）

动词后带表示动作结果的状态补语，如：

她把屋子收拾得整整齐齐。

（对屋子施加“收拾”的动作后，对“屋子”的影响是使它变得“整整齐齐”了）

应特别注意的是，当“动词＋补语”不表示对受事产生的影响，就不能用于“把”字句。换句话说，不是所有的“动词＋补语”都能用于“把”字句。如下面几类：

（1）“动词＋动量补语”不表示动作对受事产生影响，就不能用于“把”字句。

＊我们把他等一下。（“等一下”不能对“他”产生什么影响）

改：我们等他一下。

（2）状态补语“得＋形容词/动词短语”只表示动作过程而不表示动作结果时，不能用于“把”字句。如：

＊因为我把课文念得不太流利，所以挨了老师的批评。

改：因为我课文念得不太流利，所以挨了老师的批评。

（"不太流利"是形容"念"这个动作的过程的，不是形容动作完成后的结果，所以也不能用于"把"字句）

（3）可能补语不能用于"把"字句。

＊我把这些菜吃不下。

改：我吃不下这些菜。或：这些菜我吃不下。

"吃不下"是可能补语，因为这类补语只表示能不能完成某个动作，而不能表示对受事采取带有影响性的动作，所以，可能补语都不能用于"把"字句。

5. 能用于"把"字句"动词重叠式"是比较有限的。

"把"字句的谓语可以是动词的重叠式。如：

你把这条裙子洗一洗。

你把机器检查检查。

他把事情的经过简单地跟我们说了说。

老李请几个师傅把家里的门窗修了修，花了一笔钱。

注意：可以用于"把＋动词重叠"句式中的动词比较少，主要有以下几类：

（1）通过动作可使"把"后的宾语的状态发生明显变化的动词，如"洗、擦、抹、掸（dǎn）、整理、打扫、收拾、修理、理（发）、练（动作）"等。

（2）通过动作可以使听者认识发生变化的言谈类动词，如"介绍、谈、讲、说"，动词前一般要有"给、跟"等介词词组作状语。

（3）"检查、核对（héduì）"类动词，如"查、检查、对、核对"等。如：

你把这些数字核对核对，看看有没有错。

上面这三类动词所表示的动作都比较具体、实在。除了这些动词外，其他动词大多不能以重叠形式出现在单句的"把"字句中。如：

＊你把他帮助帮助。

改：你帮助帮助他。

＊你把这件衣服试试。

改：你试试这件衣服。

如果"把"字句后还有动词短语或句子，可以以动词重叠形式出现在"把"字句中的动词稍多一些。如：

你把我新公司电话记一记，这几天，我可能要搬家。

他轻轻地把椅子往前挪（nuó）了挪，一字不漏（lòu）地听着。

练一练

一、从下面所给的动词中选择恰当的，组成"把"字句完成句子。

打 做 放 放大 送 开 关 收 传 介绍 告诉 交 抓 带 改 记

1. 屋子里太暗（àn）了，能不能__________________？

2. 作业做好后，__________________。

3. 这道题做错了，你把它________________。
4. 大卫问了我的电话号码，并把号码________________。
5. 桌子上剩了很多吃的，咱们把它们________________。
6. 这个人我不了解，你能把他的情况________________？
7. 5 号运动员很快把球________________。
8. 朋友回家的时候，我一直把她________________。
9. 这是我最满意的一张照片，我想________________。
10. 因为那人杀了人，警察(jǐngchá)把他________________。

二、从下面的动词中选择合适的动词，用“把＋动词的重叠”式，完成句子。

洗　擦　抹(mǒ)　掸　整理　打扫　修理　介绍　谈　讲　说　查　检查　收拾

1. 屋子里太乱了，快把________________。
2. 他们是新来的同学，对学校不太了解，你们这些老同学把________________。
3. 考试时，考卷做完后不要马上交，把________________。
4. 这个房子太旧了，墙也快倒了，叫人把________________。
5. 汽车很脏，咱们把________________。

三、HSK 仿真题：在下面的 ABCD 中选择唯一正确的填入空中。

1. 主人拿来了一壶(hú)奶茶，他______。
A. 把茶倒在碗里，接着又把碗捧(pěng)到我的面前
B. 在碗里倒了茶，接着端(duān)茶给我
C. 倒茶在碗里，接着又把碗捧到我的面前
D. 倒了茶在碗里，接着把茶端给我

2. 朋友打电话请我去他家做客，并说：______。
A. 请孩子也带来　　B. 请把孩子也带来
C. 也请带孩子来　　D. 也孩子请带来

3. 所有的人都被那个满身是血的男孩吓了一跳，______。
A. 纷纷投向男孩惊慌的目光　　B. 纷纷惊慌的目光投向男孩
C. 惊慌的目光纷纷投向男孩　　D. 纷纷把惊慌的目光投向男孩

4. ______，只好请人来帮忙。
A. 箱子她怎么也打不开　　B. 她把箱子怎么打也打不开
C. 她把箱子怎么也打不开　　D. 她把箱子怎么打也没打开

5. 在我们离开旅馆前，总台服务员______。
A. 要求我们该付的钱算清楚　　B. 要求算清楚我们的钱
C. 要我们把该付的钱都付清再走　　D. 要求该付的钱算清楚

四、改错。

1. 他把飞机票买不到。
2. 你把她安慰安慰。
3. 他原来很马虎，总是忘了自己放了东西的地方。
4. 她知道我想看那本书，故意藏了那本书。
5. 按照考试成绩把学生分班。
6. 要把先进技术应用生产各个方面。

参考答案

一、1. 屋子里太暗了，能不能把灯打开？

2. 作业做好后，把它交给老师。

3. 这道题做错了，你把它再做一遍。

4. 大卫问了我的电话号码，并把号码记了下来。
大卫问了我的电话号码，并把号码记在本子上。

5. 桌子上剩了很多吃的，咱们把它们带走吧。
桌子上剩了很多吃的，咱们把它们放到冰箱里去吧。
桌子上剩了很多吃的，咱们把它们收起来吧。

6. 这个人我不了解，你能把他的情况给我介绍一下吗？
这个人我不了解，你能把他的情况给我介绍介绍吗？

7. 5 号运动员很快把球传给了别人。

8. 朋友回家的时候，我一直把她送到了车上。
朋友回家的时候，我一直把她送到了车站。

9. 这是我最满意的一张照片，我想把它放大。

10. 因为那人杀了人，警察把他抓(zhuā)走了。
因为那人杀了人，警察把他带走了。
因为那人杀了人，警察把他带到了警察局。
因为那人杀了人，警察把他关进了警察局。

二、1. 屋子里太乱了，快把它好好收拾收拾(或整理整理)。

2. 他们是新来的同学，对学校不太了解，你们这些老同学把学校的情况给他们介绍介绍。

3. 考试时，考卷做完不要马上交，把它从头到尾认真检查检查。

4. 这个房子太旧了，墙也快倒了，叫人把它修理修理。

5. 汽车很脏，咱们把它擦一擦。

三、1. A 2. B 3. D 4. A 5. C

四、1. 他买不到飞机票。(可能补语不能用于“把”字句)

2. 你安慰安慰她。(“安慰”的重叠形式不能用于“把”字句)

3. 他很马虎，总是忘了自己把东西放在哪儿了。

4. 她知道我想看那本书，故意把那本书藏了起来。(表示对已知的事物进行处置，应该用“把”字句)

5. 按照考试成绩把学生分成几个班。或：学生按照考试成绩分班。

6. 要把先进技术应用到生产的各个方面。

第二课 “把”字句(3)

讲一讲

本课介绍“把”字句另一种常见的形式。

基本结构：

主语＋把＋名词/代词＋动词＋成/作/为……

这类“把”字句，或表示经过动作，使“把”后的宾语的性质或状态发生了变化（下面前四例），或是表示主观看法的（如下面后两例）。

你把这篇文章翻译成英语吧。（“成……”表示动作完成后的结果）

妈妈把那条长裤改为短裤了。（“为……” 表示动作完成后的结果）

大卫把“因”写成“困”了。（“成……” 表示动作完成后的结果）

他们决心把学校办成培养优秀人才的摇篮（yáolán）。

政府把这个古代园林列为全国文物重点保护单位。

我把他看做我最好的朋友。（“看做”是表示主观看法的）

小林把李老师当做自己的妈妈。（“当做”是表示主观看法的）

这类“把”字句还常用于命名、称谓或比喻。如：

天文学家常把火星称为“天空中的小地球”。

为了纪念哈雷的伟大功绩，人们把他发现的彗星（huìxīng）命名为“哈雷彗星”。

鲁迅先生把自己比做牛，“吃的是草，挤的是牛奶”。

[在中国人看来，“牛”或“老黄牛”是吃苦耐劳（nàiláo）的象征]

提示

在口语中，表示主观看法的“把……当做……”可以说成“把……当……”。如：

我的病已经好了，你们别总把我当病人。

他已经18岁了，你怎么还把他当孩子？

不要总觉得自己聪明，把别人当傻瓜（shǎguā）。

练一练

一、用（　　）里的词语改写下面的句子。

1. 他的声调（shēngdiào）不准，“汤”读成了“糖”。（把……读成……）

2. 这部电影是他根据小说改编成的。(把……改编成……)

3. 我一直认为他是我最尊敬的人。(把……当做……)

4. 我们选张力同学做我们的班长。(把……选为……)

5. 这个英文广告由他翻译成了日文。(把……翻译成……)

6. 下车以后她才发现,她的伞还在车上。(把……忘在……)

7. 应该是"理",大卫写成了"里"。(把……写成……)

8. 地上的这些东西你得收起来。(把……收起来)

9. 这条小狗在我们家五年了,它就像是我们的家人一样。(把……看做)

10. 经过人们的努力,过去的一个小村庄已建成了一个现代化的城市。(把……建成)

11. 我希望经过大家的努力,我们的报纸能办成一份读者特别喜爱的报纸。(把……办成)

12. 他原来的签证是商务签证,现在改成了学生签证。(把……改成)

13. 孩子们不知道他是谁,都叫他"北京来的叔叔"。(把……叫做)

14. 我们常叫自己的祖国为母亲,因为她就像我们的母亲一样。(把……比做)

15. 十年中,农民在山上种了好多果树,现在过去的荒山已经变成了花果山。(把……变成)

二、用句后(　　)里的词语完成句子。

1. 他性格开朗,热情,我______________。(把……看做)
2. 大卫在中国住了几十年,对中国非常了解,所以______________。(把……称做)
3. 老李工作认真,特别能吃苦,我们______________。(把……比做)
4. 他对朋友非常真诚,______________。(把……看做……)
5. 这里虽然不是我的故乡,但我非常喜欢它,______________。(把……当做)
6. 弟弟很生气地说:"我已经长大了,你们怎么______________?(把……当)
7. 她从小就有艺术天赋(tiānfù),所以她的父母想______________。(把……培养成)
8. 大卫从国外旅游回来后,______________,寄给了一家杂志社。(把……写成)
9. 我要参加这次中外学生的交流活动,要______________。(把……当做)
10. 这位漫画家因为特别喜欢这个故事,所以______________。(把……画成)

三、HSK 仿真题：在下面的 ABCD 中找出错误的一项。

1. 因为着急下车，我把钱包放在公共汽车，等我想起来，车已经开走了。
   A　　　　B　　　　C　　　　D

2. 这些资料是非常重要的，如果可以的话，先这些资料复制下来，带回去研究。
   A　　　　B　　　　C　　　　D

3. 我昨天得了流行性感冒，他把我躺在床上一整天，不让我起来，更不让我去上课。
   A　　　　B　　　　C　　　　D

4. 我刚接到一个电话，得出去办点儿事，你能不能把我的孩子看一上午？求你了。
   A　　　　B　　　　C　　　　D

5. 我趁着太阳出来，把衣服晾(liàng)着。晒了一下午，衣服就都干了。
   A　　　　B　　　　C　　　　D

参考答案

一、1. 他的声调不准，把“汤”读成了“糖”。
2. 他把这部小说改编成了电影。
3. 我一直把他当做我最尊敬的人。
4. 我们把张力同学选为班长。
5. 他把这个英文广告翻译成了日文。
6. 下车以后她才发现，她把伞忘在车上了。
7. 大卫把“理”写成了“里”。
8. 你得把地上的这些东西收起来。
9. 这条小狗在我们家五年了，我们把它看做是我们的家人。
10. 经过人们的努力，已经把过去的一个小村庄建成了一个现代化的城市。
11. 我希望把我们的报纸办成一份读者特别喜爱的报纸。
12. 他把商务签证改成了学生签证。
13. 孩子们不知道他是谁，都把他叫做“北京来的叔叔”。
14. 我们常把自己的祖国比做母亲。
15. 十年中，农民把过去的荒山变成了花果山。

二、1. 他性格开朗，热情，我把他看做我最好的朋友。
2. 大卫在中国住了几十年，对中国非常了解，所以我们都把他称做“中国通”。
3. 老李工作认真，特别能吃苦，我们把他比做“老黄牛”。
4. 他对朋友非常真诚，常把朋友的事看做是自己的事，认真去办。
   他对朋友非常真诚，常把帮助朋友看做是自己应该做的事。
5. 这里虽然不是我的故乡，但我非常喜欢它，我把它当做我的第二故乡。
6. 弟弟很生气地说：“我已经长大了，你们怎么还把我当小孩儿？”
7. 她很有艺术天赋，所以她的父母想把她培养成艺术家。
8. 大卫从国外旅游回来后，把他的经历写成了一篇文章，寄给了一家杂志社。
9. 我要参加这次中外学生的交流活动，要把这次活动当做一次相互学习的好机会。
10. 这位漫画家因为特别喜欢这个故事，所以把这个故事画成了漫画。

三、1. B　应为“我把钱包忘在公共汽车上了”。“把……放在……”应是主动、有目的地放，原句不是。

2. C 应为“先把这些资料复制下来”。这一句得用“把”字句，因为是对资料进行处置。

3. B 应为“他让我在床上躺了一整天”。“躺”是不及物动词，不能对受事产生影响，所以不能用于“把”字句。

4. C 应为“上午你能不能帮我照看一下孩子”。“看孩子”对“孩子”不能产生什么影响，所以不能用“把”字句。

5. B 应为“把衣服晾了出去”或“把衣服晾在阳台上”。

第三课 “被”字句(2)

试一试

把下面的“把”字句改写成“被”字句。

1. 弟弟把电脑弄坏了。

2. 老王把行李捆起来了。

3. 中国人向来把牛作为吃苦耐劳的象征。

4. 他把那篇文章翻译成了英语。

5. 姐姐把那部小说改编成了电影。

6. 评委们把我们表演的节目评为一等奖。

7. 科学家们把这项研究成果看做是近来最重大的发现。

8. 人们把结婚后不肯生孩子的家庭称为“丁克”家庭。

9. 我们把新来的学生分为三个班。

10. 老虎大吼(hǒu)一声,把孩子吓得大哭起来。

讲一讲

“被”字句(包括“让、叫”字句)一般是叙述一个已经实现的事实,句中的谓语动词后面往往要带表示动作结果的补语等。这类补语多为结果补语或趋向补语。在第二单元第四课,已经讲了“被”字句的这种形式。如:

电脑被弟弟弄坏了。

行李被老王捆起来了。

本课将学习“被”字句常见的另外两种形式。

基本结构 1：

被＋名词/代词＋动词＋成/作/为……

牛向来被中国人作为吃苦耐劳的象征。

那篇文章被他翻译成了英语。

那部小说被姐姐改编成了电影。

我们表演的节目被评委评为一等奖。

这项研究成果被科学家们看做是近来最重大的发现。

结婚后不肯生孩子的家庭被(人们)称为“丁克”家庭。

新来的学生被分为三个班。

当用“被”字句表示比较正式的主观看法时，常用“被……认为……”。如：

这项研究成果被(科学家们)认为是近来最重大的发现。

基本结构 2：

被＋名词/代词＋动词＋得＋动词短语/主谓短语

老虎大吼一声，孩子被吓得大哭起来。

我们被他的真诚感动得流下了眼泪。

她被大家吵得头也疼了。

练一练

一、用“被”字句改写下面的句子。

1. 我们大家选王平做我们班的班长。

2. 台风把房子刮倒了。

3. 李平把自行车骑走了。

4. 好好的纸当做废(fèi)纸扔了，多可惜！

5. 政府把这一带定为国家重点自然保护区。

6. 王平把这部小说改编成了电视剧。

7. 学校把办公大楼改成了学生宿舍。

8. 水放得太多，米饭做成了粥(zhōu)。

9. 领导把哥哥提拔为厂长。

10. 弟弟把玛丽的手提电脑弄坏了。

二、用(　　)里给的词语完成下面的句子。

1. 他的事迹太感人了,大家都______________。(被……得……)
2. 长城在世界上非常有名,______________。(被列为……)
3. 蚊子咬人、吸血还传染疾病,所以人们______________。(把……看成……)
4. 她因为学习认真,成绩优秀,______________。(被评为……)
5. 我跟他的关系最好,______________。(把……看做……)
6. 义务为大家服务的人______________。(被称为……)
7. 人们祝愿世界和平时,常常要放和平鸽,因为和平鸽__________。(被看做……)
8. 经过十年的努力,这里已______________。(被建成……)
9. 这个人太没有礼貌了,我______________。(被……气得……)
10. 跑完一万米,她______________。(被累得……)

三、HSK 仿真题:在下面 ABCD 中选择唯一正确的填入空中。

1. ______,用来招待最尊贵的客人。

A. 这种水果被当地人作为水果的女王
B. 这种水果被当地人看做是水果中的女王
C. 这种水果被当地人成为是水果中的女王
D. 这种水果被当地人看成为是水果中的女王

2. 这些旧报纸、旧杂志中有非常宝贵的资料,______。

A. 应该被保存得很好　　B. 把它应该保存好
C. 应该很好地被保存起来　　D. 被应该保存起来

3. ______,所以日本人能看懂。

A. 这些英文广告已被改变成日语　　B. 这些英文广告已被改成日语
C. 这些英文广告已被变成日语　　D. 这些英文广告已被译成日语

4. 我的朋友工作非常认真,没想到今年年终,______。

A. 她突然被公司辞职了　　B. 她突然被公司辞退了
C. 公司突然辞职了她　　D. 她被公司突然辞职了

5. ______,谁也不想吃那条河里的鱼。

A. 听说那条河污染　　B. 听说那条河污染了
C. 听说那条河已经被污染了　　D. 听说已经污染了那条河

参考答案

一、1. 王平被我们选做班长。
2. 房子被台风刮倒了。
3. 自行车被李平骑走了。
4. 好好的纸被当做废纸扔了,多可惜!
5. 这一带被政府定为国家重点自然保护区。
6. 这部小说被王平改编成了电视剧。

7. 办公大楼被学校改成了学生宿舍。

8. 水放得太多,米饭被做成了粥。

9. 哥哥被领导提拔为厂长。

10. 玛丽的手提电脑被弟弟弄坏了。

二、1. 他的事迹太感人了,大家都被感动得流下了眼泪。

2. 长城在世界上非常有名,被列为世界文化遗产。

3. 蚊子咬人、吸血还传染疾病,所以人们把它看成是害虫。

4. 她因为学习认真,成绩优秀,被评为优秀生。

5. 我跟他的关系最好,我把他看做我最好的朋友。

6. 义务为大家服务的人被称为“志愿者”。

7. 人们祝愿世界和平时,常常要放和平鸽,因为和平鸽被看做是和平的象征。

8. 经过十年的努力,这里已被建成一座现代化城市。

9. 这个人太没有礼貌了,我被他气得浑身发抖。

这个人太没有礼貌了,我被他气得话也说不出来了。

10. 跑完一万米,她被累得路都走不动了。

三、1. B 2. C 3. D 4. B 5. C

第四课 兼语句(4)

试一试

一、下面的内容请改用"请、叫、让、有"等兼语句表示。

1. 妈妈对我说:"你去商店买点水果来。"

2. 今天朋友打电话来,说他晚上请客,叫我一定去。

3. 门外有个学生,他说要见你。

4. 老李对我说:"你明天早点儿来。"

二、模仿下面的例句,用"劝、派、邀请、招呼"等兼语句改写所给的句子。

例:他这次比赛输了,非常伤心。我对他说:"你要想开一点儿。"

他这次比赛输了,非常伤心。我劝他要想开一点儿。

1. 公司经理对我说:"你明天去欧洲出差吧。"

2. 老大娘热情地招呼我们:"孩子们,来我家坐坐吧。"

3. 我收到了朋友让我参加她结婚典礼的邀请。

4. 他十分生气,想和那人打架。我对他说:"你冷静一点儿。"

讲一讲

我们在第一单元和第二单元已经学了"请、叫、让、有"的兼语句。如上面"试一试"第一大题中的几个句子就可以改为:

妈妈让我去商店买点水果。

今天朋友请我吃晚饭。

门外有个学生要见你。

老李叫我明天早点儿来。

还有一些如“劝、派、邀请、招呼”等动词，也可以带兼语。上面“试一试”第二大题中的句子可改为：

公司经理派我明天去欧洲出差。

老大娘热情地招呼我们去她家坐坐。

朋友邀请我参加她的结婚典礼。

他十分生气，想和那人打架。我劝他冷静一点儿。

类似的动词还有“催(cuī)、逼(bī)、求、托(tuō)、命令、吩咐(fēnfu)、动员、促使(cùshǐ)、发动、组织、鼓励(gǔlì)、号召(hàozhào)、禁止(jìnzhǐ)”等。

有少数心理动词如“喜欢、怪、嫌(xián)”和“称赞、夸(kuā)”等动词也可以带兼语。如：

我喜欢这孩子老实。

他怪我没早点告诉他。

姐姐嫌那个公司工资太低，辞职了。

校长称赞我们表演得好。

提示

(1) 这类兼语句除了使用的动词不一样外，结构形式跟“请、叫、让”是一样的，即主语 + 可带兼语的动词 + 兼语 + 动词 + (宾语或补语)。

(2) 这类兼语句的兼语一般不能省略。下面的句子是错的：

*公司很信任他，派去国外工作。

改：公司很信任他，派他去国外工作。

用“有”的兼语句的主语可以省略；“有”前有时可以由表示处所或方位的短语作主语。如：

有人找你。

楼上有人在唱歌。

(3) 当“劝、派、邀请、招呼”后面的兼语是确定的，“劝、派、邀请、招呼”等动作即使已经完成，也不要带“了”。下面的句子是错的：

*我劝了他好好休息。

改：我劝他好好休息。

*他邀请了我们去他家玩。

改：他邀请我们去他家玩。

如果“劝、派、邀请、招呼”后的兼语是不确定的，就要带“了”。如：

我派了三个人去帮他搬家。

他邀请了很多人去他家做客。

当这些动词只带名词宾语(不是兼语)，动作完成时，也要带“了”。如：

我劝了她好半天，她就是不听。

那个分公司总公司已经派了两个人了。

(4) “让”还可以表示“允许”，也常可以带兼语，后面的谓语动词常常重叠。如：

让我看看。

你们走吧，让我一个人好好想一想。

爸爸不让我跟陌生人说话。

练一练

一、用括号中的词语组成兼语句改写下面的句子。

1. 小王在车上对我喊："车快开了，你快上来吧。"
   小王________________________________。（催）
2. 这个地方外人不得进入。
   这个地方________________________________。（禁止）
3. 大家都说："他是我们学习的榜样。"
   大家都________________________________。（称赞）
4. 教练大声对5号运动员说："你一定要坚持下去！"
   教练________________________________。（鼓励）
5. 妈妈对哥哥说："去擦擦车吧。"
   妈妈________________________________。（吩咐）
6. 大卫对小林说："你能帮我办点儿事吗？"
   大卫________________________________。（求）
7. 王大伟说："你快参加我们的俱乐部吧，可有意思了。"
   王大伟________________________________。（动员）
8. 爸爸对哥哥说："不许你跟那些人在一起。"
   爸爸________________________________。（让）

二、用句后（　　）中的词语完成下面的兼语句。

1. 政府号召________________________________。（增产节约）
2. 班长组织________________________________。（参观）
3. 老师鼓励________________________________。（学习）
4. 他托________________________________。（照顾）
5. 团长命令________________________________。（集合）

三、HSK仿真题：将下面句后（　　）中的词语放在唯一合适的地方。

1. A听说B动物园C有个熊猫D表演。（会）
2. A校长B我们C提前D出发。（命令）
3. A大卫B打电话C我快点D去他那儿。（催）
4. A小林委托B我照看C他的行李D。（一下）
5. A让我B看看C你新D买的手机吗？（能）

四、HSK仿真题：在下面ABCD中选择唯一正确的填入空中。

1. 这件事我现在还不能决定，______？
   A. 能不能让我再考虑考虑　　B. 让我能不能考虑考虑
   C. 能不能让我再考虑一考虑　　D. 能不能让我又考虑一下
2. 大卫这次比赛输了，气得不得了，______。
   A. 我让他不生气　　B. 我叫他有信心
   C. 我劝他想开一点儿　　D. 我鼓励他有信心

3. 小丽本来就不想干了，昨天老板又把她骂了一顿，_____。

A. 这件事使得她下决心辞职　　B. 这件事促使她下决心辞职

C. 这件事催她决心辞职　　D. 这件事叫她决心辞职

4. 大卫平时特别爱帮助人，______。

A. 大家都赞他是个热心人　　B. 大家都表扬他是个热心人

C. 大家都夸他是个热心人　　D. 大家都称作他是个热心人

5. ______，把它退了。

A. 玛丽不喜欢那件大衣的款式不够时髦　　B. 玛丽讨厌那件大衣的款式不够时髦

C. 玛丽怪那件大衣的款式不够时髦　　D. 玛丽嫌那件大衣的款式不够时髦

参考答案

一、1. 小王催我赶快上车。
2. 这个地方禁止外人进入。
3. 大家都称赞他是我们学习的榜样。
4. 教练鼓励5号运动员一定要坚持下去。
5. 妈妈吩咐哥哥去擦擦车。
6. 大卫求小林帮他办点儿事。
7. 王大伟动员我们参加他们的俱乐部。
8. 爸爸不让哥哥跟那些人在一起。

二、1. 政府号召人民增产节约。
2. 班长组织我们去工厂参观。
3. 老师鼓励我要好好学习。
4. 他托朋友照顾他的孩子。
5. 团长命令所有的士兵到操场集合。

三、1. D　2. B　3. C　4. C　5. A

四、1. A　2. C　3. B　4. C　5. D

第五课 兼语句(5)

试一试

一、选用"请、叫、让、使、令"填空。

1. (　　)大家注意:班长(　　)我们明天早上七点半到车站集合(jíhé)。
2. 朋友在楼下(　　)我赶快走。
3. 医生们的努力抢救终于(　　)病人转危为安。
4. 这位英雄的一生(　　)我十分佩服。
5. 我得(　　)大家知道我是个什么样的人。
6. 小李找到了一份非常好的工作,(　　)大家羡慕不已。
7. 爸爸妈妈请放心,我不会(　　)你们丢脸的!
8. 每次考试都(　　)我很紧张。
9. 这个电影(　　)我感动得流下了眼泪。
10. 你对我这么好,(　　)我说什么好呢?

二、下面的"使"字句都是错的,你能选用下面的动词把它们改成正确的吗?

派　命令　让　叫

1. 老师使我们做作文。
2. 妈妈使我去商店买东西。
3. 老板使他去负责这件事儿。
4. 公司使他去国外出差。
5. 父母不使我看这种无聊的书。

讲一讲

第二单元第十一课我们讲了用"使"的兼语句和用"请、让、叫"兼语句的区别。本课在复习的基础上,重点辨析一下"使、令、让、叫"的用法。

1. 当兼语句带有指令意义,即动作者主动地、有意识地通过命令、指使、劝说等动作让某人做某个动作时,应用"请、让、叫"或"派、命令"等,不能用"使"和"令"。如:

请大家注意:班长让我们明天早上七点半到车站集合。

朋友在楼下叫我赶快走。

老师叫我们做作文。

妈妈派我去商店买东西。

老板命令他去负责这件事儿。

公司派他去国外出差。

父母不让我看这种无聊的书。

由于上面的原因,"请、让、叫"可以用于祈使句,"使"和"令"不能。如:

请您多提宝贵意见!(肯定的祈使句,下同)

让我看看!

叫他进去吧!

你赶快走吧,别让我妈看见!(否定的祈使句,下同)

明天我有事,就别请他来吃饭吧。

别叫他乱吃药!

兼语句带有指令意义时,"让、叫"用法比较接近。如果强调说话时某人当场向兼语发出指令时,大多用"叫"。反之,当指令不是当场向兼语发出,大多用"让"。如:

你听见没有,妈妈叫你下去吃饭呢!

我得打电话了,因为奶奶让我每个星期给她打一次电话。

2. 当强调兼语的某个动作或情况是由主语(事物或他人的动作)自然引起或产生的,一般用"使",而不用"叫、让、令"。如:

医生们的努力抢救终于使病人转危为安。

红红的嘴唇和白嫩的皮肤使她看起来很年轻。

因此,"使"字句中兼语后的谓语如果是动作动词,必须是带有变化性结果的。下面的句子是错的:

＊刘老师的话使我研究汉语语法。

改:刘老师的话使我下决心研究汉语语法。

＊我丈夫要去美国工作,使我学习英语。

改:我丈夫要去美国工作,这使我不得不开始学习英语。

就像改正的那样,"使"后不能直接带动作动词,前面必须有"下决心""不得不开始"等由前面情况促使兼语产生某一动作的谓语。

3. 当表示主语(某人)有意识地让自己或他人(兼语)做或控制某个动作,有意识地通过行为使兼语处于某种状态(常用形容词重叠形式作状态或补语)时,一般用"让"。如:

他刚才想起了一个笑话,却使劲憋着,不让笑出来。

妈妈把被子晒得暖暖的,把床垫得厚厚的,为的是让我舒舒服服睡个好觉。

咱们走吧,让病人安安静静地休息休息。

我尽量把声音放大,让会场里每个人都听得清清楚楚。

像下面这样特别强调动作者的主观意志时,用"让"是最常见的:

他看不起我,我一定要做出点儿成绩来,让他看看我的水平。

爸爸妈妈请放心,我不会让你们丢脸的。

"使"只有在表示目的的复句和兼语为"自己"的句中,可以跟"让"一样,用于这类表示有意识的行动的兼语句中。如:

你得让/使自己镇静下来。

他咬着牙,努力不让/使自己发出声音。

为了使奶奶不感觉到孤单,妈妈让我跟奶奶作伴。

为了使后代不忘记祖国，许多华侨不惜花较多的钱送子女进华文学校。

这类句中用“使”比“让”更正式，书面语味道更浓。“让”多用于口语。少数用“为了”的目的分句中，也可以用“叫”。“令”一般不这样用。如：

为了让/叫爷爷高兴，小明讲了好几个笑话。

为了让/叫家里人过上好日子，爸爸拼命地工作。

4. “使、令、让、叫”后兼语的谓语可以是心理动词。如：

每次考试都使/让/叫我很紧张。（或：令我紧张，“令”后的形容词一般不用“很”修饰）

这位英雄的一生令/使/让/叫我十分佩服。

常用于这类兼语句的心理动词有：

积极意义的：高兴、愉快、感动、激动、兴奋、佩服、敬佩、崇敬、相信；

消极意义的：失望、为难、难受、难堪（kān）、丢脸、不舒服、讨厌、厌烦、厌恶、厌倦、烦恼、不安、怀疑。

（1）后面同样是心理动词作谓语，用“让”或“叫”往往比“使”“令”更多地带有说话者的主观感情在内。因此，当说话者赞扬、赞美或批评、责备时，即句子带有主观评价的意味时，一般不用“使”，而用“叫”“让”和“令”。“令”后面大多是双音节或四音节的书面语词或短语。如：

回到故乡，我完全不认识了，满眼是新楼房，公路通到家门口，真叫人不可想象。

她长得十分美，有一种说不出的诱惑力，叫你一见就不得不注意她。

看到他有这么一个幸福的家庭，真让人羡慕！

他满脸的不高兴，还发脾气，真让人受不了！

这里的蚊子确实令人讨厌！

看到这些健美快乐的孩子，真令人爱慕不止！

要是能坐着自己制造的飞机飞上蓝天，这该多么令人激动啊。

（2）“使”一般用来客观地陈述某个事物或事件引起的某种心理状态，不带任何主观感情色彩。如：

大量饮茶超过人体的耐受能力时，会使人激动，神经紧张，胃肠不适。

提示

“使”“令”“叫”“让”用法比较

词语	兼语＋变化动词	兼语＋心理动词		兼语＋动作动词	有意使兼语产生某种心理活动或动作	允许兼语如何；有意向兼语显示某方面
	使兼语自然产生变化性结果	客观陈述	带主观感情	带指令性，用于祈使句		
令	−		+	−	−	−
让	−		+	+	+	+
叫	−		+	+	+，少用，不用于兼语为“自己”	+
使	+	+	−	−	+，兼语为“自己”，“为了”句，书面语	−

（“＋”表示可以，“－”表示不可以）

（1）“使”和“让、叫” 的最大区别在于“使”大多用于自然引起的情况。指令性兼语句只

能用“让、叫”。“令”只能用于兼语谓语是心理动词的句子。下面的句子是错的:

*医生们的努力抢救终于令病人转危为安。(“令”都应换用“使”,下同)

*刘老师的话令我下决心研究汉语语法。

*我丈夫要去美国工作,这令我不得不开始学习英语。

(2)“让”和“叫”后面的谓语动词可以是重叠式,一般是表示允许兼语进行尝试或主语有意向兼语显示某方面的情况时用。“使”不能这样用。如:

让我去碰碰运气吧!

就叫他开车试试。

大家好好干,把活儿做得漂亮点儿,让/叫他们看看咱们的水平!

非得好好教训教训他,让他尝尝我的厉害!

(3)“让”除了表示“致使”义外,还常有下面一些用法:

①“让”有听任某人或某物如何之意,“使”“令”“叫”没有此用法。如:

那些东西就让它先放在那儿吧,有空时再整理。

小妹闹就让她去闹,看她能闹到什么时候!

②“让”有时致使义很弱,一般用于说话人不知道该怎么办好时。如:

你对我这么好,让我说什么好呢?(不知道该怎么感谢你)

你工作越来越马虎,让我说你什么好?(不知道该怎么批评你)

③“让”作为动词,古代主要表示“礼让”,所以当兼语的主语让兼语做的动作带有礼让的含义在内,一般用“让”比较好。如:

客人进屋后,妈妈忙着让客人坐,倒茶让客人喝。

他一面跟我聊天,一面让我吃菜。

会议结束时,让请来的佳宾先走。

练一练

一、用(　　)里的动词组成兼语句完成句子。

1. 这张高中毕业照____________________。(使)
2. 你看,李老师招手____________________。(叫)
3. 只有十岁的她总喜欢用大人的口气跟爸爸说话。因为她想____________她已经不是小孩子了。(让)
4. 这条街连续发生了几起杀人事件,____________________。(使)
5. 这种工作太危险了,做父母的大多都不愿意____________________。(让)
6. 他的画获得一等奖的消息____________________。(令)
7. 我等一会再洗澡,____________________。(让)
8. 张老师对她无微不至的关怀____________________。(使)
9. 爸爸总是说我不行,这次比赛我一定要取得好成绩,____________________。(让)
10. 公司派我下半年去法国工作,这____________________。(使)

二、HSK 仿真题:在下面 ABCD 中选择唯一正确的填入空中。

1. 我这次在家请你吃饭,______你看看我做菜的手艺。

A. 令　　B. 让　　C. 使　　D. 给

2. 他只会______别人做这做那，自己从来不干。

A. 叫　　B. 使　　C. 促使　　D. 令

3. 爸爸很生气地对我说："你这样做，真______我丢脸！"

A. 叫　　B. 令　　C. 使　　D. 让

4. 那场大地震______几万人无家可归。

A. 让　　B. 把　　C. 使　　D. 叫

5. 妈妈如此精明能干，真______我们姐妹佩服得五体投地。

A. 使　　B. 把　　C. 给　　D. 叫

6. 这么优秀的学生如果是因为贫困而失学，就太______人惋惜（wǎnxī）了。

A. 叫　　B. 让　　C. 使　　D. 令

7. 街道很暗，这______他很高兴——这样就没人会认出他来了。

A. 让　　B. 把　　C. 使　　D. 使得

8. 班长见我太累，使______我多休息一会儿。

A. 派　　B. 把　　C. 使　　D. 劝

9. 我那个小箱子现在还不用，就______它放你那儿吧。

A. 叫　　B. 让　　C. 拿　　D. 使

10. 小刘和玛丽经常在一起工作，一起聊天，这______他们的关系越来越密切。

A. 派　　B. 把　　C. 使　　D. 劝

11. 我说他把账算错了，他把价格牌举到我面前，______我睁大眼睛看看。

A. 叫　　B. 把　　C. 使　　D. 令

12. 妈妈在大事小事上都特别注意照顾奶奶，为的是______她过得舒舒服服的。

A. 令　　B. 把　　C. 使　　D. 让

13. 你总是处处想着我，帮助我，______我说什么好呢？

A. 令　　B. 对　　C. 让　　D. 使

14. 那个工厂遇到了技术问题，还是______刘工程师去看看吧。

A. 派　　B. 把　　C. 使　　D. 令

15. 作为一个______人遗憾的学生，我先是离开了自己的专业，后来又离开了学术界和工作单位，至今一事无成。

A. 给　　B. 令　　C. 使　　D. 叫

三、HSK 仿真题：找出下面每段话中有错误的一部分。

1. 李老师使咱们去学校开会，说是有重要的事情要商量，下午两点开始，现在就得出发了。

A：李老师使咱们去学校开会　B：说是有重要的事情要商量　C：下午两点开始　D：现在就得出发了

2. 他小时候非常淘气，老是闯祸（chuǎnghuò），常跟父母为难，父母拿他一点儿办法也没有。

A：他小时候非常淘气　B：老是闯祸（chuǎnghuò）　C：常跟父母为难　D：父母拿他一点儿办法也没有

3. 那位英雄讲的在大火中救人的经历，感动同学们了，大家都拿出本子，请他签名。

A：那位英雄讲的在大火中救人的经历　B：感动同学们了　C：大家都拿出本子　D：请他签名

4. 王平究竟讲了些什么呀，乱七八糟的，叫人莫名其妙，你听明白了吗？

A　B　C　D

5. 生气不仅对身体不好，而且还会叫人感到难堪。所以我不轻易跟别人生气，对人尽量心平气和。

A　B　C　D

参考答案

一、1. 这张高中毕业照使我不由得想起了中学时代。
2. 你看，李老师招手叫咱们过去呢！
3. 只有十岁的她总喜欢用大人的口气跟爸爸说话。因为她想让他知道她已经不是小孩子了。
4. 这条街连续发生了几起杀人事件，使这一带的居民人心惶惶（huánghuáng）。
5. 这种工作太危险了，作父母的大多都不愿意让自己的孩子从事这样的工作。
6. 他的画获得一等奖的消息令他十分激动/兴奋。
7. 我等一会再洗澡，让客人先洗吧！
8. 张老师对她无微不至的关怀使她感到无限温暖。
9. 爸爸总是说我不行，这次比赛我一定要取得好成绩，让他看看我的实力。
10. 公司派我下半年去法国工作，这使我下决心开始学习法语。

二、1. B　2. A　3. D　4. C　5. D　6. D　7. A　8. D　9. B　10. C　11. A　12. D　13. C　14. A　15. B

三、1. A　应为“李老师叫咱们去学校开会”。
2. C　应为“常使父母感到很为难”或“常让父母感到很为难”。也可改为“常跟父母作对”，意思是专门做与父母要求相反的事，与“为难”意义不同。
3. B　应为“使同学们很感动”。
4. C　应为“让人越听越糊涂”。
5. B　应为“而且还会使人感到难堪”。

第六课 “把”字句(4)

试一试

一、用“把”字句改写下面的句子。

1. 桌上的菜被他一个人都吃光了。

他把

2. 房子被爸爸卖给了别人。

爸爸把

3. 那本杂志我已经还给朋友了，不在我这儿。

我把杂志

4. 比赛的时间本来是今天，推迟到了明天。

把比赛的时间

5. 本来说好会议上午10点结束的，结果延长到12点才结束。

把会议的时间

讲一讲

本课介绍“把”字句的另外几种形式，这几种形式的使用都是受一定条件限制的。

基本结构1：

把＋宾语＋动词＋了

他把桌上的菜都吃了。

爸爸把房子卖了。

我把杂志还了。

这一“把”字句的形式看起来很简单，只要在动词后加一个“了”就可以了。但是，并不是什么动词都可以用于这一“把”字句。比如，下面的句子就是错的：

＊爸爸把房子买了。

＊我把杂志借了。

＊我把那本小说读了。

提示

可以用于这一句型的动词比较少，大致有以下几类：

(1) 表示“消失、失去、脱离”类动词，如“吃、喝、卖、丢、忘、还(huán)、脱、放、拆、扔、消灭、解决、解脱"等。这类动词用于此句型表示通过动作使"把"后面的宾语"消失、失去、脱离"等。如：

我把钱包丢了。

她把大衣脱了。

(2) 表示受损类动词，如"害、杀、骗、毁(huǐ)、坑(kēng)、甩(shuǎi)、开除、除名、解雇(jiěgù)"等。这类动词用于此句型表示通过动作使"把"后的宾语受到损害。如：

他把我骗了。

学校把他开除了。

(3) 一些为动补结构的双音节动词，如"推迟、提前、缩短(suōduǎn)、延长(yáncháng)、放大、缩小、提高、降低、升高、减少、打倒、打通、打破、推动、推翻、澄清(chéngqīng)、撤销(chèxiāo)、切除、驳倒(bódǎo)、冲淡、分开、扼杀(èshā)、吞没、看穿、看破、看透、充满"等。这类动词大多数可以用于陈述句，多表示主动对"把"后的宾语进行各种处置。如：

我们把集合的时间推迟了。

公司把工人们的工资提高了。

她把100米短跑的世界纪录打破了。

有时，可以用于拟人式的描写。如：

大海把那条小船吞没了。

欢笑声把整个屋子都充满了。

有的只是表示看法。如：

大家都把他看透了。

"放松、抓紧"只能用于祈使句或条件句。如：

不要紧张，把身体放松了。

把绳子抓紧了才不会掉下去。

基本结构2：

把 + 宾语 + 了 + 时量补语

作为单句的"把"字后面可以带时量补语，但使用频率比较低，因为它是很受限制的。实际上，汉语的时量补语所表示的时间也可以分为几种：

1. 时量补语(下面画线部分)表示动作完成后其结果持续的时间。

把广告在墙上贴了<u>好几天</u>。("好几天"表示"贴"的动作完成后状态持续的时间)

把孩子关了<u>一天</u>。("一天"表示"关"的动作完成后状态持续的时间)

可以用于这类"把"字句的动词只限于"挂、贴、放、摆、搁(gē)"以及"关、憋(biē)、拖(tuō)"等。

2. 时量补语表示与动作相关的时段的伸缩或时点的前后移动的时间单位。可以用于这类句型的动词很少，只有"推迟、提前、延长、缩短"等。如：

我们把会议时间延长了两个小时。

他把比赛的时间推迟了一天。

上面的"把"字句表示动作者主动对动作时间期限或长度进行的处置。经过动作之后，与动作相关的时间的长短或时点的前后发生了变化。

当时量补语是表示动作持续的时间的，就不能用于"把"字句。下面的句子是错的：

* 他把自行车修理了一上午。
* 我把小说看了好几天。

练一练

一、用"把……了"改写下面的句子。

1. 两瓶酒他们都喝光了。
2. 听说他打破了世界纪录。
3. 几个问题我们都解决了。
4. 整个屋子充满了欢笑声。
5. 公司提高了工人的工资。
6. 他脱下了大衣。
7. 这个人我算是看透了。
8. 小船被大海吞没了。
9. 那三个旧空调我们都拆了。
10. 那么重要的资料你怎么扔了?

二、用"把"字句和(　　)内的词语完成下面的句子。

1. 在两天的会议时间内,很多问题都来不及讨论,只好____________。(延长,一天)
2. 工人们通过努力,____________________。(提前,一个月)
3. 为了早点儿写出毕业论文,____________________。(关,半个月)
4. 他________那张通知_____________才拿下来。(贴,一个星期)
5. 因为下大雨,不得不________足球比赛_____________。(推迟,两天)

三、HSK 仿真题:在下面的 ABCD 中选择唯一正确的填入空中。

1. ______才修好。

A. 自行车他修了五个小时　　B. 他把自行车修了五个小时
C. 他修自行车修了五个小时　　D. 他五个小时自行车修了

2. ______才看完。

A. 我把那本杂志看了三天　　B. 那本杂志我看了三天
C. 我看了三天那本杂志　　D. 我那本杂志三天看了

3. 通过减肥，______。

A. 我把三公斤瘦到了

B. 我把自己瘦了三公斤

C. 把我瘦了三公斤

D. 我瘦了三公斤

4. 我们都说那套房子不错，______。

A. 王大明就买那房子

B. 王大明就把那套房子买了

C. 王大明就把那套房子买下来了

D. 就王大明把那套房子买来了

5. 真倒霉，______。

A. 我把钱包丢了在火车上

B. 我钱包丢了在火车上

C. 我钱包丢了在火车上

D. 我在火车上把钱包丢了

四、HSK 仿真题：将下面句后（　　）中的词语放在唯一合适的地方。

1. A 老李 B 把这件事拖了 C 才办 D。（好几天）
2. 因为 A 下大雪，学校 B 把期末 C 考试的时间 D 推迟了两天。（不得不）
3. A 我们 B 把老校长的照片挂了 C，最近 D 才摘下来。（二十年）
4. 他虽然犯了校规，学校还 A 把他开除，B 所以他还 C 在 D 上学。（没）
5. A 她 B 把两项世界 C 纪录 D 打破了。（都）

参考答案

一、1. 他们把两瓶酒都喝光了。

2. 听说他把世界纪录打破了。
3. 我们把这几个问题都解决了。
4. 欢笑声把整个屋子充满了。
5. 公司把工人的工资提高了。
6. 他把大衣脱了。
7. 我算是把这个人看透了。
8. 大海把小船吞没了。
9. 我们把那三个旧空调都拆了。
10. 你怎么把那么重要的资料扔了？

二、1. 在两天的会议时间内，很多问题都来不及讨论，只好把会议的时间延长了一天。

2. 工人们通过努力，把完成任务的时间提前了一个月。
3. 为了早点儿写出毕业论文，他把自己关了半个月。
4. 他把那张通知贴了一个星期才拿下来。
5. 因为下大雨，不得不把足球比赛推迟了两天。

三、1. A　2. B　3. D　4. C　5. D

四、1. C　2. B　3. C　4. A　5. D

第七课 “有”字句(3)

试一试

一、用“有”或“没有”和下面的名词完成句子。

眼光　能力　经验　办法　礼貌

1. 李平____________，我们都同意选他做班长。
2. 他____________，遇到什么问题都能解决。
3. 我刚参加工作，____________，请多帮助。
4. 高强找的女朋友真不错，说明他____________。
5. 何小平对人____________，难怪大家不喜欢他。

二、用“有”或“没有”和数量词回答下面的问题。

1. 他看起来有多大？（估计年龄）
2. 那个西瓜有多重？（估计重量）
3. 这两个楼之间距离（jùlí）大概有多少米？［估计宽（kuān）度］
4. 小刘有多高？（估计身高）

三、选择下面的动词，用“有”或“没有”完成句子。

发展　增加　提高　进步　好转

1. 比起以前来，我们的生活水平________________。
2. 学了半年汉语，可是我觉得自己________________，所以很着急。
3. 我们学校今年的学生人数________________，已经达到一万人了。
4. 经过治疗，病人的病情已________________。

讲一讲

动词“有”除了可以表示存在、领有等意义（见第一单元第二、三课）外，还有以下几种用法：

一、表示主观评价

“有”后常带一些抽象名词宾语，表示对人的主观评价。这些抽象名词有“眼光、能力、经验、办法、主意、才华、水平、文化、本领、本事、出息、礼貌、教养、魄力（pòlì）、干劲”等。这类“有”的前面常带“很”等程度副词，表示程度加深。如：

李平很有能力，我们都同意选他做班长。

他很有办法，遇到什么问题都能解决。

高强找的女朋友真不错，说明他很有眼光。

这类句型的否定式是“没有＋抽象名词”，名词前可受定语修饰。如：

我刚参加工作，没有经验，请多帮助。

何小平对人没有礼貌，难怪大家不喜欢他。

那个人好像没有什么能力，能做好这件事吗？

二、表示估计

“有”可以用于对某人或某事物所达到的数量进行估计或说明。“有”后面一般跟数量短语。如：

他看起来有三十多岁。

那个西瓜有四斤多重。

这两个楼之间的距离大约有20米。

这类句型的否定式是“没有＋数量短语”或“没有＋这么/那么＋形容词”。如：

我看那个西瓜没有四斤重。

我看那个西瓜没有那么重。

你说王平35岁？我问过了，他没有你说的那么大，才28岁。

提示

(1) 针对这类“有”字句提问，一般用“有多长、有多重、有多宽、有多高、有多深”等，不能说“多短、多轻、多窄(zhǎi)、多矮、多低、多浅”。

(2) 有时，“有”后面不是精确的数字，而是用具体事物进行比拟式的说明。如：

你种的那棵树已经长大了，有一人来高，碗口那么粗了。

三、表示变化性情况的发生、出现

“有”后面可以带一部分双音节动词充当的宾语，结构为：有＋动词/（定语）动词。

1. “有”常带的宾语有“提高、进步、进展、增加、增长、减少、发展、改变、改善、改进、变化、突破、好转、转变”等带有变化、发展意义的动词，表示新变化的出现，有完成态的特点，多用于这类状态的已经出现。如：

比起以前来，我们的生活水平有了很大的提高。

学了半年汉语，可是我觉得自己没有进步，所以很着急。

我们学校今年的学生人数有了很大的增加，已经达到一万人了。

经过治疗，病人的病情已有明显好转。

这几年来，政府用于环境保护的经费每年都略有增加。

这类“有＋动词”的句型有时也可以用于对将来情况的预测或说明。如：

只要你努力，你的汉语水平一定会有进步的。

按照这一规划，这个城市的经济在未来十年中将有更大的发展。

2. “有”还可带的宾语有“认识、理解、了解”，表示动作者的主观认识发生了变化，跟“认识、理解、了解”等有关的人或事物，要用“对”引进。如：

通过参加社会实践，我对社会现状有了新的认识。

3. 这类“有＋动词”的否定式是“没有＋动词/（定语）动词”。如：

我已经去看过了，工程好像没有什么进展。

汉语学了一年多，但我觉得自己没有进步，所以很着急。

4. “有＋动词”的用法多用于书面语。“有”后的动词带有名词的特性，前面常带“形容词＋的”等定语来表示不同程度或不同性质的变化。有时，因为修饰语的音节关系，即使是状态已经发生变化，“了”也可省去（见上面例句中的“略有增加、明显好转”）。

提示

“有”常带的动词宾语，一般也可以单独作谓语。“有＋动词”与动词单独作谓语在用法上的区别主要有以下几点：

(1) 下表是“有＋双音节动词宾语”和双音节动词直接充当谓语这两种形式在语义、语用和语法上的主要区别：

	用“有＋动词宾语”	动词直接充当谓语
特点1	客观叙述与人的主观意识无关的变化	强调主观上有意识地采取某种行动
例句	① 这个厂的电视机质量有了提高，出现了一批精品。 ② 粮油价格稍有变化，就会影响到人民的生活。	① 公司给职工提高了10%～15%的工资。中央政府对灾区群众生活非常关心，及时增加了救灾投入。 ② 我们要发展生产，改善人民的生活。
特点2	表示已经完成的、不同程度的变化，不能表示动作的持续	常表示动作过程的持续
例句	① 经过半年的学习，同学们在汉语的听、说、读、写方面多多少少都有了进步。 ② 近年来，舞蹈艺术又有了发展，出现了很多好作品。	① 现在我国政治稳定，经济发展，社会进步，人民生活水平不断提高。（动作在持续） ② 女大学生的数量这几年没有减少而是在增加。（同上）
特点3	不能再带名词宾语，也不能带补语或数量短语，不能表示精确的结果。如要表示类似的意思，也得用别的动词句子	常带名词宾语、补语以及表示数量短语，其完成态可以表示精确的动作结果。
例句	① 这个乡镇企业收入占农户总收入的比例有了提高，今年可达30%以上。 ② 这个县农业和农村经济又有发展，粮、棉、油等获得全面丰收，农民人均纯收入2 331元……	① 与去年相比，今年考大学的人数增加了10%。 ② 经过数轮投票，校长人选从开始时的21人减少到7人，又减少到2人。

(2) “有＋(了)＋动词宾语”的语用功能重在表示情况的变化，即“从无到有”“从小到大”的变化，只要情况不是原来的状态，变化已经完成或将要完成，就可用此形式。由于有这一特点，这一形式的语用功用有：

① 可将说话者所关注的事物(可以很复杂)作为话题，放在句首，使之明确突出。如：

糖料、油料、干胶、肉类、牛奶、水产品产量均比上年有所增长。

今年公司职工月收入又有增加，在全市同行业中仍排前列。

② 比较抽象、无法用数字具体量化的事物，可借助此形式表示其不同程度的变化。如：

他十年前就得了糖尿病，最近病情又有发展。

据了解，今年开春，这一现象又有发展。

到了唐代，这种手工艺品的制作手段又有发展。

听说那个罪犯的态度有了转变。

经过科研人员的努力,研究工作有了重大突破。

工程总也没有进展,刘工程师受到了严厉的批评。

练一练

一、用"有"或"没有"和数量词完成下面的对话。

1. 这座山大概有多高?(用"有")
   我看这座山大概________________。
2. 你说她有多大年纪?(用"有")
   她看起来________________。
3. 这条河有 20 米宽吗?(用"没有")
   这条河________________。
4. 那条铁路有多长?(用"有")
   听说________________。
5. 这位篮球队员有多高?(用"有")
   这位篮球队员________________。
6. 那头猪有 200 公斤重吧。(用"没有")
   那头猪________________。
7. 这个湖最深的地方有多深?(用"有")
   这个湖最深的地方________________。
8. 这个会堂有多大?(用"有")
   大概________________。
9. 从这儿到大学大概有多远?
   从这儿到大学大概________________。
10. 那棵树有多粗?
    可能________________。

二、用"有"或"没有"和下面的名词完成句子。

眼光　能力　魄力　经验　办法　主意　才华　水平　文化　礼貌　教养

1. 老王是个很________________的人,遇到什么事情总能提出自己的看法。
2. 他早就预见到这一点了,真________________。
3. 小张非常固执,我________________说服他,只好随他去。
4. 老师觉得大卫________________,鼓励他去考博士。
5. 李亮是个________________的人,不会做这样缺德的事情的。
6. 何老师讲话________________,没有人不佩服他的。
7. 爷爷没上过学,老跟我说________________的苦处,让我好好学习。
8. 王师傅修了几十年汽车,在修理汽车方面________________。
9. 李明很尊重别人,对人________________。
10. 我们应该选________________的人当领导。

三、HSK 仿真题:在下面 ABCD 中选择唯一正确的填入空中。

1. 我离开家乡已有二十年了,这次回去,发现家乡______,很多地方都不认识了。

A. 有了很大变化　B. 改变很大　C. 有了很大改进　D. 有了很大改善

2. 爷爷的病情一直______,我们大家都很着急。

A. 没有发展　B. 没有进步　C. 没有改善　D. 没有好转

3. 小林每天跟中国人聊天,口语水平______。

A. 有了很大变化　B. 有了很大改进

C. 有了很大提高　D. 有了很大进步

4. 跟十年前相比,这个厂里工人的工作条件______。

A. 有了很大的改善　B. 有了很大的发展

C. 有了很大提高　D. 有了很大进步

5. 解决了这一难题后,工程终于______。

A. 有了改进　B. 有了进展　C. 有了进步　D. 有了发展

6. 现在政府越来越重视环境保护了,所以用于这方面的经费______。

A. 有了较大的增多　B. 有了较大的增进

C. 有了较大的增添　D. 有了较大的增长

7. 李丽对人______,所以我们都很喜欢她。

A. 很有礼节　B. 很有礼貌　C. 很有修养　D. 很有教养

8. 你挑的这件衣服大家都说好,你______啊!

A. 真有能力　B. 真有本领　C. 真有眼光　D. 真有魄力

9. 他是个敢想敢干的人,工作______。

A. 很有魄力　B. 很有责任　C. 很有修养　D. 很有变化

10. 今年这个厂电视的产量又______,比上年同月下降2%。

A. 有减低　B. 有降低　C. 有减轻　D. 有减少

参考答案

一、1. 我看这座山大概有1000米高。
2. 她看起来有50多岁。
3. 这条河我觉得没有20米宽。
4. 听说那条铁路有1600公里长。
5. 这位篮球队员有2.2米高。
6. 那头猪没有200公斤重。
7. 这个湖最深的地方有150米。
8. 大概有400平方米。
9. 从这儿到大学大概有3公里。
10. 可能有碗口那么粗。

二、1. 老王是个很有主意的人,遇到什么事情总能提出自己的看法。
2. 他早就预见到这一点了,真有眼光。
3. 小张非常固执,我没有办法说服他,只好随他去。
4. 老师觉得大卫非常有才华,鼓励他去考博士。
5. 李亮是个很有教养的人,不会做这样缺德的事情的。
6. 何老师讲话真有水平,没有人不佩服他的。
7. 爷爷没上过学,老跟我说没有文化的苦处,让我好好学习。
8. 王师傅修了几十年汽车,在修理汽车方面有丰富的经验。
9. 李明很尊重别人,对人很有礼貌。
10. 我们应该选有能力/有魄力的人当领导。

三、1. A　2. D　3. C　4. A　5. B　6. D　7. B　8. C　9. A　10. D

第八课 比较句(3)

试一试

用"A 比 B……"改写下面的句子。

1. 她爱看电视,我不太爱看。

2. 你重视家庭,他更是这样。

3. 在工作方面,老王有能力,老李差一些。

4. 在找工作时,小刘很有眼光,小张没有什么眼光。

5. 老李特别能吃辣,小张怕吃辣。

6. 老张很会说话,老马不太会说话。

7. 事故发生时她在场,比较了解当时的情况,而我不在场,所以不太了解。

8. 王刚是大学生,他的哥哥是初中生。(提示:用"学历")

9. 有人主张学钢琴,有人反对,我觉得还是学比较好。

10. 这辆和那辆汽车我都坐过,还是坐这辆汽车舒服。

讲一讲

前面第一单元第八课和第二单元第六课讲了几种比较句,那是对人或事物在性质、状态方面进行的比较,谓语或补语都是形容词。如:

这个地方比那儿干净。

他比小李长得帅。

本课讲的比较句的谓语都不是形容词。

基本结构 1：

A(名/代词)比 B(名/代词)+心理动词+(宾语)

A(名/代词)比 B(名/代词)+有+抽象名词

A(名/代词)比 B(名/代词)+助动词+动词

A(名/代词)比 B(名/代词)+动词短语或主谓短语

这类用"比"的比较句表示在爱好、心理活动、能力、某种状况等方面，前一项在程度上胜过后一项。(注意下面画线部分谓语的特点)

她比我爱看电视。(心理动词+动词短语作的宾语)

他比你更重视家庭。(心理动词+名词)

在工作方面，老王比老李有能力。("有"+抽象名词，下同)

在找工作时，小刘比小张有眼光。

老李比小张能吃辣。(助动词+动词，下同)

老张比老马会说话。

事故发生时，她在场，当时的情况她比我更了解。(动词短语)

王刚比他哥哥学历高。(主谓短语)

提示

(1) 常用于这类比较句的心理动词有"爱、喜欢、关心、关注、重视、注意、讲究"以及表示认知方面的"了解、熟悉"等。这类心理动词大多可以带两类宾语：动词宾语和名词宾语。

(2) 如果要强调用于比较的两项在程度上的差别，一般可以在心理动词、"有+抽象名词"和助动词的前面加表示比较的副词"还"或"更"，但不能用程度副词。如：

老师比我妈妈更关心我。

*老师比我妈妈很关心我。

这个孩子真懂事，比大人还有礼貌。

*这个孩子真懂事，比大人很有礼貌。

大姐比二姐更会买东西。

*大姐比二姐很会买东西。

当主谓短语的谓语是形容词，可以在形容词后加"得多"或"多了"表示程度加深。

王刚比他哥哥学历高得多。

在如何教育孩子方面，大卫比小林办法多多了。

(3) 这类比较句也可用于同一个人前后情况的比较，这类比较句一般表示变化，所以句尾要带"了"。如：

弟弟比以前爱说话了。

经过一段时间的交往，我比以前更了解她了。

获得奖学金后，小李比以前更努力了。

孩子长大后，比以前更懂得关心人了。

(4) 此处所讲的基本结构 1，或是表示不同的人之间的比较，或是表示同一人前后状况的比较。下面的句子是错的：

*我觉得这件比那件喜欢的颜色。

改：我觉得这件的颜色比那件更好看，我更喜欢这件。("好看"是形容词)

基本结构 2：

A（动词及短语）比 B（动词及短语）+ 形容词

A（动词及短语）比 B（动词及短语）+ 主谓短语

学钢琴总比不学好。（肯定的动作与否定的动作比较）

坐这辆汽车比（坐）那辆（汽车）更舒服。（相似或不同动作间比较，下同）

丢了护照比丢了钱还麻烦。

大声读课文应该比只看不读学习效果好。

提示

(1) 这类比较句主要用于对有相似点又有不同点的动作之间加以比较评价，有的是动作的宾语不同，有的是动作的方式不同。这类比较句的谓语一般是形容词或形容词作小谓语的主谓短语，表示比较的结果。

(2) 这类比较句中的形容词谓语前不能带程度副词，但常带表示比较的副词“更”“还”。

(3) 当对两个人所做的同一动作做比较时，最常见的形式是：A（人）+ 动词短语 + 比 + B（人）+ 形容词或动词，即 B 后一般只出现比较简单的形容词或动词，不出现短语，也不再出现状语，一般“比”前出现就可以了。比较句的谓语可以受表示比较的副词“还”“更”修饰。如：

她对孩子说话比你更耐心。

小李对客人的照顾比小张还周到。

老刘做这个工作会比老张更负责。

(4) 正如上面的例句那样，动作的对象常用介词“对”提前，有时以“对……的 + 动词”的形式出现。表示推理或估计的助动词“应该、会”等，应放在“比”的前面。

基本结构 3：

A（动词及短语）比 B（动词及短语）+ 形容词 + 得多/多了

A（动词及短语）比 B（动词及短语）+ 数量短语

骑自行车比骑摩托车容易得多。

与黄老师相识，比与李老师相识晚两天。

哥哥翻译英文比我快多了。

小林说汉语比以前流利多了。

老马大学毕业比我早两年。

提示

(1) 这类比较句主要用于动作与动作之间在难易、快慢、熟练程度以及时间等方面的比较。谓语的结构与 A 和 B 是名词或代词的比较句是一样的(详见第二单元第六课)。

(2) 当对两个人所做的同一动作作比较时，最常见的形式也是“比”后只出现被比的人，动词短语不出现。当比较动作的早晚时，有时可以像下面这样把动词移至后面：

老马大学比我早毕业两年。（老马大学毕业比我早两年。）

你比他晚到了 10 分钟。

练一练

一、用本课所学的比较句和(　　)中的词语改写下面的句子。

1. 我喜欢看足球比赛,没想到大卫更喜欢看。(用“还”)
   大卫
2. 玛丽很注意打扮,不过刘丽比她更厉害。(用“更”)
   刘丽
3. 何小东口才一般,张大明特别能说会道。(用“多了)
4. 他以前不关心孩子,现在关心了。(用“以前”)
5. 遇到什么事情,小丽很有主意,小林常不知道该怎么办。(用“得多”)
6. 不锻炼不好,稍微锻炼一下总是好的。(用“总比”)
7. 王平对顾客很热情,李丽比王平还热情。(用“还”)
8. 租光盘跟买光盘比,租光盘更实惠。(用“应该”)
9. 规定八点钟上课,王老师七点五十分就到了教室。(用“早”)
10. 王丽身材不太好,刘华身材非常好。(用“得多”)

二、用括号内的词语和“比”字句完成句子。

1. 小刘爱开玩笑,小李____________________。(更)
2. 自从学了汉语,我对中国文化____________________。(以前)
3. 对老年人来说,游泳比爬山____________________。(对身体)
4. 我觉得读汉语比说汉语____________________。(……得多)
5. 这孩子真聪明,回答问题____________________。(还)

三、HSK 仿真题:把(　　)中的词语放到正确的位置上。

1. 那 A 位老司机比 B 年轻的司机 C 经验 D 得多。(有)
2. 没想到王平 A 比我 B 能 C 吃辣 D。(还)
3. 刘明的 A 弟弟 B 王明 C 还喜欢 D 玩电脑游戏。(比)
4. 她 A 从小就 B 怕羞(xiū),长大后的她 C 比小时候 D 怕羞。(更)
5. 大卫开车时间比小林长,我 A 想 B 大卫开车 C 比小林 D 更稳(wěn)。(应该)
6. 因为 A 堵车,玛丽 B 比规定的 C 时间 D 了一个小时。(晚)
7. 自从 A 跟小丽谈了恋爱,他总是 B 希望能 C 更多地 D 跟她见面。(比以前)
8. A 没想到,B 小王 C 比他爸爸 D 喜欢足球。(还)

四、HSK 仿真题:找出下面每段话中有错误的一部分。

1. 我二十年前来过中国,那时大街上的小汽车不多,不过这次来到中国,觉得比以前车多得很。
A B C D

2. 他已经退休了,不料退休以后更忙起来了,有好几个公司请他去做兼职,他连和老朋友见面的时间也没有。
A B C D

3. 大卫和马克都只学了一年汉语,最近他们参加了写汉字比赛,大卫一分钟写的汉字比马克五个多。不过马克的汉字比大卫写得漂亮。
A B C D

4. 听说王老师比刘老师对学生特别好,不仅对学生很耐心,而且很关心,就像学生的妈妈一样。
A B C D

5. 你知道吗?我喜欢孩子,他喜欢孩子比我,见谁的孩子都要抱一抱。
A B C D

参考答案

一、1. 大卫比我还喜欢看足球比赛。
2. 刘丽比玛丽更注意打扮。
3. 张大明比何小东能说多了。
4. 他比以前关心孩子了。
5. 遇到什么事情,小丽比小林有主意得多。
6. 稍微锻炼一下总比不锻炼好。
7. 李丽对顾客比王平还热情。
8. 租光盘应该比买光盘更实惠。
9. 王老师比规定的上课时间早到了 10 分钟。
10. 刘华比王丽身材好得多。

二、1. 小刘爱开玩笑,小李比小刘更爱开玩笑。
2. 自从学了汉语,我对中国文化比以前了解多了。
自从学了汉语,我对中国文化比以前了解一点儿了。
3. 对老年人来说,游泳比爬山对身体更好。
4. 我觉得读汉语比说汉语容易得多。
5. 这孩子真聪明,回答问题比大人还快。

三、1. C 2. B 3. B 4. D 5. C 6. D 7. C 8. D

四、1. D　应为“觉得车比以前多多了”。
2. B　应为“不料退休以后更忙了”或“不料他比退休前还要忙”。
3. C　应为“大卫一分钟写的汉字比马克多五个”。
4. A　应为“听说王老师对学生比刘老师还好”。
5. C　应为“他比我更喜欢孩子”或“他比我还喜欢孩子”。

第九课　比较句(4)

试一试

一、用"A＋没有＋B……"的形式改写下面的句子。

1. 她比我爱打扮。

2. 王东的妻子很关心孩子，王东却不怎么关心。

3. 老李特别能吃苦，小张怕吃苦。

4. 弟弟比我会玩。

5. 我哥哥比你哥哥学历高。

6. 杨华比老马身体好。

二、用"A＋不比＋B……"的形式改写下面的句子。

1. 这次考试我考了80分，他考了82分。

2. 小刘一小时能打1000字，小张能打1010字，两人速度差不多。

3. 玛丽的工作能力比大卫稍强一点，大卫也不弱。

讲一讲

一、用"没有"的比较句(3)

第一单元第八课和第二单元第六课讲了用"没有"的几种比较句形式，谓语或补语都是形容词。如：

姐姐没有妹妹漂亮。（形容词"漂亮"是谓语）

你这次篮球比赛没有小刘打得好。（形容词"好"是补语）

弟弟没有哥哥懂得多。（形容词"多"是补语）

用"没有"的比较句，表示在某一方面(情况或动作)，前一项在程度上低于后一项。

本课讲用"没有"的比较句的另外几种结构。

基本结构1：

A(名/代词)没有B(名/代词)+心理动词+(宾语)

A(名/代词)没有B(名/代词)+心理动词+助动词+动词

A(名/代词)没有B(名/代词)+心理动词+主谓短语

这类用"没有"的比较句表示在爱好、心理活动、能力、某种状况等方面，前一项在程度上低于后一项。如：

我没有她爱打扮。

王东没有他妻子关心孩子。

小张没有老李能吃苦。

我没有弟弟会玩。

你哥哥没有我哥哥学历高。

老马没有杨华身体好。

注意这类"没有"句的谓语都不是形容词。常用于这类比较句的心理动词和用"比"的比较句差不多(参见本单元第八课)。

基本结构2：

A(动词及短语)没有B(动词及短语)+形容词

A(动词及短语)没有B(动词及短语)+动词短语/主谓短语

这类用"没有"的比较句是就两个动作的优劣进行比较。如：

这种菜煮没有炒好吃。

我记生词，读没有写记得牢。

游泳没有爬山减肥效果好。

提示

(1) 如果要进一步指示性状或程度，则要在B后面加上"这么"或"那么"，"这么"是近指，"那么"是远指。如：

小张没有你那么有眼光。

王东没有我这么信任你。

(2) 把"比"字句转换成"没有"时，只要将比较两项的位置进行调换，"比"换成"没有"就可以了。

二、用"不如"的比较句

用"不如"的比较句表示的是A在程度或优劣方面低于B。结构有以下几种：

基本结构1：

A(名/代词)不如B(名/代词)+形容词

这种花不如那种花香。(谓语是形容词，下同)

老李在许多地方不如老张可靠。

基本结构2：

A(名/代词)不如B(名/代词)+动词+得+形容词

基本结构3：

A(名/代词)不如B(名/代词)+心理动词+(宾语)/(得多)

A(名/代词)不如B(名/代词)+心理动词+有+抽象名词

A(名/代词)不如B(名/代词)+心理动词+助动词+动词

A(名/代词)不如B(名/代词)+心理动词+主谓短语

你不如她那么爱干净。(谓语是心理动词)

刘明不如李东懂得多。(谓语是认知方面的心理动词，下同)

王科长不如刘科长有本事。(谓语是"有+抽象名词")

小华不如小丽记性好。(谓语是主谓短语)

基本结构4：

A(动词及短语)不如B(动词及短语)+形容词

A(动词及短语)不如B(动词及短语)+主谓短语

A(动词及短语)不如B(动词及短语)+动词短语

坐着不如躺着舒服。(谓语是形容词，下同)

跟朋友借钱不如跟银行贷款爽(shuǎng)快。

住亲戚家怎么也不如住旅馆方便和自由。

去远处旅游不如在近郊旅游省钱。(谓语是动词短语)

做生意远不如当公务员生活稳定。(谓语是主谓短语)

提示

"不如"与"没有"的异同

(1) 两词都可以用于否定的比较句。从用法上看，"没有"多用于口语，"不如"多用于书面语。"没有"常用于同类的人或事物间的比较，"不如"更多地用于动作之间的比较(见基本结构4)。"不如"前还可以受"怎么也""远"等词语的修饰，强调两个比较项之间的程度差异，"没有"一般不受这类词修饰。

(2) "不如"句的谓语一般是说话人希望的、意义比较积极的词语，不能是消极的、不好的词语。"没有"后的谓语可以是意义比较积极的，也可以是消极的(多受"那么、那样"修饰)。下面的"不如"句是错的：

*他的学习成绩不如玛丽差。

(3) "不如"所表示的是A明显劣于、差于B，所以后面的谓语经常可以省略。如：

他的学习成绩不如玛丽。(一般不说：他的学习成绩不如玛丽好。)

有学问而乖僻(guāipì)还不如没有多少学问而通达人情世故。

"没有"句中的谓语是不能省略的。下面的"没有"句是错的：

*他的成绩没有玛丽。

(4) "不如"可以带像上面例句那样比较复杂的两个比较项，而且常隐含着说话人的主观评价或选择意向，所以可以用于"与其……还不如……"这样的选择复句(详见《关联词语　量词》分册)。"没有"只表示客观的比较，而不含有说话人的主观选择；"没有"前后的比较项也不能像"不如"前后比较项那样复杂。

(5) 也许是为了避免"没有+有+抽象名词"这样重复"有"的形式，当比较句的谓语是"有+抽象名词"时，一般前面用"不如"。如：

大卫不如玛丽有头脑。

三、用“不比”的比较句(2)

第二单元第六课讲了用“不比”的几种比较句形式,谓语或补语都是形容词。如:

我这次考试不比他差(多少)。

这次考试他不比我强(多少)。

小刘打字不比小张快(多少)。

大卫的工作能力不比玛丽弱。

玛丽的工作能力不比大卫强(多少)。

本课讲用“不比”的比较句的另外几种结构。

基本结构1:

A(名/代词)不比B(名/代词)+心理动词+(宾语)

A(名/代词)不比B(名/代词)+助动词+动词

A(名/代词)不比B(名/代词)+主谓短语

这类用“不比”的比较句表示在爱好、心理活动、能力、某种状况等方面,前一项在程度上与后一项差不多。如:

关于这件事,刘华并不比咱们多了解多少。

90年代的人并不比我们这代人能吃苦。

基本结构2:

A(动词及短语)不比B(动词及短语)+形容词

A(动词及短语)不比B(动词及短语)+动词短语/主谓短语

当老师不比当医生容易。

修电脑并不比修汽车挣钱多。

从使用频率上看,上述两类用“不比”的比较句比“不如”和“没有”要低得多。

四、用“跟……一样”的比较句(3)

第一单元第八课和第二单元第六课讲了用“跟……一样”的几种比较句形式,谓语或补语都是形容词。如:

我的故乡跟这里一样美。

陈平对人还跟以前一样热情。

刘师傅干得跟年轻人一样欢。

她总是穿得跟过去一样时髦。

本课讲用“跟……一样”的比较句另外几种结构。

基本结构1:

A(名/代词)跟B(名/代词)+一样+心理动词+(宾语)

A(名/代词)跟B(名/代词)+一样+有+抽象名词

A(名/代词)跟B(名/代词)+一样+动词短语/主谓短语

这类用“跟……一样”的比较句表示在爱好、心理活动、能力、某种状况等方面,前一项与后一项几乎是相同的。这类比较句中的谓语都不是形容词。常用于这类比较句的心理动词和用“比”的比较句差不多(参见第三单元第八课)。

小李跟他爸爸一样喜欢钓鱼。

刘老师跟我父母一样关心我,爱护我。

你会跟你大哥一样有出息。

爷爷跟我们一样高兴得手舞足蹈。

基本结构2:

A(动词及短语)跟B(动词及短语)+一样+形容词

A(动词及短语)跟B(动词及短语)+一样+动词短语/主谓短语

表示A和B两个动作,在重要性、优劣等方面是等同的。如:

学习一门外语,听说跟读写一样重要。

提示

(1)如果这类比较句的谓语是心理动词、有+抽象名词,比较的两项只能是人,而不能是物。下面的句子是错的:

*珍珠奶茶跟鲜橘子汁一样喜欢喝。

改:珍珠奶茶跟鲜橘子汁一样好喝。

(2)这类句中的形容词和动词短语前都不能加“很”“真”“非常”等程度副词。

(3)这类比较句中如果有助动词,要放在“跟”的前面。如:

他和陈平都是那位有名教授带出来的学生,他应该跟陈平一样有能力,有本领。

你一定会跟她一样爱上这个工作的。

练一练

一、用“没有”“不如”“不比”改写下面的比较句。

1. 王平比李刚有修养。

2. 在学习方面,马克比大卫肯下功夫。

3. 女孩子比男孩子更怕羞。

4. 妈妈比爸爸还担心我。

5. 老年人总是比年轻人有经验。

6. 姐姐比我更了解父母。

7. 她有才华,你也不差,你要相信自己。

8. 在家请客比去饭店吃饭花钱少。

9. 用信用卡消费比用现金消费方便得多,也安全得多。

10. 大卫比玛丽能喝酒。

二、用“跟……一样”改写下面的句子。

1. 我和爸爸有共同的爱好，就是下棋。

2. 鸭子能下蛋，鸡同样也能下蛋。

3. 小李讨厌蛇，我也一样。

4. 这篇小说写得很有趣，那篇小说同样有趣。

5. 中国有悠久的历史，印度同样有悠久的历史。

6. 男人和女人都害怕孤独。

7. 对此，很多人感到不理解，我也如此。

三、HSK 仿真题：在下面 ABCD 中选择唯一正确的填入空中。

1. ______，这次比赛还是让他上场吧。

A. 小王打球不如我打得不好　　B. 小王打球不如我打球好

C. 我打球没有小王打得好　　D. 我打球比小王打得不好

2. 那篇文章是写得好，______。

A. 不过比他不好　　B. 不过比他不好写得

C. 不过写得不好比他　　D. 不过没有他写得好

3. 我喜欢吃中国菜，______。

A. 跟我朋友也一样　　B. 我朋友跟我一样喜欢

C. 也我朋友跟我一样喜欢　　D. 我朋友跟我一样也喜欢

参考答案

一、1. 李刚不如王平有修养。　2. 在学习方面，大卫没有马克肯下功夫。

3. 男孩子没有女孩子那么怕羞。　4. 爸爸没有妈妈那么担心我。

5. 年轻人总是不如老年人那么有经验。　6. 我没有姐姐了解父母。

7. 她并不比你更有才华，你要相信自己。　8. 去饭店吃饭没有在家请客花钱少。

9. 用现金消费没有用信用卡消费那样方便、安全。　10. 玛丽没有大卫能喝酒。

二、1. 我跟我爸爸一样喜欢下棋。　2. 鸭子跟鸡一样能下蛋。

3. 我跟小李一样讨厌蛇。　4. 那篇小说写得跟这篇小说一样有趣。

5. 印度跟中国一样有悠久的历史。　6. 男人跟女人一样害怕孤独。

7. 对此，我跟很多人一样感到不理解。

三、1. C　2. D　3. B

第十课 存现句(2)

试一试

一、在下面的存现句中填上适当的"动词＋着"。

1. 那人身上(　　)一套西装。
2. 他手上(　　)一束花。
3. 桌上(　　)一些书。
4. 墙上(　　)一幅油画，画上画着几棵松树。
5. 那位妇女怀里(　　)一个孩子。

二、将左右两部分连成一句话。

院子里面	走过来一个人
家里	开来一部火车
她眼前	跑了一个犯人
这时候从北面	一辆自行车
我脑海中出现了	来了一位陌生人
那边	跑进来一条狗
老刘家丢了	40年前快乐的中学生活
监狱里	出现了一只巨大的手

讲一讲

第二单元第八课讲了存现句(1)，即"试一试"第一大题中的句子。

那人身上穿着一套西装。

他手上拿着/捧着一束花。

桌上放着一些书。

墙上挂着一幅油画，画上画着几棵松树。

那位妇女怀里抱着一个孩子。

本课讲存现句(2)。

基本结构1：

(从)处所/方位词＋表示移动的动词及短语＋一＋量词＋名词

表示某处出现了某人、某个动物或某个事物。

家里来了一位陌生人。

那边走过来一个人。

这时候从北面开来一列火车。

院子里面跑进来一条狗。

提示

(1) 上述存现句中的谓词大多是像“走、跑、跳、开(车)”与简单或复合趋向补语组成的短语。

(2) 这类句中谓语动词后是不确定的人、动物或事物，对听话人来说是新信息。由于这一特点，这类存现句常用于书面语，叙述新出现的情况或事件，往往放在一个语段的开始，后面一般都对新出现的情况或事件进行进一步的说明。如：

六点多钟，学校开来一辆汽车，我们班的同学全都上了车……

新近从青岛开来一艘客轮，停在港口，船长是我的老熟人，我得去看他。

(3) 这类存现句也可以作“不知”等动词的宾语，处所词一般是疑问代词。如：

大约九时左右，不知从哪儿开来一只快艇，在这海湾转圈疾驰(jíchí)，就距我们小船五十米左右。

(4) 有时这类存现句的处所词可以是人的感官(脑海中、眼前、耳边)，用于书面语，描写性强。可以表示未知事物的出现。如：

就在这危急时刻，她眼前出现了一只巨大的手。

在这条街上步行几分钟后，我们眼前出现了一座门楼……

不过，用“脑海、眼前”的存现句更多地用于描写某人新的思维活动(多为回忆)。在这类思维活动中出现的人或事物大多是确定的、已知的，少数是不定的、未知的。如：

我呆坐在书桌前，脑海中出现了40年前快乐的中学生活。

每当想到父亲，我的眼前就会浮现出他那高大的身影。

他望着在雾中远去的小船，眼前就浮现出一张陌生女人的脸，那张曾是他爷爷所描述过的乡下女人的脸……

漫步在故乡的山间小路，我耳边响起童年时母亲唱过的歌谣。

基本结构2：

处所词＋表示消失的动词＋了＋一＋量词＋名词

表示某处消失了某人、某个动物或某个事物。如：

监狱(jiānyù)里跑了一个犯人。

老刘家丢了一辆自行车。

大地震中，这个城市死了一千多人。

这类存现句也可以作“发现”等动词的宾语。如：

检查后发现文章丢了一个字。

大概过了几十分钟，当他再次回头时，发现屋里少了一个小孩。

下面句中的“少了一张王牌”是比喻用法：

由于5号运动员受伤不能上场，李教练手里少了一张王牌。

有时，意义相近的存现句可以连用，如：

如果袜子破了一只，茶杯盖打碎了，皮手套丢了一只，棋子少了一颗，都可到那个商店去补齐。

"少了"常与"多了"对用,表示一方面减少了,另一方面则增多了。如:

听说这位小说家现在改行做起了编剧,我真担心从今以后,影视界多了一个好编剧,文学界却少了一个好小说家。

几个月后,幼儿园少了一个女孩,却多了三个男孩。

练一练

一、HSK 仿真题:在下面 ABCD 中选择唯一正确的填入空中。

1. 先是听见一声尖叫,再一看,只见一阵风似的从爷爷院里______一个女子,跑到大门外,一下就没有影儿了。

A. 跑出来　　B. 跑进来　　C. 走出来　　D. 走出来

2. 顺着小路往前走,眼前______了一座小岛,岛上种着很多树。

A. 出来　　B. 见到　　C. 看见　　D. 出现

3. 突然,从远方______一辆黑色的小轿车,在我们面前一晃就拐弯了。

A. 开出来　　B. 开过来　　C. 开进来　　D. 出现

4. 当两个国家的领导人相继出现在主席台上,我的耳边______一阵热烈的掌声。

A. 听　　B. 有　　C. 响起　　D. 呈现

5. 我家______了一只小鸡,孩子吵着要再买一只。

A. 没有　　B. 死了　　C. 出　　D. 出现

6. 大卫走后,玛丽的心一直空荡荡的,眼前常常不自觉地______大卫的影子,特别是他那双炯炯有神的大眼睛。

A. 看见　　B. 看到　　C. 浮现出　　D. 出现了

7. 听到喊声,院子的门开了,从里面______一位长满胡子的老人,他头戴皮帽,身穿红色皮袍,脚上穿着一双黑色的皮靴。

A. 走出来　　B. 走进来　　C. 走过来　　D. 走过去

8. 汽车翻过一道山梁,眼前突然______一片绿色。啊,森林公园到了!

A. 浮现出　　B. 发现出　　C. 呈现出　　D. 展现出

9. 办公室______了一千元钱,要不要报警?

A. 没有　　B. 丢　　C. 有　　D. 捡起来

10. 李老师上课时,发现______一个学生,便问:"谁离开教室了?"

A. 走进了　　B. 多了　　C. 走出了　　D. 少了

二、模仿上面练习中的句子,用下面的动词组成存现句,完成下面的句子。

出现　浮现　呈现　走　来　跑　开　响　丢　死　少

1. 走进客厅,小刘看见从里屋______________一个小男孩,大概有十几岁。
2. 一天夜里,学校里________________汽车,从车上下来一男两女。
3. 每当我翻看小学时的日记,眼前就________________小学时的愉快生活。
4. 他跟我无所不谈,但最近出国了,我身边__________________朋友。
5. 在饭店快关门的时候,大门慢慢地开了,接着________________老妇人。

6. 听说监狱________犯人，警察们正在四处寻找。
7. 我们班________新同学，他叫大卫，是美国人。
8. 信读完了，他脑海中便________图画。
9. 这场交通事故________两个人，其中一个是我的同学，我很伤心。
10. 她慢慢醒过来，耳边________呼唤声。
11. 汽车翻过一道山，我们的眼前便________平原。
12. 张明旅行时________一个包。

三、组词成句。

1. 白 的 姑娘 穿 走出来 从 办公室 一个 连衣裙

2. 美丽 出现 的 我 海岛 眼前 了 一个 的

3. 门外 黑狗 跑进来 一条

4. 东面 公共汽车 开来 一辆 从

5. 中 很多 地震 城市 死了 人 这个

参考答案

一、1. A 2. D 3. B 4. C 5. B 6. C 7. A 8. C 9. B 10. D

二、1. 走进客厅，小刘看见从里屋走出来一个小男孩，大概有十几岁。
2. 一天夜里，学校里开来一辆汽车，从车上下来一男两女。
3. 每当我翻看小学时的日记，眼前就浮现出小学时的愉快生活。
4. 他跟我无所不谈，但最近出国了，我身边少了一个最知心的朋友。
5. 在饭店快关门的时候，大门慢慢地开了，接着走进来一个70多岁的老妇人。
6. 听说监狱跑了一个犯人，警察们正在四处寻找。
7. 我们班来了一个新同学，他叫大卫，是美国人。
8. 信读完了，他脑海中便浮现出一幅美丽的图画。
9. 这场交通事故死了两个人，其中一个是我的同学，我很伤心。
10. 她慢慢醒过来，耳边响起孩子们的呼唤声。
11. 汽车翻过一道山，我们的眼前便呈现出一片平原。
12. 张明旅行时丢了一个包。

三、1. 从办公室走出来一个穿白连衣裙的姑娘。
2. 我的眼前出现了一个美丽的海岛。
3. 门外跑进来一条黑狗。
4. 从东面开来一辆公共汽车。
5. 地震中，这个城市死了很多人。

第十一课　反问句(2)

试一试

一、用"不是……吗?"把下面的陈述句改写成反问句。

1. 你是大卫吧。

2. 这是你在找的那本小说。

3. 这个问题老师讲得很明白。

4. 玛丽歌唱得很好。

二、用"难道"把下面的句子改写成反问句。

1. 质量这么差的产品不能出厂。

2. 他为我们做了这么多事,你不应该有意见。

3. 她现在需要帮助,我们应该关心一下她。

三、用(　　)内的词语改写下面的反问句子,基本意思不变。

1. 人不是草木,怎么能没有感情呢?(岂)

2. 我帮你保存这些资料还做错了?　(难道……不成)

3. 十分钟就走到了,还有必要坐车吗?(何必)

4. 这件衣服既然不喜欢,那还有什么必要买呢?(何必)

5. 听说父母和孩子一起参加比赛效果非常好,我们为什么不也试试呢?(何不)

讲一讲

第二单元第九课学习了使用疑问代词、“还”、否定词和助动词“会、能”等的反问句。本课学用“不是……吗?”“难道”“岂”“何必”等的反问句。

一、用“不是……吗?”的反问句

这类反问句是用否定的形式表示肯定的意思。常用于以下场合:

1. 对已知的人、事实或结论加以确认,有时带有提醒对方的作用。

你不是大卫吗?(加以确认)

这不是你正在找的那本小说吗?(加以确认,提醒对方)

不是考试通过就可以升班了吗?(加以确认)

2. 以“不是……吗?”作为根据或理由,后面还有表示结论或疑问的句子。如:

这个问题书上不是讲过吗?你看看第二章。(加以确认,提醒对方)

玛丽不是歌唱得很好吗?就让她表演吧。(加以确认,提醒对方)

3. 以“不是……吗?”表明说话者的观点。如:

如果我们能一边旅游,一边做些社会调查,不是更有意义吗?(建议)

你让他卖假货,这不是害他吗?(批评)

我没有上大学,不是照样生活得很好吗?(反驳某种观点)

二、使用“难道”“岂”的反问句

1. “难道”是副词,能加强反问语气,常用于口语和书面语。句末常有“吗”或“不成”。用在肯定形式的反问句里,实际表示否定;用在否定形式的反问句里,实际表示肯定。如:

难道质量这么差的产品可以出厂吗?(批评)

他为我们做了这么多事,难道你还有意见?(反驳并为“他”辩解)

她现在需要帮助,难道我们不应关心一下她吗?(质问并强调说话者的观点)

难道我帮你保存这些资料还错了不成?(反驳并带不满)

2. “岂”是副词,能加强反问语气,多用于书面语,意思相当于“难道、哪、哪里、怎么”。

(1) 用在肯定形式的反问句里,实际表示否定,常跟“是、有、能、敢、容”等词连用。常用于说明、解释或表明观点、立场等。如:

人非草木,岂能无情?(说明、解释)

每天都忙于喝酒应酬,工作岂能不受影响?(说明)

你的钱我岂敢乱花?(说明)

你对我们照顾得这么周到,我们感谢还来不及,岂有不满意之理?(解释)

我们人民警察一定要保护人民,岂容罪犯四处横行?(表明立场)

(2) 用在否定形式的反问句里,实际表示肯定。常与“不、不是、非”等否定性词语连用。如:

如果大家都不遵守法律,想干什么就干什么,天下岂不大乱?(表明观点)

发生了交通事故,那个交警却走开了,这岂不是咄咄(duōduō)怪事!(表示惊异)

他一会说这个展览要办,一会说再等等,岂非自相矛盾?(表示奇怪)

三、用“何必”“何不”的反问句

“何”是疑问代词,相当于“什么、怎么”等,用于书面语。有时可以构成“何必、何不”,用于反问句。“何必”表示“不必”的意思，“何不”表示“应该可以”的意思。如：

十分钟就走到了，何必要坐车呢？（提出不同意见，下同）

这件衣服既然不喜欢，那何必买呢？

听说父母和孩子一起参加比赛效果非常好，我们何不试试呢？（建议）

“何以”的意思是“靠什么、凭什么”，有时可用于反问句，表示“怎么能”。“何至于”是“怎么会到（某种地步或情况，一般是消极的）”的意思，有时也可用于反问句，语气较强。两词用于反问句的使用频率没有“何必、何不”高。如：

连怎么做人都不懂，何以为人父母？（批评）

你要早点跟我解释清楚，何至于闹这么大的误会！（责怪）

提示

(1) 注意本课讲的三类反问句的句尾：“不是”和“难道”构成的反问句句尾都是以“吗”结尾的。“何必、何不”构成的反问句都是以“呢”结尾的。“何以、何至于”构成的反问句句尾一般不用语气词。

(2) 反问句常使用的语境和所表达的语用意义。

本课与第二单元第九课中所讲过的反问句，都是无疑而问，它不要求听话人回答，但语气往往比一般陈述句强。它在交际中经常出现于以下语境：

① 在关系密切的朋友、恋人、亲人、同事、同学之间使用，这是最常见的。如：

A：小李去哪儿了？
B：你问我，我问谁去啊？
或：我怎么知道？/你怎么问我呢？（即：我不知道。）
（责怪对方问了不该问的人，带有不耐烦的语气）

A：妈妈，我要你陪我玩！
B：你没看我正忙着吗？哥哥不是在跟你一起玩吗？
（前一句带责怪，后一句提醒并带说服的语气）

A：你们别选我当班长，我能力太低。
B：谁说你能力低？你要是能力低，咱们班谁还有能力？（反驳中带称赞）

A：听说只要在这个公司实习时被评为优，就可以被录用，你说我去不去实习？
B：这么好的机会去哪儿找？你还犹豫什么？（肯定并鼓励对方）

A：你嫁给我有什么好？我既没钱，又长得不帅。（劝说）
B：没钱有什么？咱们可以挣。长得太帅，我不是还得担心别的女孩子追你？
（反驳、劝慰，带有半开玩笑的语气）

② 交际双方有地位差的。地位高的人使用反问句比地位低的人更多一些。如：

公司老板对下属：

吵什么吵！公司员工都像你们这么不团结，这个公司还办得下去吗？（批评，语气严厉）

只要我们努力，困难还愁克服不了吗？（鼓励）

老师对学生：

这个题目我不是在课上讲过吗？你怎么还错！（批评，语气严厉）

你已经参加过两次 HSK,都取得了好成绩,这次难道会失败吗?(鼓励)

下属对领导:

A:王平,你就去仓库做保管员吧。

B:厂长,保管员怎么用得着大学文化呢?早知今日,我当初何必读大学呢!

(表示不满,认为自己读了大学就不该当保管员)

A:这次心脏病可差点儿要了我的命啊!

B:院长,您要是不这么拼命,多注意休息,何至于此啊!(出于关心的责怪)

③ 陌生人之间,常用于批评、责怪或反驳。如:

A:这孩子你怎么加塞啊?后头排队去!(批评,语气很不客气)

B:他是个孩子,你跟他计较什么!(责怪,语气很不客气)

A:难道他加塞就对了,不该说吗?大家都这样,岂不是都乱了套了?(反驳,语气很不客气)

A:别理他,这种人没水平!

B:你有水平?怎么没去当国家领导人呢?(讽刺式反驳,语气很不客气)

从上面所举的例子看,除了用于鼓励、劝慰、肯定与出于关心的责怪的情况外,反问句较多地用于消极方面:责怪、批评、表示不满,因而语气往往不太客气,这一点在理解与使用中应加以注意。

练一练

一、用(　　)内的词语或结构把下面的陈述句改写成反问句。

1. 那是陈老师吧。(不是……吗?)

2. 做生意应该讲信誉、守信用。(难道)

3. 自行车没有问题,你没有必要修。(何必)

4. 试验成功了,你怎么还不高兴?(不是……吗?)

5. 和中国人一起聊天,既可以练习口语,又可以了解中国文化,真是一举两得。(岂)

6. 要是早作准备,不至于弄得这么手忙脚乱。(何至于)

二、用(　　)内的词语或结构改写下面的反问句。

1. 我不过是写着玩玩,有必要拿出去发表吗?(何必)

2. 大家都喜欢中国武术,为什么不把大家组织起来一起学习、交流呢?(何不)

3. 你想跟他学,我也想跟他学,咱们共同拜他为师,不是更好吗?(岂)

4. 我不服气，我真这样没用吗？（难道）

5. 他要是能早听我的话，怎么会弄到现在这个样子？（何至于）

6. 人间真情难道能用金钱买得来？（岂）

三、用（　）内的词语或结构组成反问句完成下面的句子。

1. 孩子不想学钢琴就算了，______________________？（何必）
2. ______________________，怎么还没有走？（不是……吗？）
3. 你的工作总是出错，______________________？（难道）
4. 他要是有工作，______________________。（何至于）
5. 如果衣服没穿几次就扔了，______________________？（岂）
6. 他住在美国人家里，英语提高得特别快，__________________？（何不）
7. 这么点儿小事都做不好，__________________？（何以）
8. 他写的那首歌很一般，______________________？（难道）

四、HSK 仿真题：在下面的 ABCD 中选择唯一恰当的答案。

1. 说好的八点见面，你怎么现在才来？看看现在都几点了！
说话人对对方是什么态度？
A. 责怪的　　B. 反驳的　　C. 说明的　　D. 劝说的

2. 这次比赛输了，不是还有下次吗？
说话人对对方是什么态度？
A. 劝说的　　B. 表扬的　　C. 鼓励的　　D. 责怪的

3. 他看上你了。难道你还看不出来吗？
说话人对对方是什么态度？
A. 劝说的　　B. 不满的　　C. 鼓励的　　D. 提醒的

4. 你把作业借给他抄，岂不是害他吗？
说话人对对方是什么态度？
A. 劝说的　　B. 批评的　　C. 鼓励的　　D. 提醒的

5. 这不过是普通比赛，何必那么紧张呢？
说话人对对方是什么态度？
A. 劝慰的　　B. 批评的　　C. 鼓励的　　D. 提醒的

6. 当初要是互相谅解一点儿，何至于闹这么大的矛盾呢？
说话人对对方是什么态度？
A. 劝慰的　　B. 讽刺的　　C. 责备的　　D. 提醒的

7. 这种方法不行，何不另换一种方法呢？
说话人对对方是什么态度？
A. 劝慰的　　B. 提醒的　　C. 责备的　　D. 满意的

8. 你不是今天有重要的会议吗，怎么还不出门？
说话人对对方是什么态度？
A. 劝慰的　　B. 讽刺的　　C. 责备的　　D. 提醒的

9. 你说我太严厉，对不认真的人难道不该严厉批评吗？
说话人对对方是什么态度？
A. 反驳的　B. 提醒的　C. 责备的　D. 满意的
10. 要不是您的帮助，我岂能完成这么艰巨的任务？
A. 反驳的　B. 提醒的　C. 满意的　D. 感谢的

参考答案

一、1. 那不是陈老师吗？
2. 做生意难道不应该讲信誉、守信用吗？
3. 自行车没有问题，你何必要修呢？
4. 试验不是成功了吗？你怎么还不高兴？
5. 和中国人一起聊天，既可以练习口语，又可以了解中国文化，岂不一举两得？
6. 要是早作准备，何至于弄得这么手忙脚乱？
二、1. 我不过是写着玩玩，何必拿出去发表呢？
2. 大家都喜欢中国武术，何不把大家组织起来一起学习、交流呢？
3. 你想跟他学，我也想跟他学，咱们共同拜他为师，岂不是更好吗？
4. 我不服气，难道我真这样没用吗？
5. 他要是能早听我的话，何至于此？
6. 人间真情岂能用金钱买得来？
三、1. 孩子不想学钢琴就算了，何必勉强他呢？
2. 你今天不是有课吗，怎么还没有走？
你今天不是要上班吗，怎么还没有走？
3. 你的工作总是出错，难道不应该好好反省一下吗？
你的工作总是出错，难道不应该认真一点儿吗？
4. 他要是有工作，何至于来求你帮他？
5. 如果衣服没穿几次就扔了，岂不太浪费了？
6. 他住在美国人家里，英语提高得特别快，我们何不也试试看？
7. 这么点儿小事都做不好，何以做大事？
8. 他写的那首歌很一般，难道也能参加评奖？
四、1. A 2. C 3. D 4. B 5. A 6. C 7. B 8. D 9. A 10. D

第十二课　比较句(5)

试一试

一、用"比起……来""跟……比起来"或"跟……相比"改写下面的句子。

1. 大卫聪明,玛丽更聪明。

2. 上个学期他汉语考了 60 分,这个学期他考了 80 分。

3. 我喜欢看篮球比赛,但更喜欢看足球比赛。

4. 李丽画的画比张明要差一些,比刘东要好一些。

二、用"拿……跟……相比/一比/一比较"改写下面的句子。

1. 李班长的能力比王班长的能力强得多。

2. 大卫的汉语水平很高,马克的水平差多了。

3. 打太极拳运动量小,打篮球运动量大。

4. 李丽画的画比张明要差,但比刘东要好一些。

5. 这里生活环境比城里好,教育水平没有城里高。

讲一讲

一、用"比起……来""跟(和)……比起来/相比"的比较句

在前面第一单元第八课,第二单元第六课和第三单元第八、九课,讲了四类比较句。本课讲的是用"比起……来""跟……比起来""跟……相比"的比较句。

基本结构:

比起 B 来,A…… + 更 + 形容词

比起B来,A……+更+形容词+一些
比起B来,A……+形容词+得+多
比起B来,A……+形容词+多了
比起B来,A+更+心理动词+动词宾语
比起B来,(对)+A+心理动词

表示与B作了比较之后,对A的程度进行说明或评价。

上面结构中的“比起……来”,都可以换成“跟……比起来”“跟……相比”。如:

比起大卫来,玛丽更聪明。
比起上个学期来,他这个学期的汉语成绩有了很大的提高。
跟篮球比赛相比,我更喜欢看足球比赛。
比起校长来,我们教师的压力要小得多。
跟两年前相比,这个球队的实力强多了。
跟那些低收入的人相比,我对现在的收入很满意了。

“跟……相比”在口语中有时也可以说“跟……一比”。如:

我虽然练了很长时间书法,但我写的字跟李丽一比,还差得远呢。

提示

(1)当谓语是心理动词时,有的心理动词(如“满意”等)的对象有时要用“对”引进。

(2)当要对动作的不同对象(一般是宾语)进行比较时,只能用以上这类句型,而不能用“A比B……”。下面的句子是错的:

*我比看篮球比赛更喜欢看足球比赛。(正确的句子见上)
*我比苹果更喜欢香蕉。
改:比起苹果来,我更喜欢香蕉。

(3)这类比较句常表示比较者喜欢、满意与否的主观态度,比项A与比项B的比较结果可以省略不说。如:

比起那家饭店来,我对这家更满意。(省略了“这家饭店比那家好”的比较结果)

(4)有时可以单用“比起来”或“比较起来”,被比项在前文出现或者隐含。如:

我的数学和物理都不好,比较起来,我更怕物理。
比起来,各种新潮在偏远的乡村中流行较慢,那里的人更容易屈服于旧俗。
(被比项隐藏含未说,但从句子可知是“城市”及靠近城市的乡村)

(5)书面语中,“同、与”也常与“相比”一起用。如:

同博学多才的的大师相比,我在各方面都差得太远了。
与活泼好动的刘小东相比,李小丽就显得比较文静。

二、用“拿(以)……和……比/相比”的比较句

基本结构:

拿A和B比/相比,A+形容词+多了
拿A和B比/相比,A+动词……
拿A和B比/相比,A+更+心理动词+动词宾语

表示拿A与B比较之后,对A的程度作出说明或评价。

拿李班长和王班长比,李班长的能力强多了。

拿打篮球和打太极拳相比,打篮球的运动量大多了。

拿我现在的生活和二十年前相比,简直是一个天上,一个地下。

他认为,拿个人的幸福生活和事业相比,生活总是占第二位的。

拿京剧和歌剧相比,王平更爱看京剧。

"拿……和……比"在口语中有时也可以说"拿……和……一比"。如:

拿马克和大卫一比,马克的汉语水平就显得比较差。

上述比较句结构中的"拿",有时也可以用"以"。"以"是书面语词,一般用于书面语的比较句。如:

以你的真诚和她的虚伪比,你的真诚足以感动大家,使大家接受你。

提示

(1) 这类比较句不仅常用于对所比的项目进行说明与评价,有时也可以省略这类说明与评价不说,直接接经比较后加以评判、选择的句子。如:

拿中国菜和日本菜的价格一比较,他决定吃中国菜了。

拿玛丽和李丽相比,大家觉得还是让李丽去办这件事放心一些。

(2) 这类比较句也可以不说出比较结论,以小句的形式作宾语。如:

小林是专业歌手,我没想到他拿我和小林相比。

(3) 有时,"拿……和……相比"的"比"是类比,不是比较。如:

因为这位作家生活在北京,很多人拿他写的东西和老舍的东西相比,一概称为"京味儿"。(注:老舍是用北京话写作小说的代表)

三、多项比较选择句

基本结构:

A、B 和 C 相比/比起来,……最/更 + 形容词

A、B 和 C 相比/比起来,……最/更 + 动词短语

表示 A、B 和 C 等多项之间进行比较,选择其中某一项的程度作出说明或评价。如:

看书、上网和看电视相比,我觉得看书最有意义。

友谊、爱情和亲情比起来,你认为哪个更重要?

四、并列比较句

两个或两个以上的比较句一起并列使用,句子常带有相对或对比的意义。

基本结构 1:

跟/和 B 相比,A……;跟/和 C 相比,A……

表示比项 A 与不同的被比项 B、C 进行比较。

上面结构中的"跟……相比"可以换成"比起……来""跟/和……比起来",也可以交错使用。如:

跟张明相比,李丽画的画要差一些;跟刘东相比,李丽的画则好一些。

比起那些百万富翁,我不算富有;可是比起那些穷人,我的生活应该算是中等的。

和专业选手相比,他的表现还弱些;可是和业余选手比起来,他的表现确实很出色。

基本结构 2：

在……上/方面，A 比 B + 形容词；在……上/方面，A 不比 B + 形容词

论……，A 比 B + 形容词；论……，A 比 B + 形容词

论……，A 比 B + 形容词；论……，B 比 A + 形容词

从不同的方面，将 A 和 B 互相进行比较。如：

在生活环境方面，这里比城里好；但在教育水平方面，这里比城里要差。

论能力，王平比李力强；论人品，李力比王平好。

在技术上，我们比大公司落后很多；可是在敬业精神上，我们并不比他们差。

五、使用“敢、能”等助动词的比较句

基本结构 1：

……，A 不能跟/和 B（相）比

在……上/方面，A 不能跟/和 B（相）比

表示从程度上看，A 比 B 相差很大，根本无法和 B 进行比较。如：

事业、爱情都没有着落的陈亮和事业、爱情都大获成功的张明绝对不能相比。

在领导才能方面，他不能跟你比。

这类比较句一般用否定式。有时在反问句中可用肯定式，但仍表示的是否定的意义。这类比较句常用于赞扬某人。如：

在关心群众，爱护群众方面，谁也不能跟您相比。

基本结构 2：

……，A 不敢跟/和 B（相）比

论……，A 不敢跟/和 B（相）比；论……，A 比 B + 形容词

表示从程度上看，A 比 B 差很多，A 没有勇气和 B 进行比较。如：

他是主角，你是名角，我只是配角，我不敢和他比，更不敢和你比。

在并列的两个比较中，则可以表示前后意义相对或相反的意思。如：

论聪明才智，我不敢跟你比；论吃苦精神，我觉得比你强一些。

这类比较句一般用否定式。有时在反问句中可用肯定式，但仍表示的是否定的意义。

我怎么敢跟王教授比？人家是专家，我不过是个普通的技术员。

要说规模和实力，咱们哪敢跟大公司比啊！

这类比较句常用于说话人表示自己的谦虚。

A：我看你们这个产品的质量快超过那个跨国公司了。

B：哪里，比起以前来，我们的产品质量是有了提高，不过，现在还不敢跟那个跨国公司比。

“无法 + 跟……比”与上面两种用助动词的比较句的意思比较接近。有时可以与前面的句式一起使用。如：

我的工作能力无法跟老马比，他比我强多了。

在物质生活方面，我无法跟他比；不过在精神生活上，他却是万万不能和我比的，我觉得我的精神生活比他富足多了。

在用法上，“无法 + 跟……比”的比较句比较客观，语气比较平和，不像带助动词“能”或“敢”的比较句往往带有说话者的主观倾向，语气比较强。所以“无法 + 跟……比”比较句只能用于陈述句而不能用于反问句。“无法”前一般也不受“绝对、万万”等表示强调语气的副词的修饰。

提示

"跟/和B相比……""拿A跟B比……"与"A比B……"用法上的异同

(1)"A比B……"的比较句,后面的谓语结构一般比较简单,比较的结论要靠整个"A比B……"来表示。"比起B来……""跟/和B相比……""拿A跟B比……"类比较句,由于把比项A和被比项B提到句首,后面就可以接比较复杂的、表示比较结果的句子。不仅可以接单句,还可以接比较复杂的并列复句或递进复句,将比项和被比项进行多方面的、更加充分的比较。如:

比起何明来,李东工作更有魄力,脑子更灵活,社会关系也更多一些,所以让李东搞产品推销可能更合适。

跟那家超市相比,这家超市不仅商品齐全,而且价格也便宜。

像上面这样表示比较复杂的比较结果的形式一般是无法用"A比B……"来表示的。

(2)当要对动作的不同对象(一般是宾语)进行比较时,只能用"比起B来……""跟/和B相比……",而不能用"A比B……"(详见本课"讲一讲")。

(3)"跟/和B相比……"比项和被比项前可以带比较复杂的定语(一般是比较的方面)。"A比B……"则很少这样用。如:

事业、爱情都没有着落的陈亮和事业、爱情都大获成功的张明绝对不能相比。

跟吃了一辈子苦的父亲相比,我们的生活真是太幸福了。

(4)"A比B……"比较句必须要有表示比较结果的谓语;"比起B来……""跟/和B相比……"比较句后如果有表示主观态度或选择的句子,比较结果可以省略。"跟/和B相比"前如用"不能、不敢"时,本身已隐含比较结果,也不需要带表示比较结果的谓语。

(5)表示比项A与多个被比项如B、C进行比较时,一般用"比起B来……""跟/和B相比……"。"不敢跟/和B相比……"可以承接表示陈述的上文,在多个比项中进行递进式比较。这些都是"A比B……"比较句所不能表示的。

(6)在 用"在……上/方面""论……"等把比较的方面提到前面的并列比较句中,多用"A比B……"比较句或"不能/不敢跟……比"。

句型与句式

练一练

一、选用"A比B……""比起……来""跟……比起来""跟……相比""拿……跟……相比/一比/一比较"改写下面的句子。(注意:有的句子有多种改写法)

1. 这个饭店的菜很一般,价格也贵,那个饭店不仅菜好吃,价格也便宜。

2. 大卫学习认真,玛丽更认真。

3. 昨天天气很热,今天好像更热了。

4. 今年下雨的日子比去年多。

5. 小林平时早上都是八点钟到学校，今天七点就到了。

6. 我喜欢听流行歌曲，但更喜欢听古典音乐。

7. 玛丽的汉字写得比马克差，但比大卫要好一些。

8. 对小张，我只是喜欢跟他相处，对小李，就不仅是喜欢，而是有点儿爱上他了。

9. 坐火车便宜，但比较慢；坐飞机贵，但比较快，他最后决定坐飞机了。

10. 王华比较了解玛丽与李丽的性格和为人，最后决定和李丽一起住了。

二、完成下面的比较句。

1. 跟李丽的热情好客相比，张芳______________。
2. 拿冬天和夏天相比，我觉得______________。
3. 跟那种电视相比，这种电视不仅__________，而且价格也__________。
4. 比起其他动物来，熊猫更______________。
5. 山村和大城市相比，______________。
6. 在玩上，你不能和他比；可是在学习上，__________。
7. 比起______________，这里安静得多。
8. 年纪大的人总喜欢______________，说过去如何好，现在如何不好。
9. 我虽然讨厌做家务，但拿做饭和洗碗比，______________。
10. 比起刚来中国的时候，他现在的汉语______________。

三、选用"不能/不敢/无法跟(和)……比"改写下面的句子。

1. 人家是专业运动员，咱们是业余运动员，咱们__________。
2. 刘医生是有名的外科医生，李医生刚大学毕业，他的技术__________。
3. 朋友把我的这幅画跟那位名画家的画相提并论，我不能接受，__________。
4. 这是一座有两千年历史的古城，文化遗产十分丰富，__________。
5. 您是这方面的专家，经验这么丰富，我__________。

四、HSK 仿真题：在下面每一段话中找出错误的一部分。

1. 大卫和马克是同一年开始学汉语的(A)，大卫很用功(B)，马克也一样(C)，比较起来马克汉语的水平和大卫的，马克更好了(D)。

2. 今年冬天我们去日本旅游了(A)，我们发现(B)，东京比上海买东西的价格比较贵(C)，所以只买了几样小东西(D)。

3. 到了这里以后，我看自行车比汽车更怕，有的骑车人不遵守交通规则，又骑得太快。
A　B　C　D

4. 他既会打网球，又会打篮球，他网球打得不错比他篮球，所以老师让他参加学校的篮球队。
A　B　C　D

5. 他虽然是外国人，但他说汉语得比中国人一样流利。我第一次听他说汉语时，觉得很吃惊。
A　B　C　D

参考答案

一、1. 跟这个饭店相比，那个饭店不仅菜好吃，价格也便宜。
拿那个饭店跟这个饭店相比，那个饭店不仅菜好吃，价格也便宜。
2. 玛丽比大卫学习更认真。
和大卫比起来，玛丽学习更认真。
3. 今天比昨天热。
比起昨天来，今天好像更热了。
4. 跟去年相比，今年下雨的日子要多一些。
比起去年来，今年下雨的日子要多一些。
5. 拿今天跟平时相比，小林今天早到学校1个小时。
跟平时相比，小林今天到学校早了1个小时。
6. 跟流行歌曲比起来，我更喜欢听古典音乐。
拿古典音乐跟流行歌曲相比，我更喜欢听古典音乐。
7. 比起马克来，玛丽的汉字写得比较差；但比起大卫来，她的汉字还要好一些。
8. 比起小张来，我对小李，就不仅是喜欢，而是有点儿爱上他了。
9. 在时间上，飞机比火车快，拿火车和飞机一比，他最终还是决定坐飞机了。
10. 王华拿玛丽的性格和为人与李丽一比较，最后决定和李丽一起住了。

二、1. 跟李丽的热情好客相比，张芳显得比较冷淡。
2. 拿冬天和夏天相比，我觉得还是冬天好过些。
3. 跟那种电视相比，这种电视不仅质量好，而且价格也适中。
4. 比起其他动物来，熊猫更讨人喜欢。
5. 山村和大城市相比，空气新鲜，环境也安静。
山村和大城市相比，空气更新鲜，生活更舒适。
山村和大城市相比，空气更新鲜，但交通不太方便。
6. 在玩上，你不能和他比；可是在学习上，他就无法和你比了。
7. 比起那个乱哄哄的地方，这里安静得多。
比起刚才那个地方，这里安静得多。
8. 年纪大的人总喜欢拿过去与现在比，说过去如何好，现在如何不好。
9. 我虽然讨厌做家务，但拿做饭和洗碗比，我情愿洗碗。
10. 比起刚来中国的时候，他现在的汉语好多了。
比起刚来中国的时候，他现在的汉语有了很大的进步。
比起他刚来中国的时候，他现在的汉语水平有了很大的提高。

比起他刚来中国的时候,他现在的汉语水平高多了。

三、1. 人家是专业运动员,咱们是业余运动员,咱们不敢跟人家相比。

2. 刘医生是有名的外科医生,李医生刚大学毕业,他的技术不能跟刘医生相比。

3. 朋友把我的这幅画跟那位名画家的画相提并论,我不能接受,我怎能跟那位画家相比?

4. 这是一座有两千年历史的古城,文化遗产十分丰富,在这方面,很多年轻的城市无法跟它相比。

5. 您是这方面的专家,经验这么丰富,我不敢跟您比。

四、1. D 应为"跟大卫比起来,马克的汉语水平更高一些"。

2. C 应为"跟上海比起来,东京的东西价格更贵(一些)"。

3. B 应为"我觉得自行车比汽车更可怕"或"跟汽车比起来,我更怕自行车"。

4. C 应为"他网球打得比篮球好"或"跟篮球比起来,他网球打得更好"。

5. B 应为"但他汉语说得跟中国人一样流利"。

单元练习

一、用句后(　　)里的词语改写下面的句子。

1. 这本英文小说由他翻译成了中文。(把……翻译成……)

2. 那部电影是王平根据他听到过的那个民间故事改编的。(把……改编成……)

3. 听写时,“再见”的“再”,大卫写成了“在”。(把……写成……)

4. 林大刚对我特别好,我觉得他像我的哥哥一样。(把……当做)

5. 我们都很敬重李教授,叫他“李老”。(把……称做)

二、选用下面的动词或动词短语,用“把”字句完成句子。

叫　挂　送　拿　拍　看作　当作　选为　建设成　培养成

1. 这里的风景太美了,我要____________。
2. 我____________,因为她太像玛丽了。
3. 小丽的爸爸妈妈特别重视孩子的教育,他们要____________。
4. 警察要检查证件,我____________。
5. 张老师像妈妈一样关心学生,所以很多学生____________。
6. 姐姐买回来一张油画,____________墙上。
7. 我们都爱自己的祖国,都想____________。
8. 都快中午了,他怎么还在睡觉?快____________。
9. 王平对班里的事情很热心,大家____________。
10. 大卫的朋友要走了,大卫____________。

三、从下面的动词中选择合适的动词,用“把＋动词的重叠”式,完成句子。

洗　擦　抹　整理　打扫　修理　介绍　谈　讲　查　检查　收拾

1. 关于明年的工作计划,我们想听听大家的意见,请大家把____________。
2. 客人就要来了,把屋子____________。
3. 吃完饭以后,你把碗____________,把桌子____________。
4. 为了旅客的安全,出发以前,咱们还是把汽车____________。
5. 听老师说你学汉语有很多好方法,能不能____________?

四、用“被”字句改写下面的句子。

1. 大卫把马克从床上拉了起来。

2. 李丽把通知贴在了广告栏上。

3. 我们把原来的荒地改造成了一块绿地。

4. 大家把大卫评为优秀运动员。

5. 人们把非常崇拜歌星、影星、球星的那些人叫作“追星族”。

五、用句后(　　)里的词语句完成下面的句子。

1. 长城这一伟大建筑＿＿＿＿＿＿＿＿＿＿＿＿。(被……看做……)
2. 苏州和杭州＿＿＿＿＿＿＿＿＿＿＿＿。(被……称做……)
3. 这座寺庙还保留着700年前的样子,所以＿＿＿＿＿＿＿＿。(被……列为……)
4. 这次演出获得了巨大的成功,我们的节目＿＿＿＿＿＿＿＿。(被……评为……)

六、用(　　)中的词语组成兼语句改写下面的句子。

1. 这里不能钓鱼。
这里＿＿＿＿＿＿＿＿＿＿＿＿＿＿＿＿。(禁止)
2. 那位客人说:“你们饭店的服务员服务真周到。”
那位客人＿＿＿＿＿＿＿＿＿＿＿＿＿＿。(夸)
3. 科长对小王说:“计划写好了吗? 你赶快交给我。”
科长＿＿＿＿＿＿＿＿＿＿＿＿＿＿＿＿。(催)
4. 爸爸对大卫说:“我不在家的时候,你要好好照顾妹妹。”
爸爸＿＿＿＿＿＿＿＿＿＿＿＿＿＿＿＿。(吩咐)
5. 李丽性格开朗,所以我很喜欢她。
我＿＿＿＿＿＿＿＿＿＿＿＿＿＿＿＿＿。(喜欢)

七、用句后(　　)中的词语完成下面的兼语句。

1. 当孩子对某些活动产生兴趣的时候,父母应＿＿＿＿＿＿＿＿。(鼓励)
2. 小李在博物馆门口等大卫等了好久,大卫来时,博物馆已经关门了,小李＿＿＿＿。(怪)
3. 开小卖部的老刘家里有急事要回去,他＿＿＿＿＿＿＿＿＿＿＿＿。(委托)
4. 警察＿＿＿＿＿＿＿＿＿＿＿＿,他就是不听。(命令)
5. 学校下星期＿＿＿＿＿＿＿＿＿＿＿＿,很多人报名参加。(组织)

八、用句后(　　)中的词语把下面的陈述句改写成反问句。

1. 这种损害国家利益的事不能不管。(岂)

2. 你是我最好的朋友,还不了解我吗?(难道)

3. 奶奶说,她已经有一个手机了,没有必要再给她买新手机。(何必)

4. 现在大家都很忙,咱们为什么不等空一点儿再搞聚会呢?(何不)

5. 他要是认真研究对手，不至于输得这么惨。（何至于）

九、用句后（　　）内的词语或结构改写下面的反问句或疑问句。

1. 你在中国留学，为什么不趁着这个机会在全国各处走走看看？（何不）

2. 不应当让我们的孩子有一个幸福快乐的童年吗？（难道）

3. 这个问题一般研究人员就可以解决，有必要请专家来吗？（何必）

4. 他被那个公司录用了，怎么没去上班呢？（不是……）

5. 大家信任我，选我当院长，我要是搞不好工作，怎么面对大家？（何以）

十、用（　　）内的词语或结构组成反问句完成下面的句子。

1. 你说你的自行车丢了，这________________？（不是……吗？）
2. 爷爷已经70岁了，________________？（难道）
3. ________________？这张电影票就给她吧。（不是……吗？）
4. 女儿马上就回来了，________________？（何必）
5. 妈妈已经够生气了，再告诉她这个坏消息，________________？（岂）

十一、模仿下面的例句完成句子。

例1：这座山大概有多高？（用“有”或“没有”）
　　我看这座山大概有1500米高。
　　我看这座山大概没有1500米高。
　　我看这座山大概没有人们说的那么高。

1. 他的房间大概有多大？（用“有”）
　　他的房间________________。
2. 你知道北京离这儿有多远？（用“有”）
　　大概________________。
3. 听说这个学校的学生有25000人。（用“没有”）
　　我调查过，这个学校________________。

例2：他很有才能，所以工作上很有成绩。
　　李丽真没有眼光，怎么找了这么一个丈夫？

4. 这项工作很重要，不要派新手，应该派________________去做。（用“有”）
5. 过去奶奶因为________________，连信都要别人替她写。（用“没有”）
6. 哥哥很________________，什么事情也难不倒他。（用“有”）
7. 这个人真________________，说话大家都不爱听。（用“没有”）

例3：农村的经济发展了，农民的生活也就有了很大的提高。
　　我不明白我的汉语为什么总也没有进步。

8. 公司产品的产量虽然有了增长，但职工们的工资却________________。
9. 近10年来，由于政府的高度重视，我国的科学技术________________。

10. 小林本来不喜欢学习，自从马老师跟小林谈话以后，小林的态度________________。

十二、用(　　)中的词语，把下面的句子改写成比较句。

1. 他约我晚上七点半到电影院门口等他，我晚上七点就到了。(比……早)

2. 对老年人来说，散步对身体好，游泳更好。(比起……来)

3. 这孩子洗脸总是马马虎虎的，但跟不洗比起来，总算好的。(……总比……)

4. 李丽工作很认真，可王平就差多了。(没有)

5. 大家都说他们哥俩儿都很聪明。(应该跟……一样)
哥哥聪明，弟弟

十三、模仿下面的例句，用(　　)中的词语完成比较句。

例：大卫游泳游得好，马克比大卫游得还要好。
马克游泳比大卫游得还要好。
比起大卫来，马克游泳游得更好。
跟大卫相比，马克游泳要好得多。

1. 李丽舞跳得好，玛丽________________。(还要好)
跳舞玛丽比________________。(还要好)

2. 跟我们相比，爷爷________________。(注意营养)
爷爷比________________。(注意营养)

3. 比起王老师来，李老师________________。(对学生，耐心)
李老师比________________。(对学生，耐心)

4. 跟王平相比，大卫________________。(爱上网)
王平________________。(没有，爱上网)

5. 在科学研究方面，李教授________________。(有经验，得多)
跟小张相比，李教授________________。(有经验，得多)

十四、参考例句，从下面所给的词语中选择合适的词语完成下面的存现句。

例：从大门外开进来一辆黑色的汽车。
听着那优美的音乐，我的眼前仿佛出现了美丽的大海。

少　多　死　走　跑　跳　开　传　飘　出现　消失　浮现

1. 李东坐在车站候车室等车时，从门外__________一个小贩，问他要不要买手表。

2. 王老师上课时，发现教室里__________了一个人，便问："谁提前走了？"

3. 正当他们因语言不通而无法让对方听懂时，匆匆__________一位满头大汗的小伙子，原来是赶来给他们当翻译的。

4. 已经很久没有回故乡了，只要闭上眼睛，脑海中总时时__________母亲慈祥的笑容。

5. 昨天下午我在路上走，突然从路边草丛里__________兔子，吓了我一大跳。

6. 她和孩子路过一座小桥时，迎面__________一辆汽车。

7. 随着李丽的讲述，我的眼前__________了她的家乡。

8. 远处__________一阵优美的歌声，我不由得停下来倾听。

9. 因为禽(qín)流感,这个养鸡场________了很多鸡。

10. 厨房里__________阵阵香味,是红烧牛肉的味道。

十五、HSK 仿真题:将下面句后( )中的词语放在唯一合适的地方。

1. A 和吃药 B 相比,C 打针 D 见效更快。(应该)
2. A 你对 B 我这么好,C 我 D 说什么好呢?(让)
3. A 和其他交通工具相比,B 坐小公共汽车 C 便宜 D。(五块钱)
4. 病人 A 需要安静,B 叫外人 C 随便 D 进屋。(别)
5. A 听说 B 马戏团 C 有个大象 D 表演。(会)
6. 跟外表的美、内心的丑比起来,A 内心的美、B 外表的丑 C 值得人们 D 尊重。(更)
7. 这扇门他老也 A 修不好,你就 B 请技术好一点儿的师傅 C 来 D 修吗?(不能)
8. A 她的脾气 B 实在太怪了,C 让人 D 受不了。(真)
9. 我的病 A 已经好了,B 你们别 C 把我 D 当病人。(总)
10. 没想到,5 号运动员 A 这次 B 跑得 C 比上一次 D 要快。(还)

十六、HSK 仿真题:在下面 ABCD 中选择唯一正确的填入空中。

1. 这里不能停车,你______。

A. 把汽车得停到停车场去　　B. 得把汽车停到停车场去

C. 应该停车到停车场　　D. 应该把车停下到停车场

2. 他有一项 200 米的世界纪录保持了长达 6 年,______。

A. 没想到竟被这位年轻的选手打破了　　B. 没想到竟这位年轻的选手把它打破了

C. 没想到被这位年轻的选手竟打破了　　D. 没想到这位年轻的选手竟打破了

3. 看见老人上车,大卫马上站起来,______。

A. 让自己的座位给老人　　B. 把自己的座位给老人让

C. 给老人把自己的座位让　　D. 把自己的座位让给了他

4. 这座建筑已有六百年历史了,但______。

A. 还没有被保护得很好　　B. 把它还没有保护好

C. 还没有很好地被保护起来　　D. 还被没有保护好

5. 他每次考试都考第一名,______。

A. 被大家算是聪明　　B. 大家都认为他特别聪明

C. 他被大家认为特别聪明　　D. 被大家看做聪明的

6. 上课时,马克才发现,______。

A. 他的作业本忘记了　　B. 在他的房间里他的作业本忘了

C. 他在宿舍忘记作业本了　　D. 他把作业本忘在宿舍里了

7. 事故发生时,你在场,______。

A. 你把事故的经过给我们讲一讲　　B. 你事故的经过讲一讲

C. 你把事故的经过讲　　D. 你讲事故的经过给我们

8. 跟去年相比,______。

A. 今年的交通事故少多了　　B. 今年的交通事故少得多

C. 今年的交通事故很少　　D. 今年的交通事故有点儿少

9. 随着经济的发展,人民的生活水平也______。

A. 有了很大的发展　　B. 有了很大的增加

C. 有了很大的进步　　D. 有了很大的提高

10. ______,早上在公园总是能看到老人们在打拳。

A. 老年人更喜欢打拳不如年轻人　　B. 老年人比年轻人更喜欢打拳

C. 比年轻人老年人更喜欢打拳　　D. 老年人更喜欢打拳比年轻人

11. 对我来说,______。

A. 抄生词比读生词好效果　　B. 抄生词比读生词效果很好

C. 读生词没有抄生词效果好　　D. 读生词没有抄生词好效果

12. 怎么手机又丢了,你______我说你什么好?总是这么马虎!

A. 让　　B. 令　　C. 使　　D. 对

13. 既然孩子对画画感兴趣,为什么不______他参加课外绘画班呢?

A. 请　　B. 叫　　C. 使　　D. 令

14. 这位杰出的歌手这么年轻就去世了,太______人惋惜了!

A. 使　　B. 叫　　C. 让　　D. 令

15. 最近,毕业的大学生越来越多,但工作岗位还是那些,这就______大学生找工作的竞争格外地激烈起来。

A. 使　　B. 令　　C. 让　　D. 叫

16. 李教授,我最近写了一篇论文,我想______您看看,给我提提意见。

A. 使　　B. 令　　C. 让　　D. 跟

17. 正月十五的花灯不是那种很亮的电灯,它是依靠蜡烛的微光显示光彩的灯,一种______人安静地享受光的柔和之美的灯。

A. 让　　B. 使　　C. 令　　D. 叫

18. 李丽报名要去农村教书,尽管她妈妈不愿意______女儿吃这个苦,但最后还是同意了。

A. 让　　B. 使　　C. 令　　D. 叫

19. 这场事故______我们失去了最好的朋友,教训太深刻了!

A. 让　　B. 令　　C. 使　　D. 叫

20. 我______你早点儿来,你怎么这个时候才来?

A. 说　　B. 令　　C. 使　　D. 叫

十七、HSK 仿真题:在下面的 ABCD 中选择唯一恰当的答案。

1. 只要你下功夫,哪有学不会的技术?

说话人的意思是:______

A. 即使下功夫,哪里的技术都学不会　　B. 即使下功夫哪儿的技术都不能学会

C. 下功夫就能学会技术　　D. 下功夫不能学会技术

2. 难道我们不肯,他们还会强迫我们不成?

说话人的意思是:______

A. 我们不肯,他们也不会强迫我们　　B. 我们不肯,他们也会强迫我们

C. 我们不肯,他们强迫我们,这不行　　D. 我们不肯,他们不强迫我们不行

3. 对孩子什么也不关心,你还算什么父亲啊!

说话人的意思是:______

A. 你父亲不能算　　B. 你算是个父亲

C. 你不是个合格的父亲　　D. 你还可以算普通的父亲

4. A:你怎么还玩游戏机呢？什么时候写论文呢？
B:不就是篇论文吗,有什么可着急的？
第二个人的意思是:______

A. 反正要写论文,着急也没有用　　B. 只写一篇论文,着急何必呢
C. 只写一篇论文,只有一点儿着急　　D. 写论文很简单,用不着着急

5. 王平一下子给大卫五本中文参考书,他一个星期哪能看完？
说话人的意思是:______

A. 一个星期能看得完　　B. 一个星期可能不看得完
C. 一个星期肯定看不完　　D. 一个星期能看完不能

6. 我跟你说了多少遍了,怎么还记不住？
说话人对对方是什么态度？______

A. 责怪的　　B. 反驳的　　C. 说明的　　D. 劝说的

7. 他不过是跟你开玩笑开得过火了一点儿,何必生那么大的气呢！
说话人对对方是什么态度？______

A. 责怪的　　B. 反驳的　　C. 说明的　　D. 劝说的

8. 你说什么？岂有做错了事还觉得自己挺有理的？
说话人的语气是:______

A. 建议的　　B. 反驳的　　C. 不满的　　D. 赞成的

9. 你检查的时候难道不能仔细一点儿？看看,又错了！
说话人的语气是:______

A. 责怪的　　B. 反驳的　　C. 说明的　　D. 劝说的

10. A:你大概把我忘了吧,这么长时间也不给我打电话。
B:哪能啊！
第二个人的意思是:______

A. 哪儿能够　　B. 根本不可能　　C. 很可能　　D. 可能不可能

11. 这个商店的衣服玛丽都看不中,咱们何不换个商店再看看呢？
说话人的语气是:______

A. 反对的　　B. 建议的　　C. 不满的　　D. 赞成的

12. 你脑子进水了？送上门的生意岂有拒绝的！
说话人的语气是:______

A. 赞成的　　B. 建议的　　C. 劝说的　　D. 批评的

13. 小张也真是的,平时要是不大吃大喝,何至于连交房租的钱都没有！
说话人的语气是:______

A. 奇怪的　　B. 反驳的　　C. 批评的　　D. 劝说的

14. A:你看我穿丽丽这件衣服怎么样？
B:你多大了？女儿的衣服你怎么穿得出去？
第二个说话人的语气是:______

A. 赞成的　　B. 建议的　　C. 劝说的　　D. 反对的

15. 都说我们公务员是人民的公仆,如果不为人民解决困难,何以言公仆？

这句话的意思是：________

A. 为什么说是公仆　B. 怎么能称作公仆　C. 用什么称作公仆　D. 靠什么叫公仆

十八、HSK 仿真题：找出下面每段话中有错误的一部分。

1. 我认为，看问题应该全面，不能片面，也不能把身边个别人的一些行为放到整个中国人的头上。
（A 我认为　B 看问题应该全面　C 不能片面　D 也不能把身边个别人的一些行为放到整个中国人的头上）

2. 谁派让他当代表的？我们一点儿也不了解他，他也不了解我们，怎么能代表我们呢？
（A 谁派让他当代表的　B 我们一点儿也不了解他　C 他也不了解我们　D 怎么能代表我们呢）

3. 他的公司在中国有分公司。最近公司经理派去上海工作。他正在做出国的准备，忙得不得了。
（A 他的公司在中国有分公司　B 最近公司经理派去上海工作　C 他正在做出国的准备　D 忙得不得了）

4. 他们很小的时候，父亲就死了。他母亲一个人赚钱，就让三个兄弟学习。
（A 他们很小的时候　B 父亲就死了　C 他母亲一个人赚钱　D 就让三个兄弟学习）

5. 王平一直找不到工作，很烦恼，你把他安慰安慰，让他想开点儿。
（A 王平一直找不到工作　B 很烦恼　C 你把他安慰安慰　D 让他想开点儿）

6. 今天的天气使我和朋友去香山玩儿一玩儿。我们早上八点出发，一到香山山脚下，便开始爬山。
（A 今天的天气使我和朋友去香山玩儿一玩儿　B 我们早上八点出发　C 一到香山山脚下　D 便开始爬山）

7. 请同学们安静一下，现在跟大家商量点儿事，听说明天要下雨，咱们是不是明天的班级活动改在下星期呢？
（A 请同学们安静一下　B 现在跟大家商量点儿事　C 听说明天要下雨　D 咱们是不是明天的班级活动改在下星期呢）

8. 我们公司和德国有合作关系，工作的需要令我下决心学习德语。经过两年的努力，我现在已经能用德语和德国人交流了。
（A 我们公司和德国有合作关系　B 工作的需要令我下决心学习德语　C 经过两年的努力　D 我现在已经能用德语和德国人交流了）

9. 因为暑假去欧洲旅游的人太多，我买不到飞机票，只好委托我在旅行社工作的朋友，没想到让我的朋友非常辛苦。
（A 因为暑假去欧洲旅游的人太多　B 我买不到飞机票　C 只好委托我在旅行社工作的朋友　D 没想到让我的朋友非常辛苦）

10. 这次演讲比赛参加了近40个人，其中学过两年以上汉语的近30人，学过一年以上汉语的有10人。他们都讲得不错。

A B C D

十九、组词成句。

1. 从来 把 没 外人 我 成 你 当

2. 你 锻炼 经常 大脑 使 得 越 越 来 聪明 可以 变

3. 麻烦 这么 都 小事 点儿 难道 要 别人 吗

4. 10年 经济 我 最近 国 的 有 较快 的 发展 了

5. 位 被 中国 这 文化 的 称 精通 人们 外国 人 “中国通” 为

6. 成 把 你 生日 切 八 块 蛋糕 应该

7. 近来 这 看做 最 研究 发现 成果 科学家 们 是 被 重大 的 项

8. 了 做 家 她 同学 玛丽 邀请 很 去 多 客

9. 一位 出来 人员 办公室 里 走 工作

10. 孩子 能 能 你 个 一点儿 不 这 安静 让

二十、改错。

1. 他走到门口，掏钥匙出来。

2. 现代可能改变不了思想的人被淘汰得快。

3. 她把朋友劝了1个小时。

4. 你怎么还跟这个骗子在一起？难道你还没吃够了苦头吗？

5. 大卫最近可没少把电话打给我。

6. 李丽把信看着看着控制不住掉下了眼泪。

7. 别逗了，我哪里用嫉妒的眼光看他呢？

8. 今天我们大概把工作做不完。

9. 那个美术鉴定家把复制品当做真的，真没有眼力。

10. 为了身体的健康，你应该定期检验去。

参考答案

一、1. 他把这本英文小说翻译成了中文。
2. 王平把他听到过的那个民间故事改编成了电影。
3. 听写时，大卫把"再见"的"再"写成了"在"。
4. 林大刚对我特别好，我把他当做自己的哥哥。
5. 我们都很敬重李教授，把他称做"李老"。
我们都把李教授称做"李老"。

二、1. 这里的风景太美了，我要把它拍下来。
2. 我把她当做玛丽了，因为她太像玛丽了。
3. 小丽的爸爸妈妈特别重视孩子的教育，他们要把小丽培养成有用的人才。
4. 警察要检查证件，我就把身份证/护照从包里拿了出来。
警察要检查证件，我就把证件拿给他看。
5. 张老师像妈妈一样关心学生，所以很多学生把她看做是自己的妈妈。
6. 姐姐买回来一张油画，我把它挂在客厅的墙上。
7. 我们都爱自己的祖国，都想把祖国建成一个现代化的国家。
我们都爱自己的祖国，都想把祖国建成一个强大的国家。
8. 都快中午了，他怎么还在睡觉？快把他叫起来。
9. 王平对班里的事情很热心，大家把他选为班长。
10. 大卫的朋友要走了，大卫把他送到门口。
大卫的朋友要走了，大卫把他送到车站/飞机场。

三、1. 关于明年的工作计划，我们想听听大家的意见，请大家把你们的想法谈一谈。
2. 客人就要来了，把屋子收拾收拾。
客人就要来了，把屋子整理整理。
客人就要来了，把屋子打扫打扫。
3. 吃完饭以后，你把碗洗一洗，把桌子擦一擦。
4. 为了旅客的安全，出发以前，咱们还是把汽车好好检查检查。
5. 听老师说你学汉语有很多好方法，能不能把这些方法给我们介绍介绍？
听老师说你学习汉语有很多好方法，能不能把这些好方法给我们讲一讲？

四、1. 马克被大卫从床上拉了起来。
2. 通知被李丽贴在了广告栏上。
3. 原来的荒地被我们改造成了一块绿地。
4. 大卫被大家评为优秀运动员。
5. 那些非常崇拜歌星、影星、球星的人被人们叫做"追星族"。

五、1. 长城这一伟大建筑被看做是中国文化的代表(或“象征”)。
2. 苏州和杭州被称做“人间天堂”。
3. 这座寺庙还保留着700年前的样子,所以被列为重点文物保护单位。
4. 这次演出获得了巨大的成功,我们的节目被(评委)评为优秀节目。
这次演出获得了巨大的成功,我们的节目被评为一等奖。

六、1. 这里禁止人们钓鱼。
这里禁止钓鱼。
2. 那位客人夸我们饭店的服务员服务很周到。
3. 科长催小王赶快把计划交上去(给他)。
4. 爸爸吩咐大卫要好好照顾妹妹。
5. 我喜欢李丽性格开朗。

七、1. 当孩子对某些活动产生兴趣的时候,父母应鼓励孩子去做。
当孩子对某些活动产生兴趣的时候,父母应鼓励孩子亲手做一做,试一试。
2. 小李在博物馆门口等大卫等了好久,大卫来时,博物馆已经关门了,小李怪他来得太晚。
3. 开小卖部的老刘家里有急事要回去,他委托朋友照看一下他的店。
4. 警察命令他停车,他就是不听。
5. 学校下星期组织学生去旅游,很多人报名参加。
学校下星期组织学生进行篮球比赛,很多人报名参加。

八、1. 这种损害国家利益的事岂能不管?
2. 你是我最好的朋友,难道还不了解我吗?
3. 奶奶说,她已经有一个手机了,何必再给她买新手机呢?
4. 现在大家都很忙,咱们何不等空一点儿再搞聚会呢?
5. 他要是认真研究对手,何至于输得这么惨!

九、1. 你在中国留学,何不趁着这个机会在全国各处走走看看?
2. 难道不应当让我们的孩子有一个幸福快乐的童年吗?
3. 这个问题一般研究人员就可以解决,何必请专家来呢?
4. 他不是被那个公司录用了吗,怎么没去上班呢?
5. 大家信任我,选我当院长,我要是搞不好工作,何以面对大家?

十、1. 你说你的自行车丢了,这不是明明在这儿吗?
2. 爷爷已经70岁了,难道还让他为我们操心吗?
爷爷已经70岁了,难道还让他干这么重的活吗?
3. 玛丽不是想看电影吗?这张电影票就给她吧。
4. 女儿马上就回来了,你何必去找她呢?
5. 妈妈已经够生气了,再告诉她这个坏消息,她岂不是更生气了?
妈妈已经够生气了,再告诉她这个坏消息,岂不是火上浇油?(意思同上)

十一、1. 他的房间大概有15平方米。
2. 大概有100多公里。
3. 我调查过,这个学校的学生没有25000人。
4. 这项工作很重要,不要派新手,应该派有经验的人去做。
5. 过去奶奶因为没有文化,连信都要别人替她写。
6. 哥哥很有办法,什么事情也难不倒他。
7. 这个人真没有水平,说话大家都不爱听。
8. 公司产品的产量虽然有了增长,但职工们的工资却没有提高。
公司产品的产量虽然有了增长,但职工们的工资却没有增加。

9. 近10年来，由于政府的高度重视，我国的科学技术有了很大的发展。
近10年来，由于政府的高度重视，我国的科学技术有了长足的进步。
10. 小林本来不喜欢学习，自从马老师跟小林谈话以后，小林的态度有了转变。

十二、1. 他约我晚上七点半到电影院门口等他，我比跟他约定的时间早到了半小时。
2. 对老年人来说，比起散步来，游泳对身体更好。
3. 这孩子洗脸总是马马虎虎的，但洗总比不洗好。
4. 王平没有李丽工作认真。
5. 哥哥聪明，弟弟应该跟哥哥一样聪明。

十三、1. 李丽舞跳得好，玛丽比她跳得还要好。
跳舞玛丽比李丽跳得更好。
2. 跟我们相比，爷爷更注意营养。
爷爷比我们更注意营养。
3. 比起王老师来，李老师对学生更耐心。
李老师比王老师对学生更耐心。
4. 跟王平相比，大卫更爱上网。
王平没有大卫那么爱上网。
5. 在科学研究方面，李教授比小张有经验得多。
跟小张相比，李教授在科学研究方面有经验得多。

十四、1. 李东坐在车站候车室等车时，从门外走进来一个小贩，问他要不要买手表。
2. 王老师上课时，发现教室里少了一个人，便问："谁提前走了？"
3. 正当他们因语言不通而无法让对方听懂时，匆匆跑来了一位满头大汗的小伙子，原来是赶来给他们当翻译的。
4. 已经很久没有回故乡了，只要闭上眼睛，脑海中总时时浮现出母亲慈祥的笑容。
5. 昨天下午我在路上走，突然从路边草丛里跳出来一只兔子，吓了我一大跳。
6. 她和孩子路过一座小桥时，迎面开过来一辆汽车。
7. 随着李丽的讲述，我的眼前出现了她的家乡。
8. 远处传来一阵优美的歌声，我不由得停下来倾听。
9. 因为禽流感，这个养鸡场死了很多鸡。
10. 厨房里飘来阵阵香味，是红烧牛肉的味道。

十五、1. D 2. C 3. D 4. B 5. D 6. C 7. B 8. C 9. C 10. D

十六、1. B 2. A 3. D 4. C 5. B 6. D 7. A 8. A 9. D 10. B 11. C 12. A 13. B 14. D 15. A 16. C 17. B 18. A 19. C 20. D

十七、1. C 2. A 3. C 4. D 5. C 6. A 7. D 8. B 9. A 10. B 11. B 12. D(注：脑子进水，批评人太糊涂) 13. C 14. D 15. B

十八、1. D 应为"也不能把身边个别人的一些行为看成是全体中国人的行为"。
2. A 应为"谁让他当代表的"。
3. B 应为"最近公司经理派他去上海工作"，兼语"他"不能省略。
4. D 应为"供三个兄弟上学"。
5. C 应为"你安慰安慰他"。
6. A 应为"今天天气好，所以我和朋友决定去香山玩"。
7. D 应为"咱们是不是把明天的班级活动改在下星期呢"。
8. B 应为"工作的需要使我下决心学习德语"。
9. D 应为"没想到给我的朋友带来了很大的麻烦"。
10. A 应为"这次演讲比赛有近40个人参加"。

十九、1. 我从来没把你当成外人。
2. 经常锻炼大脑可以使你变得越来越聪明。
3. 这么点儿小事难道都要麻烦别人吗?
4. 最近10年我国的经济有了较快的发展。
5. 这位精通中国文化的外国人被人们称为"中国通"。
6. 你应该把生日蛋糕切成八块。
7. 这项研究成果被科学家们看做是近来最重大的发现。
8. 玛丽邀请了很多同学去她家做客。
9. 办公室里走出来一位工作人员。
10. 你能不能让这个孩子安静一点儿?

二十、1. 他走到门口,从口袋里把钥匙掏了出来。
2. 在现代,跟不上时代步伐的人很快就会被淘汰。
3. 她劝了朋友1个小时。
(说明:时量补语"1个小时"只表示动作的过程,不表示结果,不能用"把"字句)
4. 你怎么还跟这个骗子在一起?难道你苦头还没吃够吗?
5. 大卫最近可没少打电话给我。(此句不应用"把"字句)
6. 李丽看着看着信,不禁掉下了眼泪。
7. 别逗了,我哪里会嫉妒他呢?
别逗了,我怎么会嫉妒他呢?
8. 今天我们的工作大概做不完了。
9. 那个美术鉴定家把复制品看成是真的了,真没有眼力。
10. 为了健康,你应该定期去检查身体。

· 第四单元 ·

第一课 “被……所……”“为……所……”

试一试

试用“被……所……”或“为……所……”字句改写下面的句子。

1. 听了他的英雄事迹的介绍,我们感动得流下了眼泪。
   我们被他的英雄事迹________________________。
2. 因为中国文化深深地吸引着我,所以我才下决心来中国留学。
   我被中国文化____________________________。
3. 广大的年轻观众已经很熟悉这位电影明星了。
   这位电影明星的形象已为________________________。
4. 校长已经采纳了学生们的建议。
   学生们的建议已被__________________________。
5. 军队早已控制了这座城市。
   这座城市已为____________________________。

讲一讲

汉语书面语中,常见到以下两种被动句的形式:“被……所……”和“为……所……”。如:

我们被他的英雄事迹所感动,流下了眼泪。

我被中国文化所吸引,下决心来中国留学。

这位电影明星的形象已为广大的年轻观众所熟悉。

学生们的建议已经被校长所采纳。

这座城市早已为军队所控制。

1. 这类被动句的“所”后大多数是双音节的书面语动词,但也有少数单音节的动词可以用于这一结构,一般是相对固定的书面语表达形式。如:

人不应该被名利所累。

听说他这样做是为生活所迫,是不得已的。

这项冠军已为我校运动员所获。

2. 不是凡是双音节动词就可以用于“所”后。像下面的句子就是错误的:

*他非常生我的气,我被他所批评。

改:他非常生气。我被他批评了一顿。

*他的秘密被别人所知道了。

改:他的秘密被别人知道了。

“批评”“知道”是双音节动词,可以用于“被”字句,但是不能用于“被……所……”句。很多可以用于“被”字句中的双音节动词都跟“批评”一样,是不能用于“被……所……”句的。如:

他被父亲教训了一顿。	*他被父亲所教训了一顿。
森林被人破坏了。	*森林被人所破坏了。
我们的秘密被人发现了。	*我们的秘密被人所发现了。
老赵被上级提拔了。	*老赵被上级所提拔了。

3. 可以用于“被……所……”这个句型的常见的动词有:

(1) 精神上受到人或事物的影响的动词,如“感动、感染、吸引、迷惑、注意、关注、重视、了解、理解、承认、公认、认识、认同、熟悉、陶醉、纠缠、惊叹、震慑(zhènshè)、慑服”等:

大家都被这里的美丽风景所吸引,纷纷举起了照相机。

政府的这项决定已经被市民们所理解。

上述动词用于“A被B所……”句,表示主语A(受事)在精神方面受到“被”后B(宾语,事物)的影响,使主语A(受事)的观点、立场、感情、认识等向B靠拢,与B相同甚至被B所控制。

(2) 听从与否类动词,如“遵从、遵循、接受、采纳、拒绝”等:

我们的要求没有被对方所接受。

他的请求已被公司所拒绝。

(3) 证明类的动词,如“证明、证实”等:

这位科学家的观点已被事实所证明。

(4) 抛弃类的动词,如“抛弃、遗弃、摒(bìng)弃、唾(tuò)弃”等:

如果跟不上时代的步伐,将为时代所抛弃。

(5) 带有控制义的动词,如“掌握、控制、垄断(lǒngduàn)、吞噬(shì)、腐蚀(fǔshí)、局限”等:

这场比赛完全被甲队所控制。

他的情况已经被警察所掌握。

(6) 表示取代义的动词,如“取代、替代、代替”等:

原先一排排破旧不堪的房屋,已被明亮美观的现代化住宅所代替。

这种树因其木质疏松,经济价值不高,近些年在绿化中逐渐被其他树种所替代。

(7) 还有少数动补结构的双音节短语,如“选中、吓倒、击倒”等:

这几名优秀学生已分别为两个跨国公司所选中。

老刘没有被困难所吓倒,经过反复试验,终于把新产品搞出来了。

他一下子瘫(tān)坐在沙发上,他被她说的话所击倒了。

这类结构有时可以“被/为……所+动词(着)”的并列短语形式出现。一般要求“所+动词短语”的音节数是一样的。如：

连日来，他们始终被爱心所温暖着，所包围着，所感动着。

作为一个领导干部，应做到：任何时候都不为名利所惑，不为金钱所动，不为色情所迷，不为人情所扰。

有的动词虽然不能以“被……所……”的简单形式构成单句（见下带?句），但是经常可以这一形式作定语。如：

这首歌成了被群众所喜爱的歌之一。　　？这首歌被群众所喜爱。

他是被那家公司所资助的学生。　?他被那家公司所资助。

如果“被……所……”结构后再带其他谓语构成复杂谓语，有的也可以说。如：

这首歌被群众所喜爱并迅速流传开来。

4．“被……所……”和“为……所……”句中如果有否定词、助动词或表示时间的名词或副词，都应放在“被”和“为”的前面（另见上面的例句中画线部分）。

他的理论还未被人们所认可。

这一行业不应该为少数人所垄断。

5．“被……所……”和“为……所……”所表示的动作即使已经完成，动词后的“了”常可以省略不用。（详见上面的例句）

练一练

一、用“被……所……”“为……所……”改写下面的句子。

1．周围的景色真让人陶醉，使我忘记了一切烦恼。

2．政府的做法得到了广大市民的理解。

3．他的理论得到了学术界的认可。

4．工人们已经掌握了这一高新技术。

5．甲队已完全控制了这场比赛。

二、用“为……所……”改写下面的句子。

1．众多的记者把刚下飞机的这位著名运动员包围了。

2．许多专家都已经承认了他的研究成果。

3．整个会场笼罩（lǒngzhào）在悲伤的气氛中。

4．真正为人民的政府是能得到广大人民的拥护（yōnghù）的。相反，抛弃（pāoqì）人民的政府，人民也会抛弃它的。

三、HSK 仿真题：在下面 ABCD 中选择唯一正确的填入空中。

1. 我们被眼前的景色所______，拍了很多照片。

A. 包围　　B. 迷惑　　C. 迷　　D. 吸引

2. 年轻人不应被困难所______，要努力向前。

A. 左右　　B. 吓倒　　C. 害怕　　D. 苦恼

3. 他被欢乐的气氛所______，也跟着一起跳起舞来。

A. 感染　　B. 感动　　C. 感觉　　D. 温暖

4. 如果长期不学习，跟不上时代的步伐，就会被时代所______。

A. 拒绝　　B. 代替　　C. 丢弃　　D. 抛弃

5. 她被那个人的花言巧语所______，完全相信了他。

A. 包围　　B. 迷　　C. 迷惑　　D. 吸引

6. 路边的树不知被何车所______，树皮掉了一大块。

A. 碰　　B. 撞　　C. 开　　D. 遇

7. 在现在的农村，过去靠人力干的活，很多已为机器所______了。

A. 改换　　B. 代换　　C. 代表　　D. 替代

8. 他的一切要求都被厂长所______，因此他很生气。

A. 采纳　　B. 反对　　C. 拒绝　　D. 采取

9. 连日来，他们始终被爱心所______着，所______着，所______着。

A. 包围　温暖　感动　　B. 感染　温和　包围

C. 感染　暖和　包围　　D. 包围　温暖　感觉

10. 任何时候都应不为名利所______，不为金钱所______，不为色情所______，不为人情所______。

A. 动　迷　扰　惑　　B. 惑　动　迷　扰

C. 迷　扰　动　惑　　D. 迷　扰　惑　动

四、组词成句。

1. 被　电脑　现在　掌握　操作　已　技术　很多　人　所

2. 这　所　应　一　少数人　行业　为　不　垄断

3. 优秀　“名利”　真正　为　应该　人才　所　不　累　的

4. 一　就　被　位　电影　这　下　车　影迷们　包围　明星　所

参考答案

一、1. 我被周围的景色所陶醉，忘记了一切烦恼。

2. 政府的做法已为广大市民所理解。

3. 他的理论已被学术界所认可。

4. 这一高新技术已被工人们所掌握。

5. 这场比赛已完全被甲队所控制。

二、1. 这位著名运动员刚下飞机就为众多的记者所包围。

2. 他的研究成果已经为许多专家所承认。

3. 整个会场为一片悲伤的气氛所笼罩。

4. 真正为人民的政府能为广大人民所拥护。相反，抛弃人民的政府，也会为人民所抛弃。

三、1. D 2. B 3. A 4. D 5. C 6. B 7. D 8. C 9. A 10. B

四、1. 现在电脑操作技术已被很多人所掌握。

2. 这一行业不应为少数人所垄断。

3. 真正优秀的人才不应该为“名利”所累。

4. 这位电影明星一下车就被影迷们所包围。

第二课 “把”字句(5)

试一试

一、汉语的“把”字句除了表示比较具体的动作，即对宾语产生比较具体的影响外，还可以表示比较抽象的动作。你能在下面的句中填上适当的词，并理解那些意义比较抽象的句子的意思吗？

1. 他把鲜花献(　　)了他最尊敬的老师。
2. 他把他的一生都献(　　)了我国的科学事业。
3. 请大家把自己的行李放(　　)自己座位上的行李架上。
4. 你放心，你的事情我一定会放(　　)心上的。
5. 把学生集中(　　)操场上去，校长要讲话。
6. 不要老玩，你得把精力集中(　　)学习中来。

二、你能用“把”字句表示下面句子的意思吗？

1. 他老气他妈妈，他妈妈快气死了。
2. 站了一整天，腿都酸了。
3. 老坐着，人都坐懒了。
4. 工作负担太重，老王都累病了。
5. 他说的笑话太有意思了，我们笑得都肚子疼了。
6. 喝了几杯酒他就醉倒了。

讲一讲

1. “把”字句中的动词不管表示的意义是具体还是抽象的，它们与“给、到、在”的搭配关系是基本固定的。上面“试一试”第一大题的答案分别是：

他把鲜花献给了他最尊敬的老师。

他把他的一生都献给了我国的科学事业。

请大家把自己的行李放在自己座位上的行李架上。

你放心，你的事情我一定会放在心上的。

把学生集中到操场上去，校长要讲话。

不要老玩，你得把精力集中到学习中来。

从上面的答案可以发现，动词“献、放、集中”在表示具体动作时可以分别与“给、在、到”搭配，这些动词在表示抽象的意义时，这种搭配也是不变的。

2. “把”字句除了有目的地对“把”后的宾语采取某个带处置性的动作外，有时还可表示某个动作者、动作、事物或事件所造成的影响力之大，致使某个结果产生。“把”后的谓语是说明“把”的宾语的状态的。这样的句子往往带有夸张的语气。如：

他快把他妈妈气死了。(他妈妈快气死，是由于“他“引起的，他是有责任的)

站了一整天，把腿都站酸了。(由于站得太久，腿站酸了。下同)

老坐着，把人都坐懒了。

一般来说，像“站、坐、躺”等动词在不涉及动作的对象时，是不能用于“把”字句的，只有当这些动作能对其他人、事物产生某种影响时(像上面的例句)，才可以用“把”字句。“把”字句的动词一般不能是不及物动词，但是少数像“笑、累、醉”等动词也可以用于这类使某人产生某种变化的“把”字句，但后面要有结果补语。如：

繁重的工作把老王都累病了。

几杯酒就把他醉倒了。

有的及物动词带上一些表示使人产生某种变化的结果补语，也常用于这类“把”字句。如：

每天吃肉，把人都吃腻了。

她总让孩子抄作业，把孩子都抄怕了。

那件事他怎么也说不清楚，把我都听糊涂了。

上面的“把”字句动词带的都是结果补语，有时也可以带状态补语。常带夸张语气。如：

今天把她累得快趴(pā)下了。

这个人太不讲理了，把老板气得咬牙切齿。

提示

(1) 本课所讲的“把”字句是表示致使性结果的，有的谓语是感觉心理类动词(详见上)。当句中的主要谓语是感觉心理类动词时，用“使”字构成的句子有时也可以表示致使性结果。在少数情况下，“使”和“把”可以替换。如：

他对生物学的杰出贡献把/使我佩服得五体投地。

张平对事件的准确判断，把/使我佩服得五体投地。

王平不但不答应，反而把李丽骂了一顿，把/使李丽气得要命。

上面可以互换的句子的结构是：

使＋某人＋心理动词＋得＋状态补语

把＋某人＋心理动词＋得＋状态补语

但实际上，这类“使”和“把”的句子在很多情况下是有区别的。它们的不同在于：

① “使”是动词，“把”是介词。“使”一般用于客观地叙述某个事件、某事物或某人自然引起人的感觉、思维、情绪、心理等方面的变化。下面句中的“使”都不能换用“把”：

紧张的救灾工作使他忘记了自己的一切。

女人的惊叫声使他想起危险来。

这位市长的专业技术知识使在场的人都十分佩服。

"把"字句一般用于主观地强调某个事件、某事物或某人对人产生感觉、思维、情绪、心理等影响的作用——这是在处置者的控制或强力影响下发生的，说话人主观上认为处置者是造成这类变化结果的责任者。下面句中的"把"都不能换用"使"。

你怎么把这么重要的事情都忘了呢？

（说话者认为"你"不该忘，对"忘"这一动作有责任，带有责怪语气）

李刚把他家祖传的一幅名画卖了，险些没把他老娘气得发了疯。

（说话者认为李刚不该卖，他是造成他妈妈气得快发疯的责任者）

因此，这类"把"字句带有说话者较强的主观倾向，无论是语气还是所表示的致使程度，都要比"使"字句强。

② 这类"把"字句中的谓语除了"忘、感动"等少数动词外，大多得以动词带补语的复杂形式出现，或表示程度加深，或表示结果严重，或带有夸张语气等。"把"前还常受强调语气的副词"可"的修饰。而这类"使"字句中兼语后的谓语可以是比较简单的形式。一般"使"不受表示强调语气的"可"等词语的修饰。如：

地震发生后，李丽一直没有家里人的消息，这使她很着急。

地震发生后，谣传她丈夫已经死了，所以把她急得像热锅上的蚂蚁，团团转。

那人的态度很不好，这使我很生气。

一伙人跑到他家大闹，把他爸爸气得心脏病都发作了。

听说儿子考上了名牌大学，可把他俩乐坏了。

③ 这类"使"字句的致使者大多是表示事物和事件的，很少是人。而这类"把"字句的致使者可以是事物、事件，也常可以是人。

④ 如果句中有否定词或助动词的话，在"把"字句中一般应放在"把"之前，在"使"字句中则大多放在"使"和兼语之后。如：

爷爷发病时的样子十分可怕，差点没把家里人吓死。

万一姐姐出了事，能把家里的父母急死。

小明的病十分严重，这使父母不能不为他感到担忧。

(2) 凡是表示因动作、事物或事件致使某人身体上产生某种变化的，一般用"把"字句而不用"使"字句(详见本课"讲一讲"2 中的很多例子)。如：

他说的笑话太有意思了，把我们的肚子都笑疼了。

这些乱七八糟的事情把我忙得晕头转向。

练一练

一、在下面句中的（　　）里填写上适当的词。

1. 他把整个一颗心都扑（　　）了工作上。
2. 我把箱子忘（　　）火车上了。
3. 这个人很骄傲，从来不把别人放（　　）眼里。

4. 李华把她的青春献(　　)了教育事业。

5. 他早就把父亲的话忘(　　)脑后了。

6. 她把所有的钱都用(　　)了打扮上。

7. 刘老师把所有的精力和心血都用(　　)了学生身上。

8. 只要把心思用(　　)学习上,就一定会有收获的。

二、用"把"字句完成下列句子。

1. 儿子总是干坏事,把她气得________________。

2. 两个人的工作我一个人做,把我忙得________________。

3. 那个场面太可怕了,把孩子吓得________________。

4. 李丽面试的时候,有六个考官坐在她面前,把她紧张得________________。

5. 大卫两天没吃东西了,把他饿得________________,一点力气也没有。

三、HSK 仿真题:在下面 ABCD 中选择唯一正确的填入空中。

1. 这件事可把他气______了。

A. 病　　B. 疼　　C. 坏　　D. 死

2. 走了整整一天,把腿都走______了。

A. 累　　B. 病　　C. 坏　　D. 酸

3. 一声枪响,把我从梦中惊______了。

A. 醒　　B. 吓　　C. 坏　　D. 倒

4. 他拼命地为运动员加油,______嗓子都喊哑(yǎ)了。

A. 使　　B. 叫　　C. 把　　D. 让

5. 你看他笑成什么样子了?把嘴都笑______了。

A. 坏　　B. 歪　　C. 病　　D. 酸

6. 刘老师用亲切、关心的目光注视着他,______他感到无限温暖。

A. 使　　B. 叫　　C. 把　　D. 令

7. 那人突然大叫一声,______大家吓了一跳。

A. 使　　B. 把　　C. 叫　　D. 让

8. 你说了半天,到底要说什么?______我都听糊涂了。

A. 使　　B. 叫　　C. 让　　D. 把

9. 说好的事情他又变了,这______我很生气。

A. 叫　　B. 使　　C. 令　　D. 把

10. 老王在零下二十多度的山上呆了一天,______脸都冻红了。

A. 使　　B. 叫　　C. 把　　D. 让

四、HSK 仿真题:找出下面每段话中有错误的一部分。

1. <u>不管我做什么</u>,<u>妈妈都不放心</u>,<u>唠唠叨叨的</u>,<u>我把她的话听烦了</u>。

A　　B　　C　　D

2. <u>因为天气热</u>,<u>孩子吃了很多冰淇淋</u>,<u>把肚子坏了</u>。<u>他爸爸只好带他去医院</u>。

A　　B　　C　　D

3. 试验的成功把老李忘记了自己是个病人，在庆祝的宴会上，他喝了很多酒，结果老毛病又犯了。

A　B　C　D

4. 王平是一个有着五千职工、快要倒闭的公司的经理，他身上的担子太重了，把他连气也喘不过来，精神快崩溃(bēngkuì)了。

A　B　C　D

5. 一辆汽车飞快地向李丽冲过来，使她吓呆了，幸好警察赶来，制止了一场事故的发生。

A　B　C　D

参考答案

一、1. 他把整个一颗心都扑(在)了工作上。
2. 我把箱子忘(在)火车上了。
3. 这个人很骄傲，从来不把别人放(在)眼里。
4. 李华把她的青春献(给)了教育事业。
5. 他早就把父亲的话忘(到)脑后了。
6. 她把所有的钱都用(在)了打扮上。
7. 刘老师把所有的精力和心血都用(在)了学生身上。
8. 只要把心思用(到)学习上，就一定会有收获的。

二、1. 儿子总是干坏事，把她气得咬牙切齿。
儿子总是干坏事，把她气得肺都快炸了。
儿子总是干坏事，把她的肺都气炸了。
2. 两个人的工作我一个人做，把我忙得晕头转向。
两个人的工作我一个人做，把我忙得团团转。
3. 那个场面太可怕了，把孩子吓得大哭起来。
那个场面太可怕了，把孩子吓得浑身发抖。
4. 李丽面试的时候，有六个考官坐在她面前，把她紧张得浑身发抖。
李丽面试的时候，有六个考官坐在她面前，把她紧张得连话也说不出来。
李丽面试的时候，有六个考官坐在她面前，把她吓得脸都白了。
5. 大卫两天没吃东西了，把他饿得头昏眼花，一点力气也没有。
大卫两天没吃东西了，把他饿得前胸贴后背，一点力气也没有。
大卫两天没吃东西了，把他饿得肚子咕咕叫，一点力气也没有。

三、1. C　2. D　3. A　4. C　5. B　6. A　7. B　8. D　9. B　10. C

四、1. D　应为“她的话我都听腻了”或“快把我烦死了”。
2. C　应为“把肚子吃坏了”。
3. A　应为“试验的成功使老李忘记了自己是个病人”。
4. C　应为“把他压得连气也喘不过来”。
5. B　应为“把她吓呆了”。

第三课 “是……的”(3)

讲一讲

第二单元第二课和第十课讲了“是……的”(1)和“是……的”(2)。本课讲“是……的”(3)。

基本结构1：

主语+是+形容词+的

主语+是+状语+动词+的

主语+是+助动词+形容词+的

主语+是+助动词+动词/动词短语+的

主语+是+助动词+主谓短语+的

表示说话人对主语的主观看法、见解、态度和评价等。如：

时间是很宝贵的。我们应该珍惜时间。(用于讲道理)

生命是很脆弱的。前几天老张还跟我开玩笑,怎么就突然死了?(表示感慨)

他也许是故意这么做的。(表示主观判断)

这个菜不放在冰箱里,是会坏的。(表示主观估计)

别着急,办法总是能想出来的。(用于劝慰)

只要你努力,是一定能成功的。(用于鼓励)

饭钱是该大家出的。(表示主观看法)

人总是要死的,有的重于泰山,有的轻于鸿毛。(对规律性事物的总结)

从上面的例句看,这类“是……的”多用于说理、议论、劝慰、鼓励、估计等方面。

提示

“是……的”(3)与“是……的”(1)(2)的异同

(1)“是……的”(3)与“是……的”(1)(2)的否定式不一样。“是……的”(1)(2)的否定式是在“是……的”前加否定副词“不”。如：

王方不是昨天走的。(否定时间)

我觉得这种苹果不是山东产的,可能是陕西产的。(否定处所)

这件事不是老张干的。(否定施事)

他的这种病不是传染的,是先天的。(否定原因)

“是……的”(3)表示否定意义时,否定词不用于“是”前,而是根据“是……的”内部不同的谓语使用不同的否定形式。如：

她是不会穿这种衣服的。(不+助动词+动词短语)

你这样不认真,是学不好汉语的。(可能补语的否定式)

我觉得他做老师是不够格的。(不+动词短语)

这个规定是最不合理的。(不+形容词)

(2)"是……的"(1)中的"是"大多数情况下可以省略,但"的"不可以省略。如:

王方昨天走的。

马克从德国来的。

"是……的"(2)除了强调条件的句子外,"是"可以单独省略,也可以和"的"一起省略。都省略后,强调的语气便大大减弱了。如:

强调目的:他是来找玛丽的。

他来找玛丽的。　　他来找玛丽。

强调原因:我是关心你,才批评你的。

我关心你,才批评你的。　　我关心你,才批评你。

强调对象:这束花是送给李丽的。

这束花送给李丽的。　　这束花送给李丽。

当强调原因的"是……的"(2)在复句的后一句,"是"和"的"一般不能省略。如:

昨晚没睡好,全是孩子闹的。　　*昨晚没睡好,全孩子闹。

老刘病倒了,都是让人气的。　　*老刘病倒了,都让人气。

"是……的"(3)句的大部分"是"和"的"可以同时省略。如:

弟弟是不会听我的劝告的。　　弟弟不会听我的劝告。

这场比赛咱们是一定能赢的。　　这场比赛咱们一定能赢。

但是,当句中的谓语是像下面例句中那样的单个的动词或助动词时,一般不能省略"是"和"的"。如:

我觉得办法是有的,就是看你用不用。

我是服务员,为顾客服务是应该的。

有少数"是……的"(3)句中的"是"可以省略,但"的"不可以省略。如:

他是什么人,外表上无论如何看不出的。

当句子的主语是"这""那"或句子是表示双重否定的时候,"是"不能省略。如:

我从来不喝酒,这你是知道的。

他的话是不可不信的。

那个地方非常美,游客是不能不去的。

(3)"是……的"(1)(2)中的动作都是已经完成的(见上)。但"是……的"(3)一般表示的是对现状与将来情况的看法,不能用于对过去已经发生事情的看法。下面的句子是错的:

*我觉得他是赚了很多钱的。

改:我觉得他大概赚了很多钱。

(4)"是……的"(3)由于是表示说话者的主观看法(包括对规律的总结)的,所以前面常有表示肯定或不太肯定的副词修饰,"是……的"中也常有强调程度的修饰语,常用强调结构(如"非……不可"等)或表示主观评价的"有+抽象名词"等。如:

我觉得校长今天的发言是相当有水平的。

他这样做肯定是冲你来的。

老王是足球迷，只要有高水平的足球比赛，他是非看不可的。

“是……的”(1)(2)主要用于陈述客观事实，一般不用“非……不可”和“有＋抽象名词”等结构。

基本结构2：

主语＋是＋形容词＋的

主语＋是＋动词/动词短语＋的

表示对主语的进一步说明。如：

题目是很容易记的：给全国人民的一封信。

呕吐跟打哈欠一样，是有传染性的。

他最近感冒鼻塞，所以睡觉的时候嘴是张开的。

上面的例句从结构上看和前面基本结构1中有的很相似，但这类“是……的”句主要不是表示说话者对某人、某事物的主观看法，而是对“是”前的主语进一步进行客观的说明或解释。

练一练

一、用表示主观看法的“是……的”回答下面的问题。

1. 你认为，对一个国家来说，教育是否重要？

2. 当你的朋友要参加比赛时，你如何鼓励他？

3. 某个人得了重病，你如何安慰他？

4. 当一个学生学习不太好，很灰心，你如何让他鼓起勇气？

5. 你曾看过一个非常好的艺术展览，你觉得喜欢艺术的人都应该去看，该如何说？

6. 当你的朋友遇到了困难，正为想不出办法而苦恼时，你如何安慰他？

7. 当你帮助了朋友，他向你表示感谢，你该怎么说？

8. 某人不喜欢运动，也不重视健康，你如何劝他？

9. 某人为做错了一件事后悔不已，你如何劝他想开一点儿？

10. 你认为国家利益比任何事情都重要，该如何说？

二、用“是……的”和(　　)中的词语完成下面的句子。

1. 爸爸每天都要看报，他认为国家大事________________。(关心)

2. 爷爷每天早上六点起床，晚上十一点睡觉，年年如此，＿＿＿＿＿＿＿。（规律）

3. 在他看来，＿＿＿＿＿＿＿，因此，朋友有了困难他都想办法帮助解决。（友情）

4. 我认为政府的这一举措，＿＿＿＿＿＿＿。（有眼光、有魄力）

5. 轻一点儿，奶奶已经睡了，一不小心把她吵醒了，＿＿＿＿＿＿＿。（挨骂）

6. 护照要放好，丢了＿＿＿＿＿＿＿。（麻烦）

7. 人＿＿＿＿＿＿＿，关键是如何从错误中学习。（犯错误）

8. 这个人很固执，别人的意见＿＿＿＿＿＿＿。（听）

9. 人的直接经验总是＿＿＿＿＿＿＿，所以要向书本学习，向其他人学习。（有限）

10. 读一本好书的味道＿＿＿＿＿＿＿。（无与伦比）

三、HSK 仿真题：在下面 ABCD 中选择唯一正确的填入空中。

1. 人的生命＿＿＿，不过只有几十年。但充分利用起来，这个价值＿＿＿。

A. 是短暂的　不是可低估的　　B. 短短的　是不可低估的

C. 是短暂的　是不可低估的　　D. 不是很长的　是不可低估的

2. 我们的祖先给我们留下的遗产＿＿＿，我们应该珍惜它。

A. 是很宝贵的　　B. 很可宝贵　　C. 非常是宝贵　　D. 是非常宝贵

3. 事情＿＿＿：他不愿意跟我们合作。

A. 是很明确的　　B. 是很明确　　C. 非常明显的　　D. 是明摆着的

4. 张平做出了这么大的成绩，表扬他＿＿＿。

A. 是可以的　　B. 是应该的　　C. 不是不行的　　D. 必须的

5. 李东以全票当选为学生会主席，这说明＿＿＿。

A. 他是可以信任　　B. 他不是没有主意的

C. 他是很有威信的　　D. 他不会当不好

6. 事情的结果还是被爷爷说中（zhòng）了吧，看来，＿＿＿。

A. 老人的话是不能不听的　　B. 老人的话不是不听的

C. 老人的话是能听的　　D. 老人的话是会听的

四、HSK 仿真题：找出下面每段话中有错误的一部分。

1. 每到周末，我常和朋友一起去比较好的饭店吃饭，对我来说，吃饭的时候是最感到幸福。

（A 每到周末　B 我常和朋友一起去比较好的饭店吃饭　C 对我来说　D 吃饭的时候是最感到幸福）

2. 喝咖啡以后，我忘了付钱。服务员以为我故意做的，把我说了一顿。

（A 喝咖啡以后　B 我忘了付钱　C 服务员以为我故意做的　D 把我说了一顿）

3. 这次期中考试，我因为朋友来而没好好复习，没想到竟然通过了。我觉得这个结果在于幸运。

（A 这次期中考试　B 我因为朋友来而没好好复习　C 没想到竟然通过了　D 我觉得这个结果在于幸运）

4. 他的工作方法很好，提高了工作效率，经理称赞他值得。你为什么不服气呢？

（A 他的工作方法很好　B 提高了工作效率　C 经理称赞他值得　D 你为什么不服气呢）

五、组词成句。

1. 的 是 听 音乐会 不可 的 这么 非 高水平

2. 你 大家 提议 赞成 肯定 的 会 的 是

3. 故意 可能 跟 猜想 我 的 不 是 联系 咱们 刘明

4. 相当 能力 这 魄力 位 是 有 有 的 市长

参考答案

一、1. 我认为,对一个国家来说,教育是很重要的。
我认为,对一个国家来说,教育是应该放在第一位的。
2. 我觉得你是一定能赢的。
你是很有实力的,要有信心。
3. 好好养病,你的病是会好的。
不要担心,多休息休息就会好的。
4. 不要灰心,只要努力,你是会进步的。
学习总不会一帆风顺的,遇到点挫折是很正常的。
5. 那个艺术展览是值得一看的。
那个艺术展览是不能不看的。
你要是喜欢艺术,那个艺术展览是非看不可的。
6. 别着急,办法总是会有的。
好好总结一下,总是能想出解决的办法的。
再动动脑筋,办法总是人想出来的。
7. 咱们是朋友,互相帮助是应该的。
要是换了你,我想你也会这么做的。
这么点儿小事,是用不着谢的。
8. 生命在于运动,健康是不容忽视的。
9. 事情已经过去了,再后悔也是没有用的,还是想想今后吧。
10. 我认为国家利益是高于一切的。

二、1. 爸爸每天都要看报,他认为国家大事是不能不关心的。
爸爸每天都要看报,他认为国家大事是必须关心的。
2. 爷爷每天早上六点起床,晚上十一点睡觉,年年如此,生活是很有规律的。
3. 在他看来,友情是十分重要的,因此,朋友有了困难他都想办法帮助解决。
4. 我认为政府的这一举措,是非常有眼光、有魄力的。
5. 轻一点儿,奶奶已经睡了,一不小心把她吵醒了,是非挨骂不可的。
6. 护照要放好,丢了是很麻烦的。
7. 人总是要犯错误的,关键是如何从错误中学习。
8. 这个人很固执,别人的意见是不会听的。
这个人很固执,别人的意见是听不进去的。

9. 人的直接经验总是有限的，所以要向书本学习，向其他人学习。

10. 读一本好书的味道是无与伦比的。

读一本好书的味道是难以形容的。

三、1. C 2. A 3. D 4. B 5. C 6. A

四、1. D 应为“吃饭的时候是最让人感到幸福的”。

2. C 应为“服务员以为我是故意的”。

3. D 应为“我觉得这是很幸运的”。

4. C 应为“经理称赞他是应该的”。

五、1. 这么高水平的音乐会是非听不可的。

2. 你的提议大家肯定是会赞成的。

大家肯定是会赞成你的提议的。

3. 我猜想刘明可能是故意不跟咱们联系的。

4. 这位市长是相当有能力、有魄力的。

第四课　话题句

讲一讲

本课讲话题句。这类句子的特点是：话题放在句首，一般是说话者最关心的事物或人。这类事物或人大多是句中谓语动词的受事，有的与谓语动词有隐含的动宾关系，有的则是相关的动作对象。

基本结构 1：

话题（受事）+（主语）+ 动词 + 得 + 形容词

对某人的某个动作（一定涉及受事）所达到的水平加以评价或对动作完成后某个受事（事物）所达到的状态加以评价。

汉语大卫说得不错。（此句强调“汉语大卫说得怎么样”）

这个菜做得很好吃。（此句强调“这个菜做得怎么样”）

1. 这类话题句一般常以单句的形式出现。像第一例，说话者关注的是“汉语”这一话题（即说话者所要讨论的范围），大卫（施事）的动作水平如何。从用法上看，这类句子可以仅就大卫的汉语口语水平进行评价。有时也可以构成两种对比句。一是就“说”与其他动作的水平进行比较。如：

汉语大卫说得不错，写得还差些。（或“写得也不错”）

二是就这一施事的动作水平与其他施事进行比较。如：

汉语大卫说得不错，玛丽则差些。

当话题中不出现施事时，句子仍是就与受事有关的动作水平进行评价，实际上还是跟施事水平有关的。如：

这个菜做得很好吃。这个菜做得不好。（是对做菜者的水平加以评价，下同）

肉片炒得老了，咬不动。

房间打扫得很干净，我很满意。

2. 在上面第一例中，“汉语”是话题。不过，“汉语”还可以有两个位置，一种位置如下：

大卫汉语说得不错。

上面这一句“大卫”是话题，是说话人谈话的中心，“汉语”是准话题，所以可以构成下面与动作受事有关的并列句或对比句：

大卫汉语说得不错，法语说得也不错。

大卫汉语说得不错，日语说得不怎么样。

“汉语”另外一种位置是像下面这样：

大卫说汉语说得不错。（“汉语”是宾语，此句是对“动词 + 宾语”的评价）

要注意的是：

（1）这类句子是“主＋动＋宾＋动＋得＋形容词”，即动词带了宾语后，同样的动词还得重复一次，否则就是错的。如：

＊大卫说汉语不错。

（2）这类句子的重点是对像“说汉语”这样的动作的评价，实际的使用频率比“汉语大卫说得不错”和“大卫汉语说得不错”要低得多。

3. 在基本结构1的话题句中，“得”后的形容词一般是对施事的动作达到的程度、水平、完成的情况进行评价（详见上）。这类话题句不能用于对与受事有关动作的难易等进行评价。下面的句子是错的：

＊汉语我学得很难，英语学得很容易。

改：我觉得汉语很难学，英语比较容易（学）。

4. 这类话题句的谓语动词如果有单、双音节的同义动词，一般选用单音节动词。这主要是汉语节律规则所决定的。如下面的句子就不太好：

汉语大卫学习得不错。（“学习”应改作“学”）

这篇文章玛丽阅读得很快。（“阅读”应改作“读”）

基本结构2：

话题＋主语＋动词短语

表示对与受事话题有关的情况加以说明。如：

那本英汉词典她买到了。

那个人我不认识。

北京他已经去过三次了。

上面例句中，说话者强调的是作为受事的话题，所以可以构成下面的话题对比句：

那本英汉词典她买到了，可汉英词典没买到。

那个人我不认识，这个人我认识。

北京他已经去过三次了，可上海还没去过。

如果是像下面这样的“动词＋宾语”形式，则仅强调动作，而不强调受事：

她买到了那本汉语词典。（句子仅强调动作，下同）

我不认识那个人。

他已经去过三次北京了。

基本结构3：

话题＋在＋处所＋动词＋着

表示对话题所存在状态加以说明。如：

那张油画在客厅的墙上挂着。（话题句）

客厅的墙上挂着一张油画。（存现句）

在上面例句中，话题句中的“油画”是已知的、确定的，是句子的重点。当“油画”出现在存现句中，以动词宾语的形式出现时，则往往是未知的、不确定的。

基本结构4：

话题＋主语＋动词短语

表示对话题所抱的态度加以说明。如：

这个问题我不想发表意见。　　我不想对这个问题发表意见。

歌剧他不感兴趣，他爱看京剧。　　他对歌剧不感兴趣，他爱看京剧。

和用介词“对”引进对象的一般动词谓语句相比，上述话题句的话题由于出现在句首，更为突出，对说话人和听话人来说更为重要。

提示

(1) 上面所讲的几类话题句中的话题一般是确定的、已知的，所以常用指示代词，指示对话或前文已出现过的事物或人。

(2) 上面讲的话题句的话题大都是受事，是说话者强调的重点；而在一般“动词＋宾语”或“对……动词＋(宾语)”结构中，则是把动作行为作为说话的重点。

(3) 话题句与一般的“动词＋宾语”句在用法上有所不同。话题句常用于以下场合：

① 将与话题相反或相关的情况加以对比。如：

大衣、围巾都在椅子上搭着，可是小张却不见了！

南面的窗户都挂着窗帘，只有北边窗户没挂着窗帘。

小李我很熟悉，但小张我是第一次见。

② 对前面出现的已知的人或事物作进一步补充描述和说明。如：

他穿着一身灰呢的衣裳，衣裳做得很讲究。

爷爷虽然六十多岁了，腰板还挺得笔直。

屋子里很干净，地板擦得亮亮的。

父母把他送到国外留学，书念得不怎么样，钱倒花了不少。

他学过几年英语，单词记得真不少，语法也背得挺熟，可是考试却总是考不好。

③ 将前一句的宾语或动词的受事作为陈述的中心。如：

过海关的时候，先验护照，护照验完了，去检查身体，身体检查完了之后，才去取行李。行李拿到手，我们才从出口处出来。

张东，把箱子搬到这边来！除了那只手提箱，你拿着；剩下的全搬过来！

只要交了钱，今天晚上全部行李就可以送到你家。

(4) 从上面所举的例句看，如果前面有句子，跟在后面的话题句大多起转换话题的作用。如果话题句后面还有句子，则这类话题句常是后面动作发生所必需的条件(如上面(3)下的第一例)；或者是已有了话题句所提供的条件，但没有出现预期的结果(如上面(2)下最后两例)。

练一练

一、HSK 仿真题：在下面 ABC 中选择唯一正确的填入空中。

1. ______，可病就是不见好。

A. 针也打了，药也吃了　　B. 我打针了，也吃药了　　C. 我打了针，吃药了

2. 大卫认真地学了五年汉语，______。

A. 他说汉语得很流利　　B. 他说汉语很流利　　C. 汉语说得相当流利

3. ______，你可以来拿了。

A. 已经印好照片了　　B. 照片已经印好了　　C. 已经照片印好了

4. 傍晚，我和男朋友去公园了。可______，于是，我们便顺着公园外的小路走回了家。

A. 已经关了公园的门　　B. 公园的门已经关了　　C. 公园已门关了

5. 她大哭了一场,______。

A. 眼泪好像都快哭干了　　B. 好像都眼泪哭干了　　C. 好像哭干了眼泪

6. 小李带我们走进了会场,______。

A. 布置会场布置得非常漂亮　B. 会场非常漂亮地布置好了　C. 会场布置得非常漂亮

7. ______,下面该看你的了。

A. 我做好了准备工作　　B. 我工作的准备做好了　　C. 准备工作我都做好了

8. 我爱读书,中学时,______。

A. 能借到的中外文学名著,我都读了

B. 我都读了能借到的中外文学名著

C. 我能借到的中外文学名著都读了

二、用话题句和(　　)内的词语完成下面的句子。

1. 这个菜做得很好吃,那个菜______________。(好吃)

2. 经过几天的努力,______________。(完成)

3. 假期里我和朋友出去旅游,又看了很多书,这个暑假______。(充实)

4. 你送我的那张画______________。(挂)

5. ______________,可病就是不见好。(药,针)

6. 我们走进了他家的客厅,客厅______________。(打扫)

7. 你离开时,门______________。(锁)

8. 学费我______________。(交)

三、组词成句。

1. 在　报纸　的　何老师　照片　登　上

2. 人　问　这　很　件　多　事情　我　过

3. 哪儿　在　汉语　他　词典　放　了

4. 写　了　都　这　错　几　个　字　你

参考答案

一、1. A　2. C　3. B　4. B　5. A　6. C　7. C　8. A

二、1. 这个菜做得很好吃,那个菜不太好吃。

2. 经过几天的努力,论文终于完成了。

经过几天的努力,任务终于完成了。

3. 假期里我和朋友出去旅游,又看了很多书,这个暑假过得很充实。

4. 你送我的那张画一直挂在客厅里。

5. 药也吃了,针也打了,可病就是不见好。

6. 我们走进了他家的客厅,客厅打扫得很干净。

7. 你离开时，门一定要锁好。

8. 学费我已经交给老师了。

学费我已经交了。

三、1. 何老师的照片登在报纸上。

2. 这件事情我问过很多人。

3. 汉语词典他放在哪儿了？

4. 这几个字你都写错了。

第五课　比较句(6)

讲一讲

一、A 与(跟) B 相近似

基本结构:

(某个方面) + A 与(跟) B + 相似

(某个方面) + A 与(跟) B + 相近似

表示前项 A 与后项 B 在某些方面相近或相像。如:

这幅画与那幅画在题材方面相近似。

因为我们公司产品的式样与他们公司的相似,所以老板打算设计新的式样。

这些鸟蛋跟鸡蛋很相似,它们究竟是什么鸟产的呢?

“A 与(跟)B 相似”和“A 与(跟)B 相近似”意义相同,书面色彩较重。从使用频率看,前者比后者高。“相似”可以受“很”等程度副词的修饰,也可以受“更”修饰。“相近似”则不行。

这一句型多用肯定式,否定形式为:“A 与(跟) B 并不相似”。如:

这幅画黄山的画跟真的黄山的景色并不相似。

二、A + 形容词 + 于 + B

“于”用在形容词后,前后为两个比较项,表示比较,书面色彩较浓。

基本结构:

(某个方面)A + 形容词 + 于 + B

表示在某个方面,比项 A 在程度上胜过被比项 B。

这一句型常用于书面语。在“于”前的一般是单音节形容词,常见的有“高、低、重、轻、大、小、少、多、强、富、好、胜”等。如:

这件事无论是利大于弊还是弊大于利,我们都必须做。

甲队的综合实力大大强于乙队,这场比赛肯定是甲队赢。

人们常说:“身教重于言教”,父母的行为会直接影响到孩子的成长。

这一句型多用肯定式,否定形式为:(某个方面)A + 不 + 形容词 + 于 + B。如:

他现在的收于不低于全公司职工的平均水平。

李丽用于学习英语的时间并不多于数学,但英语成绩却好于数学。

助动词“会、能、要”以及副词、形容词修饰语等都要放在形容词的前面,有这些修饰词时,否定词则应放在助动词前(见例句中画线的词)。但表示比较的副词“更”“还”一般不出现在这类比较句的形容词谓语前。如:

从目前的情况看,出口率还不会大于进口率。

据估计，今年的小麦产量可能会略高于去年。

小李对环境的适应能力要强于小张。

当比项A与被比项B在比较的方面是一样的，前面如果已经出现过，后面可以省略。如上面例中的“小麦产量”“对环境的适应能力”。

在书面语中，“单音节形容词+于”常与单音节的名词或动词构成四字短语。如：

利大于弊　弊大于利　利大于害　喜大于忧　褒大于贬　福大于祸

情大于法（人情大于法律）　子强于父（儿子比父亲强）

奖多于罚　有胜于无

“高于”“低于”“小于”后可以带数量词，有的不表示比较。如：

今年这个国家的经济增长率已高于4%。

临时工的工资每月不能低于700元。

这里的房间都小于15平方米。

三、A+形容词+过+B

“过”用在形容词后，前后为两个比较项，表示比较。

基本结构1：

（某个方面）A（名/代词）+形容词+过+B（名/代词）

表示比项A在某个方面程度上胜过被比项B。

可用在“过”前的只有少数表示量高的单音节形容词，如“高”“强”“胜”等。如：

今年春节前后，蔬菜因供应紧张，价格明显高过去年。

农民高兴地说：“现在的日子好过了，胜过（强过）解放前几倍。”

小燕的组织能力胜过她的研究能力。

这一句型大多用肯定式。只有“高过”有时有否定形式，即A（名/代词）+没（有）+高+过+B（名/代词）。如：

去年我在院子里种了一棵桃树，可是到现在还没高过我的头顶。

她穿了高跟鞋，也没有高过我。

如果要强调程度，常在形容词前用“远远”“明显”“大大”修饰。如：

这个地方由于连降暴雨，河里的水已经大大高过警戒水位。

从昨天比赛的情况来看，甲队的实力明显强过（胜过）乙队。

“高过”后也可以带数量词，不表示比较。如：

NBA球员的平均身高远远高过1.8米。

提示

“高过”“强过”与“胜过”的用法区别

（1）从比较的方面看，“高过”多用于具体的、可用数量词说明的高度、价格、比率等方面的差异，也可以用于较为抽象的能力、水平方面的比较。“强过”“胜过”则常用于情感、能力、条件、环境、力量等较抽象方面的比较。

（2）“高过”“强过”一般用于人与人、事物与事物之间的比较。“胜过”既可以用于这方面的比较，也可以用于动作与动作间的比较。如：

他爱妻子胜过爱自己。

对张平来说，考上大学远远胜过中大奖。

(3)“高过”的B项的后面可以出现数量词(倍数词或非倍数词),一般表示客观的物理量。“强过”“胜过”后虽也可出现倍数词,但往往带有夸张意义,表示的是一种主观量,主要用于强调比较的两项差别之大。如:

这种服装以高过成本10倍的价格在市场上出售。(10倍是客观事实)

老李的能力强过小张一百倍。(一百倍是一种夸张的量,强调差别之大,下同)

我觉得在空气清新、环境优美的乡村生活,胜过繁华的都市无数倍。

(4)当“高过”“强过”“胜过”后的B项是名词时,和A项相同的部分(即比较的方面)可以省略。“胜过”后的B项是动词短语时,相同的词语一般不省略。

基本结构2:

(人或事物的某个方面)一+量词+高/胜/强过+一+量词

表示人或事物在某一方面的程度随时间或数量的递增而递增。如:

足球场上的比赛气氛十分紧张,场外的喊声也一浪高过一浪。

傍晚登陆的台风,一阵强过一阵。

我们公司的经营状况一年强(胜)过一年。

这个学校培养出来的学生都很优秀,一个胜过一个。

这些展销的汽车,款式的新颖别致一辆胜过一辆。

提示

(1)用于数量词中间的“高过”“强过”和“胜过”的异同。

同样用于表示人或事物在某个方面程度的递增,“高过”常用于表示声音、高度等较为具体的物理量的增加,有时也可用于表示能力、水平等抽象方面在程度上的递增。“强过”常表示具体动作的强度的递增,有时也可以表示状况、质量等抽象方面在程度上的递增。而“胜过”一般不用于具体方面,而只能用于像“能力、水平、条件、质量、素质、品质”等抽象事物在程度上的递增。在这方面,“胜过”的使用范围比“强过”要大,频率更高。因此,“高过”“强过”可作定语修饰具体的事物,“胜过”则不能。如:

在一阵高过一阵的鞭炮声中,开工典礼正式开始了。

一阵强过一阵的台风把房子都刮倒了。

(2)可用于这一句型的量词并不很多,但都是修饰“高”“强”“胜”所表示的比较的事物或人的。当所比较的是人,常用的量词有“个”“批”“代”;如从时间上相比,多用“年”。所比较的是声音、风,“高过”前后的量词常是“浪、阵(声音)”,“强过”前后常用的量词是“阵(风)”。总之,量词的选择应根据该句型所比较的名词与量词的关系来判断。

练一练

一、根据(　　)的提示改写下面的句子。

1. 今年的收成比去年的要好。(形容词+于)

2. 这个词的用法跟那个词的用法差不多。(A与B相近似)

3. 你穿的服装的式样几乎跟玛丽的一样。(A 与 B 相似)

4. 他的工资比一般工人的平均工资还低。(形容词 + 于)

5. 回顾一年的工作,总的来说,还是喜事多些,令人担忧的事少些。(形容词 + 于)

6. 在人民警察看来,人民的生命安全比什么都重要。(形容词 + 于)

二、从下面的形容词中选择适当的词和“于”或“过”完成下面的句子。

胜　大　小　高　低　强　弱　重　轻

1. 去年的石油价格是每升 24 元,今年已经涨到每升 94 元,______。
2. 今年的收入大大______,所以大家都很高兴。
3. 无论是身体素质还是反应速度,青年人肯定都______。
4. 今年冬天的平均温度略______,所以大家都比去年穿得多。
5. 市中心的房租虽然比别处贵,但是生意______,还是合算的。
6. 小李是个动物迷,爱小动物______,把最好的房间让给小动物住。
7. 农村和城市虽都被洪水淹过,但城市受的损失相当大,受灾情况______。
8. 李丽跟大卫分手后,又找了一个男朋友,据说,______大卫好多倍。
9. 因为这几个月支出总是______,妈妈很发愁。
10. 王教授精心培养学生,鼓励他们敢于创新,希望学生______。

三、HSK 仿真题:在下面 ABCD 中选择唯一正确的填入空中。

1. 一年不见,没想到弟弟都长成大人了,已经______我了。
A. 低过　B. 高过　C. 高于　D. 低于
2. 对于贷款给贫困农民,人们的评价是褒______贬的。
A. 大于　B. 高过　C. 高于　D. 大过
3. 这是新城区,环境当然______老城区了。
A. 好过　B. 高过　C. 胜过　D. 强于
4. 如果月出口量______4000 台,我们就不得不改进生产设备了。
A. 低过　B. 高过　C. 高于　D. 低于
5. “责任______泰山”,你要牢记在心啊!
A. 高过　B. 轻于　C. 重于　D. 大于
6. 如果我以______市场价一倍的价格收购你的这个花瓶,你愿意卖给我吗?
A. 大过　B. 高过　C. 胜过　D. 强过
7. 论实力,甲队______乙队,那么,为什么甲队会输呢?
A. 强于　B. 高于　C. 胜于　D. 大于
8. 这位人民的好市长总是说:“人民的利益______一切。”
A. 好于　B. 高于　C. 胜于　D. 强于
9. 不管是人品还是能力,这位新院长______那位老院长好多倍。
A. 好于　B. 高于　C. 胜于　D. 强过
10. 从田里的庄稼看,今年的收成应该______去年。

A. 好于　　　　　B. 高于　　　　　C. 胜于　　　　　D. 大过

11. 那些种在山坡上的树，远远望去，一______高过一______。

A. 个　　　　　B. 排　　　　　C. 列　　　　　D. 批

12. 来华学习汉语的人越来越多，而且他们的汉语水平也是一______胜过一______。

A. 个　　　　　B. 排　　　　　C. 列　　　　　D. 批

13. 参加比赛的选手，个个能歌善舞，真是一______胜过一______啊！

A. 个　　　　　B. 排　　　　　C. 列　　　　　D. 批

14. 前年还为买电视没钱发愁，今年家里不但添了电视，还买了冰箱和洗衣机，日子真是一______强过一______。

A. 月　　　　　B. 代　　　　　C. 年　　　　　D. 批

15. 她的演讲结束后，场下掌声如雷，而且一______高过______。

A. 场　　　　　B. 阵　　　　　C. 次　　　　　D. 批

四、选择下面的量词填空。

浪　年　个　排　阵　年　代　幢　批

1. 近年来进公司的年轻人的能力和素质，一(　　)强过一(　　)。
2. 这里到处都在盖大楼，一(　　)高过一(　　)。
3. 这雨看起来没有要停的趋势，反倒是一(　　)强过一(　　)。
4. 电脑技术不断更新，第四代产品比第三代在性能上有了很多改进，一(　　)强过一(　　)。
5. 比赛非常激烈，看到我们国家队快赢了，观众的欢呼声一(　　)高过一(　　)。

参考答案

一、1. 今年的收成好于去年。　　2. 这个词的用法跟那个词的用法相近似。

3. 你穿的服装的式样与玛丽的很相似。　　4. 他的工资低于一般工人的平均工资。

5. 回顾一年的工作，总的来说，还是喜大于忧。　　6. 在人民警察看来，人民的生命安全重于一切。

二、1. 去年的石油价格是每升 24 元，今年已经涨到每升 94 元，已高过去年好几倍了。

2. 今年的收入大大高于去年，所以大家都很高兴。

3. 无论是身体素质还是反应速度，青年人肯定都强于老年人。

4. 今年冬天的平均温度略低于去年，所以大家都比去年穿得多。

5. 市中心的房租虽然比别处贵，但是生意强于别处，还是合算的。

6. 小李是个动物迷，爱小动物胜过爱自己，把最好的房间让给小动物住。

7. 农村和城市虽都被洪水淹过，但城市受的损失相当大，受灾情况重于农村。

8. 李丽跟大卫分手后，又找了一个男朋友，据说，现在的男朋友强过大卫好多倍。

9. 因为这几个月支出总是大于收入，妈妈很发愁。

10. 王教授精心培养学生，鼓励他们敢于创新，希望学生胜过自己。

三、1. B　2. A　3. C　4. D　5. C　6. B　7. A　8. B　9. D　10. A　11. B　12. D　13. A　14. C　15. B

四、1. 近年来进公司的年轻人的能力和素质，一批强过一批。

2. 这里到处都在盖大楼，一幢高过一幢。

3. 这雨看起来没有要停的趋势，反倒是一阵强过一阵。

4. 电脑技术不断更新，第四代产品比第三代在性能上有了很多改进，一代强过一代。

5. 比赛非常激烈，看到我们国家队快赢了，观众的欢呼声一浪高过一浪。

第六课 比较句(7)

讲一讲

一、A + 动词 + 于 + B

有的动词或动词短语也可以放在"于"的前面表示比较。这样的动词有"近似、相当、区别、不亚(yà)"等。表示在某一方面前项 A 和后项 B 比,较为相近、相当,不同或不比后项差多少。如:

在封建社会,很多妇女在家庭中的地位近似于奴隶(núlì)。

这个地区近五年来绿化的面积相当于过去五十年的绿化面积。

人类因劳动和直立行走而区别于所有的动物。

这里的夏天也非常炎热,热的程度不亚于南方。

大卫虽是个外国人,但他对中国文化的了解不亚于一个普通的中国人。

"近似于"表示前项 A 与后项 B 很相近,很接近,意义上跟"与(跟)……相似/相近似"(见上一课)比较接近,但用法上略有差异。"与(跟)……相似/相近似"既可用于表示两个比较项外形的相似,也可表示其内涵(结构、风格、特征)相似;"近似于"则只能表示两个比较项的内涵相近,不能用于外形的比较。如:

王平的写作风格近似于那位有名的作家。(内涵相近,下同)

王平的写作风格与那位有名的作家相似。

大卫的外表与那位电影明星相似。(外形相似)

*大卫的外表近似于那位电影明星。

"相当于"表示前项 A 与后项 B 在数量、程度上差不多相同。多用于表示数量上的比较。如:

王平很能吃,他一个人的饭量相当于我们两个人的饭量。

有时也可以用于说明某个动作所起的效果与另一个动作差不多一样,但不是客观量的比较,而带有主观比喻的意味。如:

他跟我说的这番话相当于给我头上浇了一盆凉水。

"区别于"表示前项 A 与后项 B 是不同的,有区别的。一般用于强调两个比较项的不同特征。"区别于"很难单独成句,一般前后要有其他句子才能成立,多用于书面说明性文章,在句中还常做定语。如:

男人区别于女人的最显著的特征是勇敢。

"不亚于"表示前项 A 不比后项 B 差,十分相近,几乎没有什么差别。"不比……差"一般用于口语,"不亚于"则用于书面语。"不亚于"前面可以加"绝"或"绝对"等表示强调语气的词。

二、A 较之于 B,A……

在第三单元第十二课,我们讲了用“比起……来”“跟(和)……比起来/相比”的比较句。本课所讲的“较之于”,就是“比起……来”的书面语形式。如:

科学研究较之于一般工作,更需耐心与毅力。

三、A 比 B(名词)+还(要)+与 B 有关的形容词或名词

在第一单元第八课“比较句(1)”中我们曾讲到,如要强调 A 在程度上超过 B 时,可以用“还”构成“A 比 B 还+形容词”句型。当 B 是带有明显特征的人或事物时,人们有时会选择与 B 的特点相同、词形相近的词语用于“还”后。如:

何老师特别关心我,对我比亲人还亲。

河北平原有很多道沟,这些道沟村村相通,连接起来比长城还长。

“亲”是形容对待“亲人”典型态度的形容词,“长”是表现“长城”典型特征的形容词。有时,这类比较句中“还”后出现的是由带有典型性的名词或由名词演变而来的短语,即“还”后面的词语根据表达需要略微作些改变。如:

刘杰由默默无闻到成为巨星,由身无分文到名利双收,他的命运比戏剧还戏剧化。

(“比”字句对刘杰的一生的戏剧特征加以评价,句法需要将“戏剧”变为“戏剧化”)

我虽然不是北京人,但我深深爱上了北京,我的文章总离不开北京,有人说我“比北京人还北京”,我觉得这评价很得体,听了十分舒服。

(“比”字句说明“我”比北京人还爱北京,所以将“北京人”变为“北京”)

此处要讲的比较句与上面所说“A 比 B 还+形容词”的比较句的用法差不多,结构稍有不同,即 A 比 B(名词)+还(要)+B(名词)。

此结构中的 B 一般是说话与听话人都知道的、具有某种典型特征的人或事物(以人为多)。此句型表示的是就某种典型特征来看,A 超过了 B。

老张绝顶聪明又好钻研,在服装设计方面很快成为行家里手,比专家还要专家。

参观了她的刺绣表演之后,大卫连声称赞说,“的确比高技术还高技术”。

我和你势不两立,你比我的敌人还要敌人!

小王是我们单位出了名的小气鬼,我发现新来的小李比小王还小王,真让人受不了。

1. 这一句型只用于肯定句。

2. 这一句型一般用于口语,多表示对人的评价,用于批评的场合多于赞扬。

3. “比”后的 B,除了上面例中所举的是说话人和听话人都了解的、带有典型特征的名词外,通常还会使用人们都非常熟悉的人名(公众人物以及文学作品中的典型人物,后者用得较多),其所具有的典型特征也是人所共知的。下面举一些常用于这种句型的典型人物及其特征:

孙悟空:《西游记》中的人物。特征:神通广大。

牛郎织女:神话传说中一对相爱却被迫分开的恋人,每年阴历七月初七才能相聚一次。

猪八戒:《西游记》中的人物。特征:笨,好吃懒做,喜欢女人。带贬义。

阿 Q:鲁迅《阿 Q 正传》中的人物。特征:善于自我安慰。带贬义。

黄世仁:歌剧《白毛女》中的人物。特征:总是讨债逼债。带贬义。

葛朗台:巴尔扎克《人间喜剧》中的人物。特征:非常小气、吝啬。带贬义。

卓别林:世界著名的喜剧演员。

注意：以上带贬义的典型人物，一般用于批评或开玩笑的场合。

下面是将以上典型人物用此句型的例句：

不管多么难办的事，只要交给陈光，总能办成，大家都说他比孙悟空还孙悟空。

他们长期分居，几年难得见一次面，真是比牛郎织女还牛郎织女。

输了球还兴高采烈，自己安慰自己，真是比阿Q还阿Q。

一天只知道吃了睡，睡了吃，简直比猪八戒还猪八戒。

房东一天到晚追在我后头要房钱，真是比黄世仁还黄世仁。

老刘是个比葛朗台还葛朗台的小气鬼，要是问他借钱，他会心疼得跟割他的肉似的。

有时，这一句型可以形容某人的模仿表演特别像某个演员或者打扮、外表像某类人。

他总是模仿卓别林的表演，有时演得简直比卓别林还卓别林。

老李从公司辞职后，去农村办养猪场，现在的样子比农民还农民。

练一练

一、用句后（　　）中的词语改写句子。

1. 你的水平并不比王明差。（不亚于）

2. 药品和食品不同，服用不当的话是很危险的。（区别于）

3. 老李做的这张桌子接近于艺术品。（近似于）

4. 他一个人干的活和我们两个人干的一样。（相当于）

5. 小孩和大人不同，对世界充满好奇。（区别于）

6. 今年的年产量等于去年年产量的三分之二。（相当于）

7. 比起流行歌曲来，传统民歌往往更有生命力。（较之于）

8. 小王画的画绝不比一个普通画家差。（不亚于）

9. 她对那位歌星的态度简直到了痴迷的程度。（近似于）

10. 当张老师听说自己的学生得了奖，高兴的程度和得奖者本人差不多。（不亚于）

二、从 A ~ F 中选出适当的填在下面的短文中。

A. 高兴的程度并不亚于大卫

B. 价格相当于一般防晒霜的两倍

C. 只相当于一般工人工资的80%

D. 其热闹程度不亚于节日的百货商场

E. 区别于一般的商业活动

F. 近似于募捐

听说现在有的残疾人没有工作，有的残疾人虽然有工作，但一个月的收入___1___。为了帮助他们，学生会组织同学们搞义卖活动，所得的钱全部捐给残疾人。义卖的那一天，校园里热闹极了，___2___。大家知道，学生搞义卖，___3___，因为带有公益的性质，所以___4___，东西要比一般商店贵一些。王老师在大卫的摊上买了瓶防晒霜，___5___。卖出了防晒霜，大卫非常高兴，有意思的是，王老师___6___，因为她知道她付的钱可以用来帮助残疾人。

三、用“近似”“相当”“区别”“不亚”和“于”改写下面的短文。

上周我们学校交响乐队正式向本市公演了三场。我们的乐队和专业乐团不同，都是利用业余时间排练的，但是我们的队员水平一点儿不比专业乐队的演奏家差。不过考虑到是业余乐队，所以我们的票价只是专业乐团的一半。没有想到的是，演出时场场爆满，谢幕时听众的掌声一浪高过一浪，反应之热烈简直到了疯狂的程度。看到这样的场面，我们都激动得流下了眼泪。

四、HSK 仿真题：在下面 ABCD 中选择唯一正确的填入空中。

（可参考“讲一讲”中关于典型人物的提示）

1. 甲：能考到 60 分我挺满足了，有人比我还差呢。

乙：你真是______。

A. 比猪八戒还猪八戒　　B. 比阿 Q 还阿 Q

C. 比学生还学生　　D. 比傻瓜还傻瓜

2. 甲：我在北京，她在上海，谁也不肯放弃自己的事业。忙的时候，夫妻俩一年也难见上一面。这种情况已经持续十年了。

乙：天哪，你们真是______。

A. 夫妻还夫妻　　B. 比朋友还朋友

C. 比恋人还恋人　　D. 比牛郎织女还牛郎织女

3. 甲：小张有钱，咱们跟他借点儿钱怎么样？

乙：你可别借。跟他借钱，比跟银行贷款还难。人家背后都说他______。

A. 比猪八戒还猪八戒　　B. 比阿 Q 还阿 Q

C. 比葛朗台还葛朗台　　D. 比黄世仁还黄世仁

4. 甲：我跟你说，租这房子必须记住：按时交房租，一天也不能拖。

乙：要是拖两天会怎么样？

甲：房东可是______，他会天天追在你后面要。

A. 比猪八戒还猪八戒　　B. 比阿 Q 还阿 Q

C. 比葛朗台还葛朗台　　D. 比黄世仁还黄世仁

5. 甲：你不在家，我过得可舒服了，早上睡到十一点，每天晚上下馆子，碗也不用洗。

乙：家里脏成这样也不打扫，你真是______。

A. 比猪八戒还猪八戒　　B. 比阿 Q 还阿 Q

C. 比葛朗台还葛朗台　　D. 比黄世仁还黄世仁

五、用“A 比 B 还 B”改写下面的句子。

1. 人家都说老太太爱唠叨，你现在都超过老太太了。

2. 张东做什么事都犹豫不决的,没想到李冬更厉害。

3. 他一天到晚嘻嘻哈哈,没个正经,真是个超级活宝(活宝:指可笑或让人发笑的人)。

4. 王老五就够傻的了,可你比他还傻。

5. 专家都不能解决的问题,李平居然能解决,大家都说他比专家还厉害。

参考答案

一、1. 你的水平并不亚于王明。
2. 药品区别于食品的是,服用不当的话是很危险的。
3. 老李做的这张桌子近似于艺术品。
4. 他一个人干的活相当于我们两个人干的。
5. 小孩区别于大人的是,他们对世界充满好奇。
6. 今年的年产量相当于去年年产量的三分之二。
7. 较之于流行歌曲,传统民歌往往更有生命力。
8. 小王画的画绝不亚于一个普通画家。
9. 她对那位歌星的态度近似于痴迷。
10. 当张老师听说自己的学生得了奖,高兴的程度不亚于得奖者本人。

二、1. C 2. D 3. E 4. F 5. B 6. A

三、上周我们学校交响乐队正式向本市公演了三场。我们的乐队区别于专业乐团,都是利用业余时间排练的,但是我们的队员水平并不亚于专业乐队的演奏家。不过考虑到是业余乐队,所以我们的票价只相当于专业乐团的一半。没有想到的是,演出时场场爆满,谢幕时听众的掌声一浪高过一浪,反应之热烈近似于疯狂。看到这样的场面,我们都激动得流下了眼泪。

四、1. B 2. D 3. C 4. D 5. A

五、1. 人家都说老太太爱唠叨,你现在的样子真是比老太太还老太太。
2. 张东做什么事都犹豫不决的,没想到李冬比张东还张东。
3. 他一天到晚嘻嘻哈哈,没个正经,真是比活宝还活宝。
4. 王老五就够傻的了,可你比王老五还王老五。
5. 专家都不能解决的问题,李平居然能解决,大家都说李平比专家还专家。

第七课 兼语句(6)

试一试

选用所给的词语完成下面的兼语句。

为难　苦恼　找工作　出去　去国外　考察　遭到　破坏

1. 老李叫我们明天下午__________________。
2. 公司派刘明__________________。
3. 他非要我帮__________________,这让我__________________。
4. 地震使这个城市__________________。
5. 工作的不顺利使大卫__________________。

讲一讲

在第一单元第七课,第二单元第七、第十一课,第三单元第四、第五课,我们讲了兼语句的几种形式。那几种兼语句的谓语都是说明兼语发出的动作或受到的影响的。如:

老李叫我们明天下午跟他一起出去。

公司派刘明去国外考察。

他非要我帮他找工作,这让我很为难。

地震使这个城市遭到了很大的破坏。

工作的不顺利使大卫很苦恼。

本课讲的兼语句的谓语不同于上面这些表示动作或变化的动态兼语句,它是静态的。

基本结构:

主语+谓语+兼语,名词谓语1+名词谓语2

主语+谓语+兼语,主谓谓语1+主谓谓语2

主语+谓语+兼语,"是"字句1+"是"字句2

主语+谓语+兼语,动词+着+宾语

主语+谓语+兼语,形容词谓语

主语+谓语+兼语,是……的

表示兼语后的谓语是对兼语加以补充说明或描写的。如:

她找了个男朋友,高个子,蓝眼睛。(兼语后谓语描写兼语的特点、特性,下同)

健步走进来一位老人,白须(xū)白发,满面红光。

我第一次看到他,个头不高,性格内向。

我有三个好朋友，一个美国人，一个法国人，还有一个韩国人。

(兼语后谓语对复数的兼语加以分别说明，下同)

小林家门前有两棵树，一棵是枣树，另一棵是梨树。

上面例句中兼语后的谓语一般不是单个而是两个或两个以上的。像下面的兼语句的谓语，可以单独出现：

他家有一条牧羊犬，德国的。(兼语后谓语说明兼语的产地)

我买到了飞机票，明天上午的。(兼语后谓语说明兼语的时间)

她突然接到一个电话，是陌生人打来的。(兼语后谓语说明与兼语有关的动作者)

墙上挂着一幅画，画着小桥流水。(兼语后谓语进一步描写前面兼语的状况，下同)

小李吃了一碗面，有点儿辣。

本课讲的这类兼语句，前半部分常用逗号隔开，逗号前是兼语，一般说的是一种新情况，逗号后是兼语的谓语。从句子的构成上看，可以看成是两个句子的套句。如：

她找了个男朋友，(她的男朋友)高个子，蓝眼睛。

因为括号内是前一句的宾语，又正好是后一句的主语，便没有必要说出来。

有时，兼语的前面用"是"，对兼语加以强调。如：

是他的话启发了我，让我改变了主意。

是这件事使我开始信任他了。

练一练

一、用本课学的兼语形式完成下面的句子。

1. 我家有两条狗，一条________，一条________。(说明特性或特点)
2. 爷爷珍藏着一张老照片，________。(说明时间)
3. 老张送来一箱苹果，________。(说明产地)
4. 我们班新来了一个同学，________，________。(说明外貌)
5. 我有两个汉语老师，一个________；一个________。(说明分工)
6. 小汽车里坐着一位干部，________，________。(说明外貌和表情)

二、用"是+兼语句"改写下面的句子。

1. 我下决心到国外去留学，是因为听了朋友的话。

2. 由于有了大家的帮助，我才取得了今天的成功。

3. 他这样痛苦，是因为试验遭到了多次的失败。

4. 农民收入的增加，是因为粮油价格提高了。

5. 由于这场战争，很多人失去了自己的亲人。

6. 他真诚的态度感动了我。

7. 由于多年的独身生活,他学会了自己照顾自己。

8. 听了经理关于公司发展的十年规划的介绍,职工们受到了很大鼓舞。

参考答案

一、1. 我家有两条狗,一条是黄色的,一条是黑色的。
2. 爷爷珍藏着一张老照片,五十年前拍的。
3. 老张送来一箱苹果,是山东产的。
4. 我们班新来了一个同学,高高的个子 ,大大的眼睛 。
5. 我有两个汉语老师,一个叫张老师,教语法;一个叫李老师,教口语。
6. 小汽车里坐着一位干部,面孔稍瘦,神情严肃。

二、1. 是朋友的话使我下决心到国外去留学。
2. 是大家的帮助,才使我取得了今天的成功。
3. 是试验的多次失败,使他陷入了痛苦之中。
4. 是粮油价格的提高,使农民的收入增加了。
5. 是这场战争使很多人失去了自己的亲人。
6. 是他真诚的态度使我深受感动。
7. 是多年的独身生活使他学会了自己照顾自己。
是多年的独身生活让他学会了自己照顾自己。
8. 是经理关于公司发展的十年规划的介绍,使职工们受到了很大的鼓舞。

第八课 “是”字句(4)

讲一讲

第一单元第一、二、四课学习了“是”字句的几种用法。本课讲“是”的另外几种用法。

一、表示确认的“是”

基本结构 1：

主语(名词、代词、动词短语、主谓短语)+是+形容词谓语/动词谓语

这类“是”表示确认。一般用于对话及相似的场合。如：

A：小王真认真啊。

B：小王是很认真。(B 认为 A 说得很对，用“是”表示确认)

A：你觉得他讲得有道理吗？

B：他讲得是有道理。(当 A 对某情况表示怀疑时，B 用“是”表示确认)

A：你说怪不怪，她居然让我向她道歉。

B：你是应该向她道歉。(当 A 对别人说的不以为然，B 用“是”表示确认)

从上面的例句可知，这类“是”字句一般不是说话人自发说的，往往是先有某种说法，说话人对这种说法表示赞同而用“是”加以确认。

基本结构 2：

这+就是+名词短语

这就是我常跟你提起的刘老师。(向听话人介绍已听说过的人时用)

这就是你丢的包，里面还有你的证件呢。(交给听话人所丢失的原物时用)

这就是咱们爷爷留下的遗物。(向听话人介绍已听说过的事物时用)

从上面的例句可知，这类“是”字句也不是说话人自发说的，往往是先有某个说话人和听话人都已知的事物或人，说话人对听话人加以确认时用。

二、表示强调的“是”

基本结构 1：

A+总是/就是+A

这类“是”表示强调。

一般用于特别强调 A 时。根据表达的需要，A 可以是名词、代词、动词短语、主谓短语等。常用于以下几种场合：

1. 用于强调客观存在是无法改变的。如：

事实总是事实。

假的就是假的。

谎言总是谎言，总有一天会被揭穿的。

2. 用在表示人的名词或代词中间，强调其特征。如：

我就是我，谁也无法让我改变。

老板就是老板，他总是考虑着公司如何发展。

孩子就是孩子，刚才还在又哭又闹，现在又高兴起来了。

3. 用在表示性质相同的两个形容词中间，强调要实事求是。如：

不管他是谁的学生，好就是好，坏就是坏，评价要公正嘛！

对就是对，错就是错，你为什么不敢表态？

4. 强调主观态度和心情的不可改变，“就是”放在表示这类态度和心情的词语前。如：

我不同意，就是不同意！不管你们谁说，我都是这态度！

我千不放心，万不放心，就是不放心你！

基本结构2：

A＋真是……

强调说话者带有主观感情的评价。如：

谢谢，谢谢！这回你真是帮了大忙！

身为领导竟然犯下这种不可原谅的过错，真是太丢脸、太失身分了。

现在的生活跟过去比，好了不知道多少倍，真是在天堂啦！

最近他做生意赔了很多钱，妻子又出了车祸，真是祸(huò)不单行！

我跟小李说起新来的王平很能干，正说着，王平就来了，真是“说曹操曹操到”。

这类“真是”常用于表示感叹的句子。对某件事或某人的情况发表感想（积极或消极的），都可以用“真是”加以强调。“真是”后常用熟语、成语，但句子的末尾一般不用“的”。

三、表示归纳的“是”

“是”表示归纳，一般用于发言结束时，有时也用于文章结尾。常见的结构有：

基本结构1：

（主谓短语、名词短语、动词短语）＋就是＋这些

我要说的就是这些。

我们的意见就是这些。

我想说的就是这些。

他们的要求就是这些。

本文的主要观点就是这些。

基本结构2：

这＋就是＋名词短语

以上(就)是＋名词短语

这就是我今天要给你们讲的故事。

以上就是我们全体老师对同学们的几点希望。

练一练

一、用表示确认的“是”完成下面的对话。

1. A：听说李刚很有能力。

B：________________，各方面我们都赶不上他。

2. A：老刘说内蒙古夏天很凉快，真的吗？

B：________________，晚上还要盖被子呢。

3. A：听说陈明已经出院了。

B：________________，我今天在办公室看见他了。

4. A：听小李说你们这次期末考试特别难，真的吗？

B：________________，好多人都考得不好。

二、HSK 仿真题：在下面 ABC 中选择唯一正确的填入空中。

1. ______，看问题就是深刻。

A. 专家就是专家　　B. 我就是我　　C. 学生就是学生　　D. 他就是他

2. 发言时要实事求是，______，对存在的问题应该毫不客气地指出来。

A. 对就是对，错就是错　　B. 批评就是批评

C. 好就是好，坏就是坏　　D. 同意就是同意

3. ______，几句话就把这么复杂的问题讲清楚了。

A. 学生就是学生　　B. 老师就是老师

C. 职工就是职工　　D. 明白就是明白

4. 对老刘的建议，你到底是什么态度？______，为什么不肯表态呢？

A. 对就是对，错就是错　　B. 批评就是批评

C. 好就是好，坏就是坏　　D. 同意就是同意，不同意就是不同意

5. 他特别强调艺术家应该有自己独特的风格，他常说："______，世上不会有第二个我。"

A. 你就是你　　B. 我就是我　　C. 我不是你　　D. 他就是他

三、根据下面的语境，用表示归纳的"是"完成下面的句子。

1. 发表完自己的意见时（用"意见"）

2. 谈完自己的看法时（用"看法"）

3. 陈述完自己的要求时（用"要求"）

参考答案

一、1. 他是很有能力

2. 内蒙古夏天是很凉快

3. 陈明是出院了

4. 这次期末考试是挺难的/是很难/是特别难

二、1. A　2. C　3. B　4. D　5. B

三、1. 以上就是我的几点意见，仅供大家参考。

2. 以上就是我的看法，不当之处请大家批评。

3. 我的要求就是这些，希望领导能予以考虑。

第九课 套句(1)

句
型
与
句
式

讲一讲

套句是两个以上的句式套用的句子。汉语的套句形式很多,但都是以单句的句式为基础的。本课先讲两种性质的套句。

一、连动套句

句子是由两个以上的连动句套在一起的。

基本结构 1:

主语 + 带领类动词 + 宾语 + 来/去/到 + 处所词 + 动词

你暑假带孩子来北京玩玩吧。

老王刚才陪客人去长城参观了一下。

厂长亲自领专家去厂里检查工作了。

以上这类套句实际上可看做是两个连动句单句合一起的。如第一例便是:

你暑假带孩子来 + 你来北京玩玩吧

为了表达的简洁,把两句合在一起,省去了相同的词语。下面的套句都和它相似。

基本结构 2:

主语 + 到 + 处所词 + 来/去 + 动词 + (宾语)

那位记者明天可能要到咱们学校来采访。

你有时间最好到父母家去看看他们。

有时"来/去 + 动词 + 宾语"之后还可以再接趋向补语。如:

你马上到对面的快餐店去买两盒盒饭来。

我要到图书馆借几本杂志回去。

下午我要到图书馆借几本杂志回去。

二、使用"给"等交付类动词的套句

前面几个单元,我们学过了作为单句的动词谓语句、双宾语句、连动句、兼语句、存现句等。本课讲的是由这类句子中的两种句子套在一起的套句。

基本结构 1:

主语 + 交付类动词 + 兼语 + (数量词) + 宾语 + 动词

表示某人将某事物交付给兼语让他做某个动作。如:

吃饭时,他兴奋地递给我一份报纸看,那上面登着我们学校的新闻。

你要是没事干,我给你一本画报看看。

她有点儿冷,你能借给她件毛衣穿穿吗?

这类套句当只是叙述一个事实，一般兼语后是用单个动词作谓语（如上面的第一个例句），后面往往还有后续句。当句子表示希望或使所说的话比较委婉时，兼语后的谓语多用动词的重叠式（如上面的第二、三例句）。有时“给……看看”有显示一下的意思。如：

我们就是想干出一些成绩来给领导看看。

基本结构2：

主语 + 动词 + 量词 + 宾语 + 给 + 兼语 + 动词

表示某人将某事物交付给兼语让那人做某个动作或让某物附着在某人身上。如：

他亲自倒了杯可乐给我喝。

我今天想做几个家乡菜给你尝尝。

起风了，大卫赶快拿了条围巾给玛丽围在脖子上。

这类句子兼语前一般是“动作动词……给”的连谓结构，动作动词后一般要带宾语，宾语前要有数量定语。兼语后的动词可以是动词的重叠形式（使用重叠式的条件同上“提示”），因为是还未做的动作，所以第一个动词后不带“了”。当句子是陈述一个已完成的事实时，可以由单音节动词充当，有时也可以是比较复杂的谓语形式，第一个动词后要带“了”。

提示

(1) 汉语套句的构成有一个规律，一般都是按照动作在时间上的先后次序排列的，即先做的动作放在句子的前面，后面接后做的动作（详见上面的例句）。这一规律同样适用下面几课讲的套句。

(2) 如果套句中有说明动作的时间、情态、意志、可能等的状语（时间名词或副词、形容词、副词、助动词等），一般应放在离主语最近的第一个动词前。特别强调时间的话，时间名词可以放在主语的前面。（见上面句中画线的部分）

练一练

一、选用下面的动词完成套句。

吃　尝　用　听　看　干　住　玩　转　参观　听课

1. 我给你一本好书________。
2. 大卫早上就带他的朋友到海边去________了。
3. 他太空了，你能不能给他点儿事________？
4. 马克想参观咱们的图书馆，你就领他去那儿________。
5. 您能租间房子给我________吗？
6. 只要有朋友来苏州，我就会陪他们去苏州园林________。
7. 大卫忘了带笔，你把钢笔借给他________。
8. 听说下午院长要到咱们教室来________。
9. 这是我刚买的葡萄，你拿两串给奶奶________。
10. 你坐会儿，我放些好听的音乐给你________。

二、模仿例句，参考本课所学的套句，用下面的动词短语造句。

借自行车　放录像带　陪妈妈　唱歌　带朋友　跳舞　说笑话　到车站

送月饼　领孩子　讲故事　包饺子　放音乐磁带　念新闻　找活儿

例:借圆珠笔

你能借我圆珠笔用用吗?(提出请求)

他借了支圆珠笔给我用。(陈述动作)

三、HSK 仿真题:在下面 ABCD 中选择唯一正确的填入空中。

1. 你不相信我会写小说? ______。

A. 我会写小说你看　　B. 我就写本小说给你看看

C. 你看我写小说给你　　D. 就我写小说给你看

2. 李丽,______。

A. 你快跟王平到办公室来开会　　B. 快点儿,你跟王平到办公室开会

C. 你跟王平到办公室快点儿来开会　　D. 你快跟王平到办公室开会来

3. 这个故事太感人了,______。

A. 玛丽想给更多的朋友讲　　B. 玛丽给更多的朋友想讲

C. 玛丽想讲给更多的朋友听　　D. 玛丽要讲更多的朋友听

4. 大家正在吃生日蛋糕,小丽进来了,______。

A. 我便切了块蛋糕给她吃　　B. 我便切给她蛋糕吃

C. 我便给她蛋糕切了吃了　　D. 我便拿给她蛋糕吃

5. 听说你的歌唱得不错,______。

A. 能给我们唱了一首听听吗　　B. 不能给唱一首我们听吗

C. 能不能给我们唱了听听吗　　D. 能不能唱一首给我们听听

四、HSK 仿真题:将下面句后(　　)中的词语放在唯一合适的地方。

1. 小时候,A 总 B 希望爸爸妈妈 C 给我点儿零花钱 D 用用。(能)

2. 大学毕业一下子 A 找不到工作的话,B 到我那儿 C 去 D 做临时工吧。(先)

3. 老张,你 A 带王平 B 去办公室 C 领 D 办公用品吧。(赶快)

4. 李丽 A 这些天总不舒服,我想 B 陪她 C 去医院 D 检查检查。(明天)

5. 玛丽 A 到公安局 B 办了 C 手续 D 回来了。(已经)

参考答案

一、1. 我给你一本好书看。

2. 大卫早上就带他的朋友到海边去玩了。

3. 他太空了,你能不能给他点儿事干干?

4. 马克想参观咱们的图书馆，你就领他去那儿看看。
5. 您能租间房子给我住吗？
6. 只要有朋友来苏州，我就会陪他们去苏州园林参观。
7. 大卫忘了带笔，你把钢笔借给他用用。
8. 听说下午院长要到咱们教室来听课。
9. 这是我刚买的葡萄，你拿两串给奶奶尝尝。
10. 你坐会儿，我放些好听的音乐给你听。

二、1. 你能借我自行车用用吗？
他借了辆自行车给我用/骑。
2. 我放盘录像带给你看看。
我放了盘录像带给他看。
3. 我陪妈妈去看画展。
他陪妈妈到医院检查身体。
4. 你唱个歌给我们听听吧。
他唱了个歌给我们听。
5. 我带朋友去上海玩了两天。
6. 你能不能跳个舞给我们看看？
他跳了个舞给我们看。
7. 我说个笑话给大家听听。
他说了个笑话给大家听。
8. 他到车站去接朋友了。
9. 我送盒月饼给你尝尝。
他送了盒月饼给我们吃。
10. 她领孩子去动物园参观。
你领孩子去动物园玩玩吧。
11. 他讲了个故事给我听。
我讲个故事给大家听听。
12. 妈妈包了些饺子给我吃。
我包饺子给你尝尝。
13. 他放了盘音乐磁带给我们听。
我放盘音乐磁带给大家听听。
14. 大卫念了段新闻给她听。
我念段新闻给你听听吧。
15. 我到这个商店找了份活儿干。
你到那个商店找点儿活干干。

三、1. B 2. A 3. C 4. A 5. D

四、1. C 2. B 3. A 4.B 5. A

第十课 套句(2)

讲一讲

本课讲的是兼语与用“来、去、把”的连动套句。

基本结构1:

主语+可带兼语的动词+兼语+来/去+(处所宾语)+动词2+宾语

表示某人让兼语去某处做某个动作。如:

他请我去他家做客。

班长派我来帮助你。

爸爸叫我去飞机场接他。

他催警察赶快去事故现场调查。

基本结构2:

主语+动词+宾语+可带兼语的动词+兼语+来/去/回+处所宾语+动词

他的妻子捎信叫他回家看看。

玛丽打电话让我去接她。

基本结构3:

主语+可带兼语的动词+兼语+把+宾语+动词短语

老师让我们把作文本交给他。

空中小姐叫乘客把飞机票拿出来。

1. 复杂的套句往往都有好几个动词,再复杂的套句,一般都是按照动作在时间上的先后次序排列的。如:

大卫对我说:“你替我去邮局取一下包裹吧。”

上面句子的几个动作的次序是:

1 大卫请我→2 我替他去邮局→3 取包裹

大卫请我替他去邮局取包裹。(也可说:大卫请我去邮局替他取包裹。)

2. 如果句子要强调“包裹”这一确定的已知的动作的对象,就要用基本结构3,即:

大卫请我替他去邮局把包裹取回来。(应在“取”后加上补语“回来”)

要注意的是:套句后半部分的“把”字谓语结构应按一般“把”字句的结构特点(谓语一般不能是简单形式,谓语后常带相应的补语等)组成词语的搭配不是随意的。下面的句子是错的:

*我请他去火车站替我把行李取得。(“取得”用错了,“替我”可以放在“把”前)

改:我请他去火车站替我把行李取回来。

＊组长把我们派了给帮你的忙。

改1:组长派我们来给你帮忙。

改2:组长把我们派给你做帮手。

如要用“把……派给某人”,后面的谓语就不能用“帮忙”,只能如改2。

3. 如果这类套句中有修饰谓语动词的状语,因说话人强调的方面及所修饰动词的不同,位置是不一样的。如:

现在我们请来宾代表给我们讲话。

(说话人强调“请……”的动作是“现在”发出,所以放在句首)

这个灯你修了半天也修不好,为什么不请张师傅来看看呢?

(“为什么不”主要是与“请”有关,因而应放在“请”前)

小丽昏倒了,你赶快去叫医生来。

(说话人要求“你”“赶快”发出后面的动作,所以放在“你”的后面)

她叫男朋友马上到医院去接她。

(此句要求兼语“马上”发出动作,所以“赶快”放在兼语后)

练一练

一、HSK仿真题:下面每一段对话下的ABCD都是对人物对话的改写,从中选择唯一正确的答案。

1. 小张:听说今天下午有专家的讲座。

老王:对,是老李请来的。

A. 老李请今天下午专家来做讲座。

B. 老李请专家今天下午来做讲座。

C. 老李请专家来做讲座今天下午。

D. 老李请专家今天下午去做讲座。

2. 大卫:玛丽,你打电话干嘛?

玛丽:马克病得很厉害,我叫王平开车送他去医院。

A. 玛丽打电话王平开车送马克去医院。

B. 玛丽打电话给王平开车送马克去医院。

C. 玛丽电话叫王平开车送马克去医院。

D. 玛丽打电话叫王平开车送马克去医院。

3. 王老师:李小芳,你明天上午到我研究室来一下。

李小芳:老师,有事吗?

王老师:我要跟你谈谈毕业论文的事情。

A. 王老师叫李小芳明天上午到他研究室去谈毕业论文的事情。

B. 王老师明天上午叫李小芳到他研究室去谈毕业论文的事情。

C. 明天上午李小芳被王老师叫到研究室去谈毕业论文。

D. 毕业论文的事情王老师叫李小芳明天上午到他研究室来谈。

4. 警察:刘先生,听说事故发生时你在场?

刘先生:是。

警察：请你仔细讲讲当时的情况。
A. 警察让刘先生事故发生时的情况仔细讲一下。
B. 警察叫刘先生事故发生时的情况仔细讲一讲。
C. 警察叫刘先生事故发生时的情况给他仔细讲讲
D. 警察让刘先生把事故发生时的情况给他仔细讲讲。

5. 大卫：北京、上海和西安我都去过了，你说我这次暑假去哪儿旅游比较好？
李东：你到我们新疆来吧，到时我去车站接你。
A. 李东请大卫暑假去新疆旅游。 B. 李东使大卫暑假去新疆看看。
C. 李东叫大卫暑假去新疆旅游。 D. 李东说大卫暑假来新疆看看。

6. 玛丽：喂，李芳，你现在在哪儿啊？
李芳：我在路上。
玛丽：你快点儿来啊！大家都在等你。
李芳：我正在往学校赶呢，马上就到。
A. 玛丽打手机说李芳快点儿去学校。 B. 玛丽打手机催李芳快点儿去学校。
C. 玛丽快点儿让李芳去学校。 D. 玛丽快点儿打电话催李芳去学校。

7. 警察：先生，这是你的车吗？
大卫：是。
警察：这里不能停车，前面那个大楼旁边有停车场，你把车开到那儿去。
A. 警察让大卫把车开到停车场去。 B. 警察使大卫把车开到停车场去。
C. 警察令大卫把车开到停车场去。 D. 警察说大卫车开到停车场去。

8. 张大明：喂，李厂长，我是张大明，你派来的小刘到现在也没把机器修好，我们都急死了。你能不能派个有经验的人来？
李厂长：那我另外派个人去吧。
A. 张大明打电话使李厂长派个有经验的人去修理机器。
B. 张大明打电话令李厂长派个有经验的人去修理机器。
C. 张大明打电话给李厂长派个有经验的人去修理机器。
D. 张大明打电话叫李厂长派个有经验的人去修理机器。

9. 李丽：大嫂，哥哥托人捎话来了。
大嫂：说什么？
李丽：让你过年到他那儿去过。
A. 李丽的哥哥托人给她嫂子捎话去他那儿去过年。
B. 李丽的哥哥托人给她嫂子到他那儿去过年。
C. 李丽的哥哥捎话让她嫂子到他那儿去过年。
D. 李丽的哥哥捎话把她嫂子到他那儿去过年。

10. 小花：妈妈，听说动物园的大熊猫生的小熊猫特别可爱。
妈妈：你是不是想去看看？
小花：是啊，妈，你带我去吧！
A. 小花想到动物园去看小熊猫妈妈带她。
B. 小花要妈妈带她到动物园去看小熊猫。
C. 小花要妈妈带她去看小熊猫到动物园。

D. 小花妈妈要带她到动物园去看小熊猫。

二、根据(　　)中的提示,用本课学的套句完成下面的句子。

1. 前面出事了,警察示意让________________。(车,开,别处)
2. 哥哥姐姐都在外地,眼看着父亲病越来越重了,妈妈____________。(电话,回家)
3. 行李太多,姐妹俩拿不了,姐姐____________________。(手机,接)
4. 您不用来学校,我会________人____________。(东西,送)
5. 李东要搬家,叫________________。(到,帮忙)
6. 球场上,大卫对马克拼命招手,______________________。(球,传)
7. 李丽最近在海边买了房子,今年夏天她要________________。(接父母,住)
8. 南京的分公司出现了一些问题,总公司派________________。(去,当经理)
9. 玛丽下星期天结婚,她想请________________。(做伴娘)
10. 天太热,店里的空调都卖光了,老板急着打电话________________。(要,送货)

三、HSK 仿真题:将下面句后(　　)中的词语放在唯一合适的地方。

1. 你们 A 是贵客,我们 B 请当地最有名的歌手 C 为大家 D 表演。(会)
2. A 孩子 B 吵着 C 要妈妈 D 给她买那个玩具。(一定)
3. 你看看,他一唱歌,大家都吓跑了,你 A 叫他 B 到别处 C 去 D 唱?(能不能)
4. 妈妈 A 给弟弟收拾好房间后,B 让他以后 C 把东西 D 到处乱放。(不要)
5. A 让我们 B 请著名学者刘学礼先生 C 给我们 D 做学术报告。(现在)
6. 他的病因至今还不能确定,所以医生 A 让我 B 陪他 C 到医院 D 做一次全面检查。(再)

参考答案

一、1. B　2. D　3. A　4. D　5. C　6. B　7. A　8. D　9. C　10. B

二、1. 前面出事了,警察示意让我们把车开到别处去。
前面出事了,警察示意让我们把车往别处开。
2. 哥哥姐姐都在外地,眼看着父亲病越来越重了,妈妈打电话叫他们赶快回家。
3. 行李太多,姐妹俩拿不了,姐姐便打手机叫家里来人接她们回去。
行李太多,姐妹俩拿不了,姐姐便打手机叫男朋友来帮忙。
4. 您不用来学校,我会派人把东西给您送去。
5. 李东要搬家,叫王平和李丽到他家去帮忙。
6. 球场上,大卫对马克拼命招手,要马克把球传给他。
7. 李丽最近在海边买了房子,今年夏天她要接父母到她那儿去住。
李丽最近在海边买了房子,今年夏天她要把父母接到她那儿去住。
8. 南京的分公司出现了一些问题,总公司派他去那儿当经理。
9. 玛丽下星期天结婚,她想请李丽给她做伴娘。
10. 天太热,店里的空调都卖光了,老板急着打电话要厂家赶快送货。
天太热,店里的空调都卖光了,老板急着打电话要厂家赶快把货送到店里来。

三、1. B　2. C　3. A　4. C　5. A　6. D

第十一课 套句(3)

讲一讲

本课讲使用“把”字句的套句,主要形式是:“把”字短语(“把 + 宾语 + 动词短语”)在前,后面再接动词谓语。

基本结构 1:

(主语) + 把 + 宾语 + 动词短语 1 + 动词短语 2

这类句子是“把”字短语与后面另一个动词短语构成的连谓套句。

有的是表示主语对“把”后的宾语的连续处置。如:

大卫把书打开随便翻看了几页。(“把”字短语中的谓语为:动词 + 结果补语)

我已经把手表摘下来交给他了。(“把”字短语中的谓语为:动词 + 趋向补语)

你现在就把邮票贴到信封上去。(“把”字短语中的谓语为:动词 + 到 + 处所词,下同)

李东刚才把工资拿到银行存了起来。

上面后三个例句中的“把”的宾语通过动作,都发生了位置的移动。

有的“把”字短语的谓语是表示动作者对“把”后的宾语在时间上作了处置。如:

他把这件事拖了好几天才办。(“把”字短语的谓语为:动词 + 时量补语)

以上的几个例句都是同一主语的两个动作的连续。如上面第二例“把手表摘下来”和“交给他”都是“我”做的动作。

有的套句中“把”字短语和后面的动词短语表示的是动作与目的的关系。如:

陈教授很愿意把小李派给王老师做助手。(动词短语 1 为:动词 + 给 + 宾语)

这一例前一动词谓语“派”是句子的主语“陈教授”发出的,后一动词谓语“做助手”则是“把”的宾语“小李”的动作。“给王老师做助手”是“派”的目的。

基本结构 2:

(主语) + 把 + 宾语 + 动词短语 1 + 可带兼语的动词 + 兼语 + 动词短语

(主语) + 把 + 宾语 + 动词 + 给 + 兼语 + 动词短语

能不能把箱子打开让我看看。

我想把宝石拿来请专家鉴定一下。

你把那件事从*头到尾仔仔细细地*说给我听听。

这一套句形式是“把”字短语接兼语短语,兼语短语一般表示的是“把”字短语动作的目的。这一套句形式多用于祈使句,也可用于陈述句。如:

妈妈昨天又把衣服拿到裁缝师傅那儿叫他改了一下。

基本结构3：

（主语）+把+宾语+当做/看做……+动词短语

（主语）+把+宾语+当成/看得+像……一样+动词短语/形容词

这一套句形式是“把……当做/看做/看得”与动词短语或形容词组成的套句。

这一套句的“把”字短语后面再接的动词短语常表示动作。如：

我要把这件毛衣作为妈妈五十岁生日的礼物送给她。

我们应始终把环境保护作为一项重要工作，抓紧抓好。

他把老师给他的这封信当做宝贵的资料*一直*珍藏着。

有时，“把”字短语后面再接的动词短语不表示具体的动作而表示对待。如：

多少年来，她一直把李丽当成自己的亲生女儿一样来看待。

“把”字短语后面的“像……一样+形容词”则是表示比拟。如：

留学生把汉字看得像图画一样漂亮。

我总是把大卫的事看得像自己的事一样重要。

基本结构4：

（主语）+动词短语+把+宾语+动词短语

大卫很快帮我把箱子搬到了楼上。

小李立即打电话把小张叫来了。

这一套句形式是“把”字短语前有一动词短语，有的表示句子的主语以某种形式或方式完成“把”字短语的动作（见上）。有的则表示由于前一动作产生了“把”字短语的结果，前后是因果关系。如：

他们俩吵架把孩子*都*吵醒了。

我盼你把眼睛*都*盼红了。

基本结构5：

（主语）+被+宾语+把+宾语+动词短语

小丽不小心被猫把手抓破了。

他因为超速行驶，被警察把车扣下了。

我被人把名字写错了，所以这个名单上没有我。

这一套句形式是“被”字短语与“把”字短语组成的套句。句子的主语是受事，接受“被”后的人、动物等施事的动作，这类动作常说的是与句子主语有关的事物（如上面例中“小丽的手”“他的车”“我的名字”）受到施事的某种处置而产生了某种结果，因而用“把”字短语来表示。

有时，后面的“把”字短语表示的是使主语产生某种认识或看法上的变化。如：

你不要被表面现象所蒙蔽，把这个骗子当做朋友。

提示

上述五个套句结构中如果有修饰谓语的状语的话，大多是放在“把”或“被”的前面，特别是否定词、助动词或表示时间的词语（详见例中画线的词语）。只有少数具体说明后面动作方式的状语（如结构2下“从头到尾仔仔细细”、结构3下的“一直”）和表示强调的“都”是放在“把”后的谓语动词前的（详见例中的斜体字）。

练一练

一、HSK 仿真题：下面每一题下的 ABCD 是该句意思的改写，从中选择唯一正确的答案。

1. 大卫的房间很干净，是他女朋友来帮他收拾的。（帮……把……）

A. 大卫的女朋友帮大卫把房间收拾得很干净。

B. 大卫的女朋友帮把大卫房间收拾得真干净。

C. 大卫的女朋友帮大卫收拾房间得很干净。

D. 大卫的女朋友来帮大卫收拾房间得很干净。

2. 教育是我们的一项重要工作，一定要抓紧抓好。（把……作为……抓……）

A. 我们把教育作为一项重要工作一定要抓紧抓好。

B. 我们要把教育作为一项重要工作来抓紧抓好。

C. 我们一定要把教育作为一项重要工作抓紧抓好。

D. 我们把教育作为一项重要工作一定抓紧抓好。

3. 我夜里走山路，树枝把小腿划破了，血流不止。（被……把……）

A. 夜里走山路，被路边的树枝划破把我小腿，血流不止。

B. 夜里走山路，我把小腿被树枝划破了，血流不止。

C. 夜里走山路，被树枝把我小腿破了，血流不止。

D. 夜里走山路，我被路边的树枝把小腿划破了，血流不止。

4. 爸爸过生日的时候，我买了一条领带送给他。

A. 我买了生日礼物领带送给爸爸。

B. 我买了一条领带，把它作为生日礼物送给爸爸。

C. 我买了一条领带，把它看做生日礼物送给爸爸。

D. 我买了一条领带，送给爸爸生日礼物。

5. 因为老李违反了交通规则，他的驾驶证被警察扣了两天才还。

A. 因为老李违反了交通规则，警察扣了他的驾驶证两天才还。

B. 因为老李违反了交通规则，警察把他的驾驶证扣了两天后才还。

C. 因为老李违反了交通规则，警察把他的驾驶证扣了两天才还。

D. 因为老李违反了交通规则，警察他的驾驶证扣了两天才还。

6. 对马克来说，做这种事就像玩一样简单。

A. 马克把做这种事看得像玩一样简单。

B. 马克把做这种事看做像玩一样简单。

C. 马克把做这种事看成像玩一样简单。

D. 马克把做这种事当做像玩一样简单。

二、HSK 仿真题：将下面句后（　　）中的词语放在唯一合适的地方。

1. A 你 B 帮我 C 把桌上的资料 D 整理一下？（能不能）

2. 玛丽 A 好像得动手术，B 我得 C 打电话 D 把她的家人叫到医院来。（赶快）

3. 市政府认为 A 把保护历史文化名城 B 作为 C 重要的职责 D 放在突出的位置。（应）

4. 我 A 看见市长 B 把那个花瓶 C 作为珍贵的礼物 D 交到了外国友人的手上。（亲自）

三、HSK 仿真题：找出下面每段话中有错误的一部分。

1. 爷爷是个钓鱼迷。每个星期都要去钓鱼。这个星期六天气很好，爷爷把他的孙子钓鱼去。

   A　　　B　　　C　　　D

2. 我们给你看了我们收藏的几幅画，听说你也带了一幅名画来，如果可以的话，能不能把那幅画展开展览，让我们欣赏欣赏。

   A　　　B　　　C　　　D

3. 这几天开会，都是我做记录，写字太多，手酸了，连拿筷子都手酸。

   A　　　B　　　C　　　D

4. 昨天警察终于抓住罪犯让他关进监狱。大家听说这个消息，都很高兴，因为那个罪犯在这个城市做的坏事太多了。

   A　　　B　　　C　　　D

四、根据（　　）的提示，用本课学的套句改写下面的句子。

1. 这个照相机你拿到商店叫师傅修理一下。（把……叫……）
2. 他脱下大衣给孩子披上。（把……给……）
3. 小李把小张的字典弄丢了。（被……把……）
4. 我觉得张大明就像我的哥哥一样。（把……当做……看待）
5. 因为喝了很多酒，他脸都红了。（喝……把……喝……）

五、用（　　）中的动词组成套句完成下面的句子。

1. 妈妈把衣服____________________。（叠，放）
2. 马克把杂志____________________。（打开，看）
3. 你把事情的经过再____________________。（说，听）
4. 大卫把墙上的画____________________。（摘，交）
5. 把你刚买的工艺品____________________。（拿，欣赏）
6. 她把男朋友送给她的首饰____________________。（当做，珍藏）

六、组词成句。

1. 收拾　帮　一下　她　我　屋子　了　把
2. 重要　看　把　哥哥　总　得　朋友　像　自己　他　的　的　事　事　一样
3. 当　花瓶　文物　把　爷爷　这　做　收藏　个　起来

4. 朋友 当 迷惑 被 的 李丽 那 人 把 花言巧语 所 他 做 了

5. 我 把 开 检查 箱子 打 让 一下

6. 去 行李 到 托运(tuōyùn) 马克 把 拿 快递 公司

参考答案

一、1. A 2. C 3. D 4. B 5. C 6. A

二、1. B 2. C 3. A 4. B

三、1. D,应为“爷爷带着他的孙子一起去钓鱼”。

2. D,应为“请你把那幅画打开让我们欣赏欣赏”。

3. C,应为“写字把手都写酸了”。

4. A,应为“昨天警察终于抓住了那个罪犯,把他关进了监狱”。

四、1. 你把照相机拿到商店叫师傅修理一下。

2. 他把大衣脱下来给孩子披上。

3. 小张被小李把字典弄丢了。

4. 我把张大明当做亲哥哥一样看待。

5. 他喝酒把脸都喝红了。

五、1. 妈妈把衣服叠好放进箱子里去了。

2. 马克把杂志打开看了起来。

3. 你把事情的经过再说给我听听。

4. 大卫把墙上的画摘下来交给我。

5. 把你刚买的工艺品拿出来给我们欣赏欣赏。

6. 她把男朋友送给她的首饰当做最珍贵的东西珍藏起来。

六、1. 她帮我把屋子收拾了一下。

2. 哥哥总把朋友的事看得像他自己的事一样重要。

3. 爷爷把这个花瓶当做文物收藏起来。

4. 李丽被那人的花言巧语所迷惑,把他当做了朋友。

5. 把箱子打开让我检查一下。

6. 马克把行李拿到快递公司去托运。

单元练习

一、HSK 仿真题:在下面 ABCD 中选择唯一正确的填入空中。

1. ______,也跟着一起跳起舞来。
A. 他受周围的欢乐气氛所感染
B. 他为周围的欢乐气氛所感染
C. 他由于周围的欢乐气氛所感染
D. 他被周围的欢乐气氛感动

2. 一声巨大的爆炸声,______。
A. 把我从睡梦中惊醒
B. 令我从睡梦中惊醒
C. 叫我从睡梦中惊醒
D. 从睡梦中把我惊醒

3. 现在夫妻俩平日也没什么话可说,生活很枯燥,______。
A. 这让他们的感情变越来越平淡了
B. 把他们感情变得越来越平淡了
C. 这令他们的感情变得越来越平淡了
D. 这使他们的感情也变得越来越平淡了

4. 我对她说,______,你得好好考虑考虑。
A. 结婚终身大事的
B. 结婚是终身大事
C. 结婚是终身大事的
D. 终身大事是结婚

5. 上半场比赛,蓝队和红队的比分是46:22,看来,______。
A. 蓝队的实力大大多于红队
B. 蓝队的实力大大好于红队
C. 蓝队的实力大大强于红队
D. 红队的实力大大弱于蓝队

6. ______,会场的气氛一下子变得轻松起来。
A. 他的话使大家的笑了
B. 他的话引起大家笑起来
C. 他的话把大家都笑起来了
D. 他的话把大家都逗笑了

7. ______,你应该高兴才对呀!
A. 今年的收入多于去年

第四单元

B. 今年的收入少于去年
C. 今年的收入低于去年
D. 今年的收入高于去年
8. ______，现在一流的大公司都用这种新材料。
A. 这种新材料胜过旧材料很多倍
B. 这种新材料高于旧材料很多倍
C. 这种新材料好过旧材料很多倍
D. 这种新材料强于旧材料很多倍
9. ______，才能转化为现实的生产力。
A. 先进的农业科学技术只有给农民掌握
B. 先进的农业科学技术只有被农民所掌握
C. 先进的农业科学技术只有由农民所掌握
D. 先进的农业科学技术只有让农民所掌握
10. 他才十岁，就想为社会作贡献，______。
A. 这种精神是很珍贵的
B. 这种想法是很宝贵
C. 这种精神是很宝贵的
D. 这种精神是宝贝
11. 在现实生活中，______，看不到它的本质。
A. 人们被事物的表面现象很容易所迷惑
B. 人们很容易为各种事物所迷惑
C. 人们很容易使各种事物所迷惑
D. 人们很容易被事物的表面现象所迷惑
12. 这个画展是世界一流的，______，
A. 是应该参观
B. 是值得一看的
C. 是值得的
D. 我们看是值得
13. ______，这句话每个驾驶员都要铭记在心。
A. "责任重于泰山"
B. "责任大于泰山"
C. "责任高于泰山"
D. "责任强于泰山"
14. 许多人相信报上的宣传______。
A. 远大过相信自己的眼睛
B. 远强过相信自己的眼睛
C. 远胜过相信自己的眼睛
D. 远多过相信自己的眼睛
15. 这几位是新来的工人，______。
A. 你带他们到205室领工作服吧

B. 你带到205室他们领工作服吧
C. 你给他们领工作服在到205室
D. 你去到205室给他们领工作服
16. 大卫忘了带笔，______？
A. 你借笔给他可以用用吗
B. 你可以借给笔他用用吗
C. 可以借你支笔他用用吗
D. 你可以借支笔给他用用吗
17. 你是第一次来北京，______？
A. 我要陪你故宫、长城等地方去看看吧
B. 我陪你想去故宫、长城等地方看看
C. 要不要我陪你去故宫、长城等地方看看
D. 要我带你故宫、长城等地方去看
18. 这些毛线买了几年也没有时间打，______。
A. 你送毛线给王大妈，令她打毛衣穿吧
B. 你把它送给王大妈，让她打毛衣穿吧
C. 你给王大妈送毛线，叫她打毛衣穿吧
D. 你把它送给王大妈，使她打毛衣穿吧
19. 小狗饿坏了，______。
A. 快弄点东西它吃
B. 快弄点东西使它吃
C. 快把点东西给它吃
D. 快弄点东西给它吃
20. 现在的年轻人真幸福，______。
A. 生活条件胜过我们那时一百倍
B. 生活条件高过我们那时一百倍
C. 生活条件高于我们那时一百倍
D. 生活条件强于我们那时一百倍
21. 大卫突然想起他的书包好像忘在食堂了，______。
A. 李东令他赶快去找
B. 李东使他赶快去找
C. 李东让他赶快去找
D. 李东把他赶快去找
22. 李芳因感冒躺在床上好几天了，______。
A. 我叫她应该看病去医院
B. 我劝她还是去医院看看
C. 我让她看医生到医院
D. 我说他去医院看病
23. 玛丽，我有两张今天晚上的电影票，______。你去不去？
A. 我要叫你去一起看电影

B. 我要让你去看电影一起

C. 想要你一起去看电影

D. 想请你一起去看电影

二、选用下面的动词和"所"一起完成句子。

吸引　迷惑　感染　感动　吓倒　吓坏　接受　采纳　认识　理解　熟悉

1. 经过谈判，我们的条件已被对方________________。
2. 我们被眼前美丽的景色________________，不禁停下车来观看。
3. 你不应该被眼前的困难________________，要下决心去克服。
4. 保护环境的重要性已被广大的人民________________。
5. 通过三天的考察，大学生们无不为当地人民艰苦奋斗的精神________________。

三、完成下面的"把"字句。

1. 这几天把我忙得________________。
2. 一连爬了几座山，把大家累得________________。
3. 求职面试时，面对五个考官，把她紧张得________________。
4. 糟糕！我把文件包忘在________________。
5. 听说儿子比赛得了第一名，可把他们俩乐________________。

四、选用下面所给的词语，用表示主观看法的"是……的"完成下面的句子。（有的可有几种答案）

应该　可以　可贵　宝贵　重要　有限　成功　有意见　不可缺少

1. 父母的爱，对孩子来说，________________。
2. 人的一生，________________，要珍惜时间。
3. 你既然做错了，向他道歉________________。
4. 这么重要的事不跟大家商量，________________。
5. 只要不断坚持下去，研究________________。

五、用句后（　　）中的词语完成下面的话题句

1. 我们走进了他家的院子，院子________________。（打扫）
2. ________________，可是考试成绩总是不太好。（课文，生词）
3. 这个问题你应该________________。（问）
4. 桌子上的书我给________________。（收）
5. 云南昆明我________________，________________没________________过。（去）

六、用句后（　　）中的词语改写下面的句子。

1. 你的观点跟老王的差不多。（A 与 B 相似）

2. 今年我国对外贸易的总出口量大大超过进口量。（形容词 + 于）

3. 这幅画的拍卖价格要比你的那幅画高。（形容词 + 于）

4. 科学家发现，从事体力劳动的人身体素质要比那些从事脑力劳动的人强。（形容词 + 于）

5. 人们把支出比收入高，工资每月都花光的人称做"月光族"。（形容词 + 于）

6. 听说有些富人一顿饭的费用和一个农民一年的收入差不多。(相当于)

7. 这种新型的列车和一般火车不同的是,车内设有豪华房间。(区别于)

8. 我们学校的规模并不比你们学校小。(不亚于)

9. 她说话的语气像是在开玩笑。(近似于)

10. 新型汽车比起以前设计的汽车来,有很多优点。(较之于)

七、选用下面所给的比较句的形式完成下面的句子。

A 与 B 相似　A 和 B 相近似　A + 形容词 + 于 + B　A + 形容词 + 过 + B

1. 北京与上海的交通状况______________,不仅人多,车也特别多。
2. 我妈妈的消费观念与一般老年人的消费观念______________,注意节约,讲究实惠。
3. 夏天,高山上的气温一般__________附近平原的气温,所以大家都喜欢去山上避暑。
4. 他的观察能力______________一般人,非常适合做研究工作。
5. 现在年轻人争做义务者的热情一浪______________一浪。
6. 做任何事都是有利有弊,只要利______________弊就可以考虑去做。
7. 玲玲虽然不是我亲生的,但是我对她______________对我的亲生女儿。
8. 做父母的应该记住:教育孩子,身教______________言教。
9. 从足球队球员的技术水平看,甲队远远______________乙队。
10. 你的地位虽然没有他高,可是能力和水平并______________不他,你应该有信心。

八、用"A 比 B 还 B"完成下面的句子。

1. 都说领导爱训人,老张不是领导,可动不动就训人,真是______________。

2. 人们把四川的姑娘叫做"辣妹子",是说她们泼辣(pōlà)、厉害,她虽不是四川人,可那个厉害劲____________________。

3. 为了唱好法国歌,他交了很多法国朋友,认真模仿法国人说话的声音和语调,人们都说,他唱法国歌____________________。

4. 他刚从乡下调查回来,又黑又瘦,脚穿布鞋,一身泥土,比"乡下人"______________。

5. 有的农村姑娘刚刚进城几年,就完全是一副城里人的打扮,有______________。

九、选用合适的形容词和"过"填空。

1. 听说买彩票的人连连中奖,人们购买彩票的热情一浪__________一浪。
2. 我校毕业生的就业情况越来越好,一届__________一届。
3. 城市里的高楼越建越多,一幢__________一幢。
4. 除夕的晚上,城市里的鞭炮声一浪__________一浪。
5. 我们希望你们超过我们,只有一代__________一代,社会才能进步啊!
6. 台风一阵__________一阵,把很多房屋都刮倒了。
7. 她的几个孩子都很聪明,一个__________一个。
8. 妈妈吃着我给她做的饭,高兴地说:"现在我女儿做的饭__________我了。"
9. 改革开放后,人民的生活水平一年__________一年。

10. 这个厂的产品的质量已经明显________那个厂,我们应该买这个厂的产品。

十、用说明下面句中画线词语的兼语句完成句子。

1. 我有两个朋友,一个是________________________________。
2. 从汽车上下来一个人,身穿________________________________。
3. 他养了一只小狗,是________________________________。
4. 朋友送来一箱苹果,是________________________________。
5. 大卫找了一个女朋友,黄头发,________________________________。

十一、根据(　　)的提示完成下面的对话。

1. A:听说大卫在练习书法,汉字写得不错。
   B:________________________。(用表示确认的“是”)
2. A:刘老师表扬了你,你一定很高兴吧。
   B:________________________,谁听到表扬都会高兴的。(用表示确认的“是”)
3. A:怎么样? 我给你介绍的这部小说有意思吧。
   B:________________________,我越看越爱看。(用表示确认的“是”)
4. A:我们俩争论时,你为什么不表态?
   B:你们俩都是我的朋友,我不知道该说什么好。
   A:对______________,错______________,有什么不好说的?(用表示强调的“是”)
5. A:咱们一个多月都解决不了的问题,这位专家一来就解决了。
   B:专家________________________,水平就是不一样。(用表示强调的“是”)

十二、用“给”和下面的动词完成句子。

用　盖　尝　吃　喝　唱　听　看

1. 把你那天在晚会上唱的歌再________________。
2. 现在我放盘刚买的录像带________________。
3. 每次回家,妈妈总是做好多好吃的东西________________。
4. 大卫的自行车坏了,你能把你的自行车借________________?
5. 看到孩子在沙发上睡着了,他便脱下大衣________________。
6. 我们一坐下,老李就倒茶________________。
7. 张明打开点心盒,拿________________。
8. 听说你中国菜做得不错,能不能________________?

十三、根据句子后(　　)提示的套句形式改写句子。

1. 他陪朋友玩去了,大概是去的黄山。(陪……去……)

2. 大卫的行李被人拿错了。(被……把……)

3. 她借了我的书,在她那儿放了一年多以后才还。(把……放……才……)

4. 那个箱子玛丽让人带回国了。(把……让……)

5. 提高人民的生活水平是本届政府的重要工作。(把……作为……来抓)

6. 我过海关时，海关人员对我说："请打开箱子，进行检查。"（叫……把……让……）

十四、HSK 仿真题：将下面句后（　　）中的词语放在唯一合适的地方。

1. A 要去云南旅游的人 B 到小李那儿 C 去 D 报名。（赶快）
2. 我们 A 去李丽家做客，她妈妈 B 给我们 C 包饺子 D 吃。（亲自）
3. 他 A 递给我一张报纸 B 看，C 上面 D 登着他的照片。（非常兴奋地）
4. A 让我唱歌我 B 不会，我 C 说个笑话 D 给大家听听。（只能）
5. 既然箱子已经合不上了，为什么 A 把那件毛衣 B 拿 C 出来 D 放在这个包里呢？（不）
6. 王平 A 很注意 B 让孩子多运动，C 有空 D 陪孩子去游泳馆游泳。（就）
7. A 李老师 B 邀请我们下星期 C 去他家 D 做客。（热情地）
8. 我 A 不肯 B 把自己的客户 C 让给别人 D 谈生意，否则岂不是人财两失。（当然）

十五、HSK 仿真题：找出下面每段话中有错误的一部分。

1. 弟弟非常顽皮（A），经常闯祸（B），现在看他那吞吞吐吐的样子（C），肯定是又犯错误的（D）。

2. 这件事很不好办（A），使我很难住（B）。我不得不去找老李（C），问他该怎么办（D）。

3. 孩子生病的时候（A），大多数妈妈都会寸步不离地守护在他的身旁（B），每当看到这种场景（C），我都会感叹：真是可怜天下父母心的（D）。

4. 他的病是与生俱来（A），他的爷爷、父亲都死于这种病（B），目前还没有办法根治（C）。大家都为他感到难过（D）。

5. 要想真正掌握一门外语（A），就是日复一日地反复练习的（B）。如果"三天打鱼两天晒网"（C），肯定是学不好的（D）。

6. 中国的江南地区有梅雨季节（A），我的故乡也是这样（B），在这个多雨的季节里（C），滴滴嗒嗒的雨声把我怀念爸爸妈妈和家里人（D）。

7. 一阵电话铃声使她弄醒了（A）。她很不情愿地拿起电话一听（B），是妈妈打来的（C），说是家里出事了（D）。

8. 随着时间的推移，谁都会使过去的事情忘记的。以前有些事他要是记不得了，也没什么可奇怪的。
A B C D

9. 他曾偷过同学一个电子玩具，父亲知道后，狠狠打了他一记耳光。父亲这一巴掌使他打得两眼直冒金星。
A B C D

10. 到了新疆，我马上想去喀什，幸亏刚造完了铁路，我便坐了整整一天的火车来到了喀什。
A B C D

11. 现在我学习非常吃力，学汉语的越学越难，但是为了我的将来，我一定要努力坚持下去。
A B C D

12. 我想把衣服改短，便把衣服送去裁缝了，但是因为忙，忘了去拿改好的衣服。
A B C D

13. 俗话说，“不听老人言，吃亏在眼前”，你要是不听爷爷的话，最终就是吃亏的。
A B C D

14. 那个金发女郎使大卫迷住了。从那以后，他总是想办法接近她，一天见不到她，就好像少了点儿什么。
A B C D

15. 为了找工作，我用上网的方法来把有关的信息收集。同学们知道了，都来向我学。
A B C D

16. 我觉得，在各类工作中，老师最费力，因为教育青少年的工作是最重要。
A B C D

十六、HSK 仿真题：下面每一段对话下的 ABCD 是对对话的改写，从中选择唯一正确的答案。

1. 黄明：她是谁？
妻子：她是我请来的保姆。
黄明：请保姆干什么？
妻子：帮我干家务呀。

A. 保姆是黄明的妻子请来帮他干家务。
B. 黄明的妻子请了位保姆来帮她干家务。
C. 黄明请了位保姆来帮他干家务。
D. 黄明请来保姆去帮她干家务。

2. 小孙：我发短信给你了，你怎么不回呀？
小李：我这不是看到就赶回来了吗？有什么事啊？
小孙：赶快把报告写出来，老板要呢！
A. 小李发短信叫小孙赶快把报告写出来。
B. 小孙叫小李发短信赶快把报告写出来。
C. 小李叫小孙发短信赶快把报告写出来。
D. 小孙发短信叫小李赶快把报告写出来。
3. 学生：老师，把你的电话号码告诉我，可以吗？
老师：好，你记一下，64573612。
A. 那位学生请他的老师把电话号码告诉他。
B. 那位学生使老师把他的电话号码告诉他。
C. 那位学生把他的电话号码让老师告诉他。
D. 那位学生把他的电话号码告诉了老师。
4. 奶奶：（招手）小丽，你过来。
小丽：奶奶，您叫我有事？
奶奶：你跟奶奶说说你找工作的事儿。
A. 奶奶招手使小丽过来跟她说说找工作的事儿。
B. 奶奶叫小丽过来招手跟她说说找工作的事儿。
C. 奶奶招手叫小丽过去跟她说说找工作的事儿。
D. 奶奶叫小丽过来要跟她说说找工作的事儿。
5. 大卫：服务员，给我们再倒点儿茶，好吗？
服务员：好，请稍等。
A. 大卫说服务员把茶再倒点儿给他们。
B. 大卫让服务员给他们再倒点儿茶。
C. 大卫请服务员要给他们再倒茶。
D. 大卫使服务员再倒点儿茶给他们。
6. 王平：（从座位上站起来）老大爷，您请坐！
老大爷：谢谢！
A. 王平把座位让给老大爷坐。
B. 王平让座位老大爷请坐。
C. 王平让座位给老大爷把它坐。
D. 老大爷谢谢王平让给他坐。
7. 玛丽：妈妈，明天我们学校要表演节目，我想把家里的那个旧花瓶拿去用用。
妈妈：不行，这个花瓶是你奶奶留下的纪念物，你不能拿出去。
A. 妈妈没叫玛丽把花瓶拿到学校去用。
B. 妈妈让玛丽不把花瓶拿到学校去用。
C. 妈妈不使玛丽把花瓶拿到学校去用。
D. 妈妈不让玛丽把花瓶拿到学校去用。
8. 李丽：这床单本来好好的，怎么成了一条条的了？
李丽的妹妹：是你宝贝儿子用剪子剪的。

A. 李丽的宝贝把床单剪子剪了。
B. 床单被宝贝儿子用剪子把它成了一条条。
C. 床单被李丽的儿子用剪子剪成一条条的了。
D. 床单被剪子宝贝把它剪成一条条的了。

参考答案

一、1. B 2. A 3. D 4. B 5. C 6. D 7. D 8. A 9. B 10. C 11. D 12. B 13. A 14. C 15. A 16. D 17. C 18. B 19. D 20. A 21. C 22. B 23. D

二、1. 经过谈判,我们的条件已被对方所接受。
2. 我们被眼前美丽的景色所吸引,不禁停下来观看。
3. 你不应该被眼前的困难所吓倒,要下决心去克服。
4. 保护环境的重要性已被广大的人民所认识。
5. 通过三天的考察,大学生们无不为当地人民艰苦奋斗的精神所感动。

三、1. 这几天把我忙得头昏脑涨。
这几天把我忙得饭也忘了吃。
2. 一连爬了几座山,把大家累得气喘吁吁。
一连爬了几座山,把大家累得快趴下了。
3. 求职面试时,面对五个考官,把她紧张得话也说不出来。
求职面试时,面对五个考官,把她紧张得脸都白了。
4. 糟糕!我把文件包忘在汽车上了。
糟糕!我把文件包忘在家里了。
5. 听说儿子比赛得了第一名,可把他们俩乐坏了。

四、1. 父母的爱,对孩子来说,是非常重要的。
父母的爱,对孩子来说,是不可缺少的。
2. 人的一生,时间是很宝贵的,要珍惜时间。
人的一生,时间是有限的,要珍惜时间。
3. 你既然做错了,向他道歉是应该的。
4. 这么重要的事不跟大家商量,是不太应该的。(略带否定,语气比较婉转)
这么重要的事不跟大家商量,是不可以的。(否定的语气比较强)
这么重要的事不跟大家商量,大家(是)会有意见的。
5. 只要不断坚持下去,研究是一定会取得成功的。

五、1. 我们走进了他家的院子,院子打扫得很干净。
2. 课文也读了,生词也背了,可是考试成绩总是不太好。
3. 这个问题你应该去问问老师。
4. 桌子上的书我给你收起来了。
5. 云南昆明我已经去过了,可西藏还没去过。

六、1. 你的观点与老王的很相似。
2. 今年我国对外贸易的总出口量远远高于进口量。
3. 这幅画的拍卖价格要高于你的那幅画。
4. 科学家发现,从事体力劳动的人身体素质要强于那些从事脑力劳动的人。
5. 人们把支出高于收入,工资每月都花光的人称做“月光族”。
6. 听说有些富人一顿饭的费用相当于一个农民一年的收入。

7. 这种新型的列车区别于一般火车的是,车内设有豪华房间。
8. 我们学校的规模并不亚于你们学校。
9. 她说话的语气近似于开玩笑。
10. 新型汽车较之于以前设计的汽车来,有很多优点。

七、1. 北京与上海的交通状况很相似,不仅人多,车也特别多。
2. 我妈妈的消费观念与一般老年人的消费观念相近似,注意节约,讲究实惠。
3. 夏天,高山上的气温一般低于附近平原上的气温,所以大家都喜欢去山上避暑。
4. 他的观察能力强于一般人,非常适合做研究工作。
5. 现在年轻人争做义务者的热情一浪高过一浪。
6. 做任何事都是有利有弊,只要利大于弊就可以考虑去做。
7. 玲玲虽然不是我亲生的,但是我对她胜过对我的亲生女儿。
8. 做父母的应该记住:教育孩子,身教重于言教。
9. 从足球队球员的技术水平看,甲队远远高过乙队。
从足球队球员的技术水平看,甲队远远高于乙队。
10. 你的地位虽然没有他高,可是能力和水平并不亚于他,你应该有信心。

八、1. 都说领导爱训人,老张不是领导,可动不动就训人,真是比领导还领导。
2. 人们把四川的姑娘叫做"辣妹子",是说她们泼辣、厉害,她虽不是四川人,可那个厉害劲比"辣妹子"还"辣妹子"。
3. 为了唱好法国歌,他交了很多法国朋友,认真模仿法国人说话的声音和语调,人们都说,他唱法国歌比法国人还法国人。
4. 他刚从乡下调查回来,又黑又瘦,脚穿布鞋,一身泥土,比"乡下人"还"乡下人"。
5. 有的农村姑娘刚刚进城几年,就完全是一副城里人的打扮,比城里人还城里人。

九、1. 听说买彩票的人连连中奖,人们购买彩票的热情一浪高过一浪。
2. 我们学校毕业生的就业情况越来越好,一届胜过一届。
3. 城市里的高楼越建越多,一幢高过一幢。
4. 除夕的晚上,城市里的鞭炮声一浪高过一浪。
5. 我们希望你们超过我们,只有一代胜过一代,社会才能进步啊!
6. 台风一阵强过一阵,把很多房屋都刮倒了。
7. 她的几个孩子都很聪明,一个胜过一个。
8. 妈妈吃着我给她做的饭,高兴地说:"现在我女儿做的饭强过我了。"
9. 改革开放后,人民的生活水平一年胜过一年。
10. 这个厂的产品的质量已经明显高过那个厂,我们应该买这个厂的产品。

十、1. 我有两个朋友,一个是美国人,一个是日本人。
我有两个朋友,一个是高个子,一个是矮个子。
2. 从汽车上下来一个人,身穿一件黑色风衣,戴着墨镜,满脸严肃。
3. 他养了一只小狗,是卷毛狮子狗。
4. 朋友送来一箱苹果,是山东产的。
5. 大卫找了一个女朋友,黄头发,蓝眼睛,身材也很好。

十一、1. B:大卫的汉字是写得不错。
2. B:我是很高兴,谁听到表扬都会高兴的。
3. B:是很有意思,我越看越爱看。
4. A:对就是对,错就是错,有什么不好说的?
5. B:专家就是专家,水平就是不一样。

十二、1. 把你那天在晚会上唱的歌再唱给我听听。

2. 现在我放盘刚买的录像带给你看看。
3. 每次回家,妈妈总是做好多好吃的东西给我吃。
4. 大卫的自行车坏了,你能把你的自行车借给他用用吗?
5. 看到孩子在沙发上睡着了,他便脱下大衣给孩子盖上了。
6. 我们一坐下,老李就倒茶给我们喝。
7. 张明打开点心盒,拿了块点心给我吃。
8. 听说你中国菜做得不错,能不能做几个菜给我们尝尝?

十三、1. 他大概是陪朋友去黄山玩了。
2. 大卫被人把行李拿错了。
3. 她把我的书放在她那儿一年多以后才还。
4. 玛丽把那个箱子让人带回国了。
5. 本届政府把提高人民的生活水平作为重要工作来抓。
6. 我过海关时,海关人员叫我把箱子打开,让他检查。

十四、1. B 2. B 3. A 4. C 5. A 6. D 7. B 8. A

十五、1. D 应为“肯定是又犯错误了”。表示主观看法的“是……的”不能用于对已发生情况的判断。
2. B 应为“真把我难住了”。
3. D 应为“我都会感叹:真是可怜天下父母心啊!”
4. A 应为“他的病是与生俱来的”。
5. B 应为“就要日复一日地反复练习”。“就是”表示确认,不能表示“必须如何”之意。句尾也不能带“的”。
6. D 应为“滴滴嗒嗒的雨声常使我想起爸爸妈妈和家里人”。
7. A 应为“一阵电话铃声把她吵醒了”。
8. B 应为“谁都会把过去的事情忘记的”。
9. D 应为“父亲这一巴掌把他打得两眼直冒金星”。
10. C 应为“幸亏铁路刚刚建好通车”,这里强调“铁路”的作用,所以应用受事主语句。
11. B 应为“汉语越学越难了”。“越 + 学 + 越 + 难”中已有“学”,用受事主语“汉语”可以突出说话人所说的动作对象。
12. B 应为“便把衣服拿到裁缝那儿让他改”。“裁缝”是名词。
13. D 应为“最终是会吃亏的”。
14. A 应为“那个金发女郎把大卫迷住了”。
15. B 应为“我用上网的方法来收集有关的信息”。
16. D 应为“因为教育青少年的工作是非常重要的,又是很辛苦的”。

十六、1. B 2. D 3. A 4. C 5. B 6. A 7. D 8. C